Böhlau

Thomas Lau (Hg.)

Österreichische Familien

Machthaber, Mimen und Magnaten

Mit Beiträgen von

Thomas Lau

und

Volker Reinhardt

Böhlau Verlag Wien Köln Weimar

Bibliografische Information der Deutschen Bibliothek.
Die Deutsche Bibliothek verzeichnet diese Publikation
in der Deutschen Nationalbibliografie; detaillierte
bibliografische Daten sind im Internet über
http://dnb.ddb.de abrufbar.

ISBN 3-205-77543-0
ISBN 978-3-205-77543-0

Das Werk ist urheberrechtlich geschützt. Die dadurch begründeten Rechte,
insbesondere die der Übersetzung, des Nachdruckes, der Entnahme von Abbildungen,
der Funksendung, der Wiedergabe auf fotomechanischem oder ähnlichem Wege
und der Speicherung in Datenverarbeitungsanlagen, bleiben,
auch bei nur auszugsweiser Verwertung, vorbehalten.

© 2006 by Böhlau Verlag Ges. m. b. H. & Co. KG, Wien · Köln · Weimar
http://www.boehlau.at
http://www.boehlau.de

Gedruckt auf umweltfreundlichem, chlor- und säurefrei gebleichtem Papier.

Printed in Europe – Imprint, Ljubljana

Inhaltsverzeichnis

Einleitung *(Thomas Lau)* 9

Die Familie Adler *(Thomas Lau)*
    Von Wagner zu Engels 21
    Der Doktor 26
    Der Exzess des Mathematischen 31
    Die gescheiterte Dynastie 36

Die Familie Esterházy *(Volker Reinhardt)*
    Selbst gezogener Mythos – Péter Esterházy,
    Himmelsharmonie und Teufelsstürze 39
    Adelige Aufsteiger 44
    Magnaten zum Staunen 49
    Was bleibt 53

Die Freuds *(Thomas Lau)*
    Zwischen Anpassung und Tradition 58
    Geburt einer Dynastie 61
    Die Seelsorgerin 67
    Der Vetter aus Übersee 71
    Neue Traditionen und alte Namen 75

Die Familie Habsburg *(Volker Reinhardt)*
    Prinzip Habsburg 79
    Prinzipien des Aufstiegs 84
    Prinzipien der Bestreitung und der Behauptung 89
    Das Prinzip der Legitimität 92
    Gegen den Strom 94

Die Hitlers *(Thomas Lau)*
    Im Windschatten der Moderne 101
    Das Rückgrat des Staates 103
    Vater und Sohn 105
    Die Schule des Demagogen 108
    Der Wolf 111
    Im Schatten des Massenmörders 115

Die Hörbigers *(Thomas Lau)*
    Der Prophet 120
    Der ewige Österreicher 124
    Denkmäler der Kulturnation 129
    Schuld und Sühne 134

Die Familie Kinsky *(Volker Reinhardt)*
    Va banque und Patriotismus 139
    Komplotte und Fabriken 141
    Neue Ideen, neue Rollen 147
    Krieg und Frieden 151

Die Porsches und die Piëchs *(Thomas Lau)*
    Ursprung und Aufbruch 158
    Vom Traum zum Albtraum 161
    Vermächtnis und Neuorientierung 166
    Die Porsches und die Piëchs 169
    Der österreichische Herkules 174
    Die Rückkehr der Deutschland AG 177

Die Rothschilds *(Thomas Lau)*
    Vom Geldwechsler zum Aristokraten 181
    Onkel Metternich 187
    Mit Stil in die Katastrophe 192
    Epilog – Die Macht der Bilder 199

Die Familie Schneider – Albach-Retty *(Thomas Lau)*

    Der zweifelhafte Ruf 203

    Die Burgschauspielerin 206

    Der Tanz auf dem Vulkan 208

    Heile Welt 211

    Freiheit? 215

    Das Erbe 219

Die Familie Strauß *(Volker Reinhardt)*

    Mythos, Gegenmythos, Fragezeichen 223

    Familie als Schicksal und Moritat 227

    Diva und Firma 230

    Welterfolge 234

    Nachleben, Nachruhm? 238

Einleitung

Die Familie – ein Kampfplatz der Ideologien

Ende gut – alles gut. Der Herr Hofrat heiratete seine Jugendliebe, und sein reizendes Töchterchen, das Magdaleni, bekam nach mehr als 18 Jahren einen Vater. So war aus den Sünden der Vergangenheit doch noch etwas Segensreiches geworden. Angetrieben von seinem liebenswerten Kammerdiener (Hans Moser), hatte der verspätete Patriarch (Paul Hörbiger) seine natürliche Stellung als Haupt der Familie eingenommen.

Die Sehnsucht nach der heilen Familie und die Sorge um ihren Fortbestand, beides spiegelte sich, wenn auch gefühlig verklärt, im „Hofrat Geiger", dem österreichischen Kassenschlager des Jahres 1948, wider. Wien lag in Schutt und Asche, der Hofrat hatte schon 1938 seine Ämter quittieren müssen, und von seinem Töchterchen hatte er über Jahre nichts erfahren. Doch der charakterliche Anstand des österreichischen Beamten blieb ebenso unerschütterlich wie die imposante Szenerie der österreichischen Alpen, die Willi Forst publikumswirksam auf Zelluloid zu bannen verstand. Mochte die Welt in Trümmer fallen, in der heilen Familie und der intakten Natur fand sich das wahre Österreich wieder.

„*Family Values*" hatten nach dem verlorenen Krieg Konjunktur, und sie haben es heute wieder. In Zeiten allgemeiner Verunsicherung feiert die Botschaft der guten alten Heimatfilme fröhliche Urständ. Allüberall auf den Leinwänden retten Väter ihre Kinder wahlweise vor Außerirdischen oder Massenmördern, können Ehemänner vor dem schlimmsten aller Verbrechen – der ehelichen Untreue – im letzten Augenblick gerettet werden und wachen erwerbstätige Frauen über ungeratene Kinder. Stets dabei sind nationale oder soziale Attribute – Alpen oder Freiheitsstatue, Schloss oder Einfamilienhaus. In der Familie scheinen sich Großgruppen (sei es die Nation oder der Adelsstand) widerzuspiegeln, in ihnen gewinnt das Abstrakte an konkretem Gehalt und legitimiert es zugleich als Teil einer natürlichen Ordnung.

Einleitung

Warum ausgerechnet die Familie? Immerhin ist die Bandbreite dessen, was man unter Familie versteht, von Kulturkreis zu Kulturkreis, von Epoche zu Epoche erheblich. Betrachten die Kinder der österreichischen Kleinfamilie dynastische Strukturen des Spätmittelalters, geraten sie in ungläubiges Staunen ob eines solchen Maßes an Komplexität. Werfen sie gar noch einen Blick auf die Clans des keltischen Kulturraums, so ist die Verwirrung komplett, und der angeblich so fest umrissene Begriff der Familie beginnt vor den Augen des Betrachters zu verschwimmen.

Und doch gibt es ein verbindendes Element zwischen den divergierenden Modellen. Es lässt sich banal mit der Volksweisheit fassen, dass Blut eben doch dicker ist als Wasser. Moderne Anthropologen und Soziobiologen versuchen, dieses Phänomen seit Jahrzehnten neu zu beschreiben und entwicklungsgeschichtlich zu erklären. Das Ergebnis ist von schockierender Einfachheit: Aufopferungsvolle Elternliebe und Fürsorge gegenüber dem Verwandten helfen, so klärt man uns auf, im mörderischen Wettbewerb der Evolution. Wer diese Eigenschaften besitzt, hat schlicht bessere Chancen, sein Erbgut weiterzugeben.

Es stellt sich nur das Problem, wie dieser – in seiner Intensität umstrittene – egoistische Altruismus organisiert wird, und, vor allem, wie ein Verwandter den anderen erkennt. Menschen haben im Gegensatz zu anderen Bewohnern dieses Planeten bei letzterem Punkt ihre Schwierigkeiten. Da der Geruch und das Aussehen unzuverlässige Indizien für gemeinsame Vorfahren sind, bedienen sie sich kulturell erlernter Erkennungsmerkmale wie Kleidung, Aussprache, Gesten, Erzählungen usw. So sind sie ideale Betrugsopfer. Wie sich Mutterliebe von geschickten Werbefachleuten für den Verkauf von Weichspülern nutzen lässt, so der Familiensinn des Menschen für die Einbindung in größere Verbände. Man braucht ihm nur plausibel zu machen, dass die neuen Einheiten gleichsam eine Großfamilie bilden, deren Teil er schon immer war, ohne es zu merken. Diese Taktik ist bei Nationen besonders evident, aber auch Stände (vor allem die Aristokratie) wurden mit großem Erfolg auf ähnliche Weise konstruiert. Selbst politische Bewegungen und Religionen lassen selten die Gelegenheit aus, sich als Familie, ihre Anhänger als Geschwister und ihre Führer als Väter oder Mütter zu bezeichnen.

So reiten die gesichtslosen Wir-Gruppen gleichsam huckepack auf dem Familienidyll, das sie zugleich nach ihrem Bilde zu formen verstehen. Zusammen mit wirtschaftlichen und sozialen Erfordernissen prägen Ideologien das

Gesicht der Familie, die sie zu Projektionsflächen ihrer Zielvorstellungen zu machen versuchen. Die Familie ist daher einem laufenden Wandel unterzogen, sie vollzieht getreulich die Umbrüche ihrer Umwelt mit und erscheint doch als unwandelbarer Fels in der Brandung.

Eliten im Wandel

„Multi autem sunt vocati pauci vero electi" – *„Viele sind berufen, wenige aber sind auserwählt"* (Matt 22, 14). Wer möchte diesem Bibelwort widersprechen? Die Zahl jener, die zu den „Electi", landläufig auch die Elite genannt, gehören, ist klein, aber fein. Sie besitzen, was andere gerne hätten: Macht und die Möglichkeit, sie einzusetzen. Den anderen bleiben nur Sehnsucht und Neid. Auch sie wollen zu den Quellen des Geldes, der Reputation und des Einflusses vorstoßen, an denen sich die Eliteangehörigen laben. So liegt in der Teilung zwischen Herrschenden und Beherrschten, Reichen und Armen, Elite und Volk ein Spannungspotenzial, das, wie schon Machiavelli warnte, nur zu leicht zu Gewaltausbrüchen und Umstürzen führt.

Es sei, so gibt der gelehrte Florentiner seinen Lesern mit auf den Weg, letztlich gleichgültig, ob man den Mächtigen aus Furcht oder Liebe Gehorsam leiste. Provozierten sie jedoch Hass, so stünde ihr Untergang bevor. Selbst der Schutz des Militärs reiche nicht aus, um einen Fürsten dauerhaft vor dem Zorn seiner Bürger zu schützen.

Ungleichheit bedarf der Rechtfertigung. Selbstdarstellung ist für Eliten weit mehr als die Befriedigung persönlicher Eitelkeit, sie ist vielmehr Ausdruck des Ringens um die so bitter benötigte Akzeptanz des Publikums. Es gilt, dessen Wahrnehmung, Reaktion und Sprache zu lenken, um jede oppositionelle Regung geradezu undenkbar zu machen.

Sich selbst übermenschliche Fähigkeiten und besondere Gottesnähe zuschreiben zu lassen, ist sicher der klassische Weg zum Erfolg. Er erfreut sich (in seiner säkularisierten Variante) bis in die Gegenwart besonderer Beliebtheit, denn Charisma lässt sich herstellen. Es ist nicht zuletzt ein Produkt geschickter Inszenierungen. Mit geeignetem propagandistischen Aufwand lassen sich – das lehrt ein Blick auf die Schlösser der Habsburger – auch mittelmäßige Begabungen zu wahren Übermenschen stilisieren.

Je mehr sich das Charisma indes von seinem eigentlichen Inhaber löst, es zum reinen Produkt einer Maschinerie wird, um so geringer ist der Handlungsspielraum des gefeierten „Halbgottes". Der kaiserliche Apoll und der fürstliche Herkules – sie gleichen bei näherem Hinsehen eher Gefangenen in einem goldenen Käfig. Die Würde des Amtes ist gebunden an das Versprechen der Kontinuität. Die Elite wird zum Bürgen einer Ordnung, die allen Beteiligten Vorteile verspricht. Logisches Gegenkonzept dazu ist die seit Ende des 18. Jahrhunderts immer aggressiver in den Vordergrund tretende Idee einer offenen Leistungselite. Nur Begabung und Tat sollen die wahrhaft Besten von jenen trennen, die sie kraft natürlicher Überlegenheit zu führen berechtigt sind. An die Stelle einer versteinerten Hierarchie tritt ein dynamischer Wettbewerb um den Platz an der Sonne.

Ob sie Gott, die Natur oder die Tradition zum Urgrund ihrer uneinholbaren Überlegenheit und nicht hinterfragbaren Autorität machen, ob sie Stabilität oder Dynamik versprechen, stets enthält das Selbstbild der Elite zugleich ein Angebot der kollektiven Weltdeutung. Dabei sind Rivalitäten kaum zu vermeiden. Die Zahl der Spitzenplätze ist begrenzt und der Kampf um ihre Besetzung hart. Gefährlich sind vor allem die Verlierer. Sie neigen zur Entwicklung neuer Ideologien, die ihnen den Weg zu den Fleischtöpfen der Macht ebnen. Beginnen die wirtschaftlichen und sozialen Grundlagen einer Elitekultur ins Wanken zu geraten, so sitzen ihre Nachfolger meist schon in den Startlöchern. Als ein besonders eindrückliches Beispiel sei die Geburt der europäischen Nationen im Verlaufe des 19. Jahrhunderts genannt. Der europäische Völkerfrühling war, da ist die Forschung sich überraschend einig, vor allem die Sturm- und Drangzeit neuer Leistungseliten, die sich gegen eine multinationale Aristokratie durchzusetzen versuchte.

„*Die Geschichte*", so fasste einst Vilfredo Pareto das Ergebnis des endlosen Ringens um die gesellschaftliche Spitzenstellung zusammen, „*ist ein Friedhof von Eliten*". Offene Eliten lösen geschlossene ab, einheitliche Elitekulturen werden durch fragmentierte ersetzt. Die dynamischen Entwicklungen des 19. und 20. Jahrhunderts haben die Strukturen der europäischen Eliten zweifellos tiefgreifend verändert. An die Stelle des Geburtsadels ist eine amorphe Leistungselite getreten. Kultur, Wirtschaft, Politik, Verwaltung und Militär haben eigene Elitekulturen entwickelt, die nur bedingt miteinander verknüpft sind. Auch sie sind einem beständigen Veränderungsprozess unterworfen, sind doch die Milieus, als deren Leitbilder sie fungieren, immer instabiler geworden.

Angesichts dieses rasanten Wandels stellt sich die Frage, wo Kontinuität im Wandel zu finden ist. Die Antwort ist vergleichsweise einfach, denn ausgerechnet der Hochadel scheint die gesellschaftlichen Zäsuren mit bemerkenswerter Zähigkeit überstanden zu haben. Sicher, seine rechtlichen und politischen Privilegien sind dahin. Dennoch sind seine Vertreter im öffentlichen Bewusstsein bis heute so präsent wie kaum ein anderes Elitesegment. Mehr noch, bis weit ins 20. Jahrhundert hinein nahmen sie Spitzenpositionen in Militär, Diplomatie und Wirtschaft ein.

Große Familien

Die Frage nach den Gründen für diese schier unglaubliche Kontinuität verbindet sich eng mit jener der Rolle der Familie in der Elitekultur. Familien sind nicht zuletzt Erbengemeinschaften. Sie geben nicht nur emotionale Wärme, sondern stellen ihren Angehörigen auch gemeinsam erwirtschaftetes Kapital zu Verfügung. Heute denkt man hier zunächst an Schlösser, Grundstücke und Kapitalbeteiligungen. Doch auch immaterielle Werte sind vererbungsfähig. Bis 1918 gehörten in Österreich (und nicht nur hier) Herrschaftsrechte dazu. Danach war es vor allem das Profil der Familie, ihre Reputation, die die Startbedingungen ihrer Mitglieder deutlich verbesserte. Im Schoße der Verwandten werden jene feinen Unterschiede eingeübt, die die Elite ausmachen. Wer aus den entsprechenden Verhältnissen kommt, hat nicht nur viele nützliche Kontakte, er kennt auch die ungeschriebenen Regeln des Wettbewerbs besser als die Konkurrenz. Ein familiärer Elitehintergrund erleichtert, da sind sich alle soziologischen Untersuchungen einig, auch heute noch künftige Karrieren.

Zugleich stellt er Ansprüche. Adel (auch informeller Leistungsadel) verpflichtet – nicht zuletzt gegenüber der eigenen Familie. Wer auf seine Herkunft baut, kann sie später kaum verleugnen. Er tritt gegenüber der Öffentlichkeit nicht nur als Einzelperson, sondern immer auch als Teil eines Familienverbandes auf. Gerade unter den Bedingungen der Leistungsgesellschaft sind, das zeigen Industriellenfamilien wie die Porsches oder Bankiers wie die Rothschilds, die Privilegien des Geblüts in hohem Maße rechtfertigungsbedürftig. Privilegierte Familien müssen ihren Altruismus, den Nutzen, den ihre Vorrangstellung für die Öffentlichkeit bedeutet, klar und unzweideutig herausstellen.

Wie dies erfolgreich geschehen kann, lebt die Aristokratie seit Jahrhunderten vor. Ihre lässige Überlegenheit und ihre ironische Selbstgewissheit bilden bis heute mustergültige Strategien der Selbstdarstellung. Der Adel versteht sich traditionell als Mittler zwischen oben und unten, als dienstbeflissenes Glied der Gesellschaft, das kleingeistige Pedanterie verachtet und einzig seine Ehre mit erbitterter Konsequenz zu verteidigen weiß. Mögen andere ihren Emotionen unterworfen sein, mag des Bürgers Geiz und des Bauern Stumpfsinn das Gesicht dieser Stände prägen, der Aristokrat steht über solch niederen Instinkten. Als milde Sonne der Gerechtigkeit verteilt er das Erworbene bis zur Selbstverleugnung – wohl wissend, wie flüchtig alles Gut auf Erden ist.

Milliardenspenden amerikanischer Konzernchefs, man denke an die Bill Gates Stiftung, zeigen, wie attraktiv eine solche Strategie bis heute ist. Nur wenn der Vorsprung an Macht und Kapital durch selbstverständliche Großzügigkeit ausgeglichen wird, ist er dauerhaft akzeptabel. Der potenzielle Widerwillen gegen den ererbten Status wird durch Vertrauen in den permanenten Altruismus einer Familie ausgeglichen. Deren Dienst an der Allgemeinheit, ihre zivilisierende Kraft, ihre Fähigkeit, Schutz zu gewähren, erzwingt geradezu die Bewunderung des Publikums. Sie wird zurückgeführt auf den beinahe überirdischen Charakter eines charismatischen Ahnherrn, der als fleischgewordener Herkules den Urgrund des familiären Edelmuts legte. Er bildet den vieldeutigen Bezugspunkt der Reflexion und der familiären Identität.

Indem die Nachfahren des Gründers immer wieder mit dessen Mythos spielen, ihn – man denke an die Freuds, die Porsches oder die Adlers – adaptieren und umformen, erhält die Familie die Weihe der Unsterblichkeit, der ewigen Kontinuität im Wandel. Wie ein Fels in der Brandung verheißt sie überzeitliche Orientierung. Aufgrund ihrer Bekanntheit und ihrer überkommenen gesellschaftlichen Distanz besitzt sie eine seltene Macht, denn sie kann neuen Ideologien den Segen der Tradition geben. Durch sie wird das Neue zum Alten. Je länger eine Familie Elitenstatus für sich beanspruchen kann, um so nützlicher wird sie daher für aufstrebende Neueliten – eine Tatsache, die der europäische Adel, wie die Kinskys oder die Esterházys, als Teil seiner Überlebensstrategie zu nutzen verstand.

Exzellenz, so erklärte jüngst der spanische Thronfolger der Presse, finde sich heute in allen Ständen. Seine Heirat mit einer populären Fernsehjournalistin beschwöre daher keinerlei Probleme für die Monarchie herauf. Eine nüchterne

Betrachtung der Selbstdarstellung neuer Eliten zeigt in der Tat den unverkennbaren Drang, den Strategien des alten Adels in neuem Gewande nachzueifern. Im Bau der Begräbniskapelle der Familie Porsche, in der ironischen Selbstdistanz der Freuds und in den Schlössern der Rothschilds ist der Unterschied zwischen altaristokratischem Habitus und modernen Leistungseliten kaum noch zu fassen.

Gefördert wird diese Tendenz von einer Öffentlichkeit, die die Macht einflussreicher Familien auch deshalb zu akzeptieren bereit ist, weil sie deren Bedarf nach Sensationen und menschlichen Abgründen befriedigt. Die Familie macht gesellschaftliche Leitbilder verständlicher. Man zeigt dem Volk eine menschliche, manchmal allzu menschliche Seite, um gleichzeitig die „feinen Unterschiede" zwischen oben und unten, zwischen den wahrhaft zur Herrschaft Berufenen und jenen, die ihnen folgen, um so deutlicher herausstreichen zu können.

Leitsterne im Zeitalter der Globalisierung

Nicht jeder teilt die Faszination, die prominente Familien ausstrahlen. Politische und religiöse Bewegungen haben ihren Einfluss immer wieder zu minimieren versucht. Als Gemeinschaften, die nur ihrer Mission verpflichtet sind, betrachten sie anderweitige Bindungen mit Misstrauen. Sie lenken vom Ziel ab und tragen fremde Verpflichtungen in die Gemeinschaft der Gläubigen, in der nur wahres Charisma (wie es Hitler für sich beanspruchte) zu Führungspositionen befähigt. Bis heute haben sich Spuren dieses Anspruches vor allem innerhalb der politischen Eliten erhalten. Verwandtschaftliche Beziehungen zu Führungspersönlichkeiten sind – man denke an das Beispiel von Friedrich Adler – für den politischen Aufstieg eher schädlich als förderlich.

Große Familien sind im politischen Geschäft damit seit Beginn des 20. Jahrhunderts kaum noch anzutreffen. Auch sonst scheint ihre Präsenz auf nationaler Ebene in den letzten Jahrzehnten deutlich zurückzugehen. Die zunehmende Globalisierung hat hier deutliche Veränderungen in der Selbstdarstellung bewirkt. Sie hat reichen und einflussreichen Familien die Möglichkeit beschert, sich im Windschatten immer komplexerer internationaler Strukturen aus dem öffentlichen Leben zurückzuziehen. Ein typisches Phänomen unserer Zeit ist der anonyme Kunstkenner, der einen Rubens ersteigert, ohne diesen Besitz zur öffentlichen Darstellung zu nutzen. Viele *global players* sind diskret geworden. Sie legen nur wenig Wert darauf, ihren Namen in Zeitungen zu lesen, und konzentrieren sich stattdessen darauf, ihre Reputation dort zu mehren, wo die wirklichen Entscheidungen getroffen werden – auf Managementtreffen, Wissenschaftstagungen, Fachmeetings. Doch nicht überall hat die Macht ihr Gesicht verloren. Besitzer riesiger Privatvermögen, Firmeneigner und Topmanager stehen ebenso im Blickpunkt der Öffentlichkeit wie Gewinner des Nobelpreises oder hochrangige Militärs. Auf sie richten sich die Blicke der Welt, denn die Konsequenzen ihres Tuns sprengen längst die engen Grenzen des Nationalstaates. Als Wanderer zwischen den Regionen der Welt sind sie kaum noch einem Land zuzuordnen. Ihre Selbststilisierung spielt sich vor einem Publikum ab, das von Kapstadt bis Norwegen, von Wladiwostok bis Los Angeles reicht.

Die Nation, im 19. Jahrhundert war sie das Lieblingsprojekt der neuen Leistungseliten. Im Gegenzug zu Prestige und Förderung legten sie der geheiligten Geblütsgemeinschaft ihren Ruhm zu Füßen. Die abstrakte Gemeinschaft der Nation erhielt durch ihre Eliten und ihre großen Familien ein Gesicht. Ihr Charakter, ihre Tugenden, vor allem aber ihre Generationen übergreifende Präsenz wurde fassbar. So bestand ein scheinbar untrennbarer Zusammenhang zwischen den Mythen der Nation und dem Selbstbild ihrer führenden Familien.

In der schönen neuen Welt der globalen Konzerne, multilateralen Militärbündnisse und internationalen Wissenschaftszirkel ist von dieser Verbindung nicht mehr viel zu spüren. Die Nation steht zunehmend ohne ihre Helden, ihre Führer da, was ein vergleichsweise junges Gebilde wie Österreich vor besondere Probleme stellt. Eine probate, immer wieder genutzte Möglichkeit, das Problem zu lösen, liegt im Plündern der historischen Schatzkisten. Ausgestorbene Familien, wie die Familie Strauß, werden zu Fixpunkten der Selbststilisierung ernannt, zu einbalsamierten Erinnerungsorten, die man nach Gusto neu interpretieren kann. Tatkräftige Hilfe leistet in diesem Zusammenhang die Filmindustrie. Wenn auch die echten Leitbilder Mangelware geworden sind, auf der Leinwand oder im Fernsehen sind sie noch zu bewundern. Österreich darf sich in seinen Stars wiederfinden, in seinen Lieblingsschauspielern, die die Historie vergegenwärtigen und die Gegenwart repräsentieren. Stammen sie zudem noch aus den großen Schauspielerfamilien des Landes – wie den Hörbigers oder den Albach-Rettys –, beginnt die Grenze zwischen Fiktion und Realität in den Augen des Publikums zu verschwimmen. Der Traum von kultureller Überlegenheit und das Bewusstsein unvergänglicher nationaler Eigenarten werden in ihnen gleichermaßen fassbar.

Auch sie gehören damit in diese Sammlung von elf österreichischen Familienbiographien, in denen alter mit neuem Adel, Wirtschaftseliten mit Bildungseliten, jüdische mit nichtjüdischen Familien, erfolgreiche und gescheiterte Versuche, sich zu etablieren, aufeinander treffen. Jede von ihnen steht für einen anderen Versuch der Profilbildung, für einen eigenen Weg, Elite zu definieren und deren Platz in der Gesellschaft zu sichern. Gemeinsam ist ihnen allen ein prominenter Ort, den sie in der österreichischen Erinnerungslandschaft besitzen. Sie alle haben auf ihre Art das Bild Österreichs im In- und Ausland geprägt und sind zugleich von den Erwartungen des Publikums geprägt worden.

Literatur

Bruckmüller, Ernst: Sozialgeschichte Österreichs, Wien (2) 2001. Heindl, Waltraud: Eliten und Außenseiter in Österreich und Ungarn, Wien 2001. Österreichische Geschichte, hg. v. Herwig Wolfram, 11 Bde., Wien 1994–2003. Wasner, Barbara: Eliten in Europa. Einführung in Theorien, Konzepte und Befunde, Wiesbaden 2004. Hartmann, Michael: Elitesoziologie. Eine Einführung, Frankfurt a. M. 2004. Rathkolb, Oliver: Die paradoxe Republik. Österreich 1945–2005, Wien 2005.

Victor und Emma Adler, mit Friedrich und Kathia Adler, sowie deren Kindern.

Die Familie Adler

Es war eine gewagte Reportage. Der Journalist hatte sich mit Hilfe zweier Informanten in die Fabrik eingeschlichen. Was er sah, bestätigte seine schlimmsten Erwartungen. Die florierende Ziegelfabrik, die ihre Aktionäre regelmäßig mit exzellenten Renditen verwöhnte, hielt ihre Arbeiter wie Sklaven. Sie arbeiteten 14 Stunden täglich an sieben Tagen in der Woche. Die sechs bis acht Gulden Wochenlohn, die man ihnen schuldig war, wurden ausbezahlt – in einer Betriebswährung, die nur von ausgesuchten Händlern akzeptiert wurde. Selbst wenn die Arbeiter im Essen die Reste seiner Notdurft fänden, so spottete ein Kantinenbesitzer, müssten sie es doch essen. Das Trucksystem, wie sich dieser Würgegriff der doppelten Ausbeutung nannte, funktionierte in der Ziegelfabrik vor den Toren Wiens in der Tat reibungslos. Was in der Fabrik erarbeitet wurde, sollte auch in der Fabrik ausgegeben werden. Selbst der Wohnraum musste vom Betrieb gemietet werden. Dessen Zustand überstieg auch das kühnste Vorstellungsvermögen. Die Verheirateten erhielten Zimmer in den so genannten Arbeitshäusern. Bis zu zehn Familien schliefen hier in einem einzigen Raum. Männer, Frauen und Kinder lagen wahllos durcheinander.

Verglichen mit den Unterkünften der Ledigen, waren diese Hütten wahre Luxusunterkünfte. Wer noch nicht den Bund fürs Leben geschlossen hatte, dem wurden Schlafräume in einer ehemaligen Baracke zugewiesen. Ohne Bettzeug schliefen sie hier, auf alten Lumpen. Manche schonten ihre Kleider und legten sich nackt auf den mit Wanzen und Läusen verseuchten Boden. Doch damit nicht genug: In einem *„dieser Schlafsäle, wo 50 Menschen schlafen"*, beobachtete der Reporter ein Ehepaar. Die Frau habe vor zwei Wochen in demselben Raum, in Gegenwart der 50 halbnackten, schmutzigen Männer, in diesem stinkenden Dunst entbunden! „Sprechen wir nicht", so schließt er seinen Bericht, *„von der Schamhaftigkeit, sie ist ein Luxus, den sich nur die Besitzenden gestatten können."*

Kaum war die Reportage erschienen, da handelte die Staatsgewalt. Die Informanten wurden entlassen, das Blatt konfisziert und der Enthüllungsjournalist zu vier Monaten schwerem Kerker verurteilt. Der ließ sich jedoch nicht abschrecken. Im Gegenteil, mit der Verurteilung hatte Victor Adler bewiesen, dass er – der Sohn aus reichem Hause – es ernst meinte mit seinem Engagement für die Arbeiterschaft. Die Reportage aus dem Wiener Moloch des Jahres 1888 war ein viel beachtetes Fanal. Unter persönlichem Risiko hatte sich hier jemand für die Unterprivilegierten eingesetzt, ihnen eine Stimme gegeben und die Öffentlichkeit zum Hinsehen gezwungen. Adler legte den Finger auf eine schwärende Wunde. Er legte die Hohlheit jener Phrasen offen, die von herzlichem Einvernehmen zwischen Kapital und Arbeit, zwischen dem väterlichen Fabrikanten und seinen Beschäftigten kündeten. Die Versprechungen christlicher Liebe und nationaler Brüderlichkeit waren unerfüllt geblieben. Die Ziegelarbeiter vom Wienerberg – sie waren die Stiefkinder der Nation. Wenn sie auch die gleiche Sprache wie ihre Ausbeuter sprachen, zum selben Gott beteten und demselben Kaiser untertan waren, so waren all diese Bindungen im Vergleich zu den Gegensätzen, die zwischen ihnen bestanden, zweitrangig. Dem österreichischen Ziegelarbeiter stand der Leidensgenosse in Moskau, London oder Paris näher als der Bourgeois in Wien. Doch wie war seine Lage zu verbessern? Die Tatsache, dass Adler seinen Artikel mit der Unterstützung zweier Arbeiter geschrieben hatte, und die Resonanz, die er mit der Veröffentlichung im Betrieb auslöste, machten den Autor zuversichtlich. Sie bewiesen, dass die Recht- und Besitzlosen bereits an ihren Ketten rüttelten, dass sie eigene Kräfte besaßen, die es zu wecken und zu formen galt. Das Proletariat bedurfte eines Führers, eines Erziehers, der es aufrüttelte und aus seiner dumpfen Lethargie führte.

Die Reportage über die Wienerberger Ziegelfabrik und der darauf folgende publizistische Streit waren gleichsam Victor Adlers Bewerbungsschreiben für diese Rolle. Der antibürgerliche Bourgeois wurde in den folgenden Jahrzehnten zur Ikone der Arbeiterschaft, zu ihrem unumschränkten Führer. Die inbrünstige Verehrung, die ihm entgegengebracht wurde, forderte allerdings ihren Preis. Anders als ein Karl Renner, der selbst aus kleinen Verhältnissen stammte, musste Victor Adler immer wieder von Neuem beweisen, dass sein Wandel vom reichen Akademiker zum Propheten des vierten Standes echt war und er alle anderen Bindungen an Nation, Klasse, Religion und auch an die Familie diesem Auftrag unterordnete. Adler verließ daher offenen Auges die Sicherheit einer bürgerlichen Existenz und tauschte sie gegen die Geborgenheit der sozialdemokratischen Kampfgemeinschaft ein. Sie, die Partei, wurde im Laufe der folgenden Jahre zu seiner eigentlichen Familie. Frau und Kinder hatten zurückzustehen und wurden zunehmend von Unsicherheit und Zukunftsängsten geplagt. Sie hatten Solidarität zu üben, ohne dass ihnen ein Lohn für diese Entbehrungen in Aussicht gestellt wurde.

Von Wagner zu Engels

Das erste öffentliche Auftreten des jungen Medizinstudenten Victor Adler im Jahre 1876 ließ dessen Talent zum Arbeiterführer noch kaum erahnen. Nicht die soziale Problematik, sondern die so genannte Judenfrage war es, die er – selbst aus jüdischem Hause stammend – seinen Zuhörern nahe bringen wollte. Es war ein brisantes, ein aktuelles Thema. Gerade hatte der Wiener Chirurg Theodor Billroth in einem Aufsehen erregenden Buch vor dem wachsenden Einfluss jüdischer Einwanderer gewarnt. Der deutsche Wesenskern Wiens – so die düstere Prophezeiung dieses Protagonisten des akademischen Antisemitismus – drohe verloren zu gehen. Adler reagierte auf die rassistischen Kassandrarufe durchaus ambivalent.

Dafür, dass Billroth die Judenfrage so offen benannt habe, müsse man ihm Respekt zollen. In der Tat bildeten Juden aus Galizien und Ungarn den größten Teil des akademischen Proletariats in Wien. Dass sie hier wie ein Fremdkörper wirkten, sei unbestreitbar. Die Frage sei jedoch, ob dies so bleiben müsse. Die Vergangenheit des Judentums lasse kaum Rückschlüsse auf die Zukunft zu. Einst habe man den Juden jeden Anteil am Geschick der deutschen Nation verwehrt, heute jedoch sei dies anders. Zwei Generationen von Juden hätten bereits den Einfluss deutschen Geistes verspürt. Mehr noch, ihr Blut habe sich mit dem deutschen auf dem Schlachtfelde vermengt. Dies alles gebe den Juden sicher kein Recht auf den Dank der Nation. So leicht lasse sich das Geschenk der deutschen Kultur nicht abzahlen. Dennoch hoffe er, dass hier ein Kitt gebildet worden sei, der Juden und Deutsche auf ewig zusammenbinde. Auch wenn er als Jude sicher nicht unparteiisch in dieser Frage denke, so glaube er doch, gute Gründe zu haben, den Bedenken Billroths entgegentreten zu können.

Worüber Adler hier so vorsichtig räsonierte und reflektierte, war, die Schlussbemerkung deutete es an, im Grunde nichts anderes als seine eigene

Familiengeschichte. Die Fragen nach der Rolle der Juden in der deutschen Nation, ihrer eigenen kulturellen Identität und deren Wandel, betrafen Adler unmittelbar. Geboren in Prag, aufgewachsen in Wien, entstammte er einer Familie, die innerhalb der besagten zwei Generationen einen rasanten wirtschaftlichen Aufstieg vollzogen hatte. Noch der Großvater, Joachim, war ein Kind des Ghettos, dessen Grenzen er mit den Mitteln des Geistes zu sprengen versuchte. Frömmigkeit und Aufklärung, Talmud und Voltaire bildeten die Leitsterne eines Lebens, in dem sich die langsame Annäherung zwischen der jüdischen Minderheit Mährens und dem deutschen Bürgertum manifestierte. Bereits die nächste Generation ging einen deutlichen Schritt weiter.

Salomon Markus Adler, der Vater Victor Adlers, verließ das kleine mährische Städtchen Lipnik und studierte französische Literatur an der Universität in Prag. Es sollten erfolgreiche Jahre werden. Nicht nur, dass er das Studium „mit Vorzug" absolvierte, er knüpfte auch erste Handelskontakte und fand mit Johanna Herzl die Frau fürs Leben. Das junge Paar, dem in rascher Folge fünf Kinder geboren wurden, zog 1855 nach Wien um. Nach ärmlichem Beginn in den Elendsbehausungen der Leopoldstadt stellte sich der geschäftliche Erfolg ein. Mit Börsenspekulationen und durch geschickte Investitionen erwarb der energische Unternehmer ein beachtliches Vermögen. Man verließ die Leopoldstadt und zog in palaisartige Residenzen in bester Lage. Aus dem armen Emigranten war ein Mann geworden, der seinen Kindern eine andere, eine neue Zukunft eröffnete. Marie, die Tochter, wurde mit einem begabten Beamten verheiratet, Heinrich sollte in die Landwirtschaft gehen, Sigmund Jura und Victor Medizin studieren. Durchdrungen von Rousseaus Bildungsidealen sollten sie von jedem Luxus, jedem Tand ferngehalten werden, auf dass spartanisches Pflichtbewusstsein und natürliche Tugend ihre steten Begleiter sein mochten. Es war ein mäßig erfolgreiches Erziehungsprogramm, an das sich Victor Adler noch nach Jahrzehnten mit Schrecken erinnern sollte. Den Knabenjahren entwachsen, frönten er und sein Bruder geradezu hemmungslos ihrer Leidenschaft für den feinen Lebensstil. Anders als der Vater, der in gesellschaftlicher Hinsicht stets zurückhaltend geblieben war, wollten sie dazugehören. Sie suchten nach Anschluss und Anerkennung auch in besseren Kreisen der Stadt. Freundschaften wurden geknüpft, Gesprächskreise gebildet, Diskussionsgruppen institutionalisiert. Man traf sich im Kaffeehaus, im elterlichen Palais (dem so genannten „Adlerhorst") und später, nach der Heirat Victor Adlers, in dessen neu gegründetem Hausstand. Die jugendliche Avantgarde, die sich hier bildete, sie sollte bald Professorenstühle, Chefredaktionen, Dirigentenpulte und politische Mandate bekleiden. Vorläufig verachteten sie die Massen und berauschten sich an den Werken ihrer Halbgötter Nietzsche und Wagner.

Politisch begannen Victor und Siegmund Adler, Engelbert Pernerstorfer, Heinrich Friedjung, Siegfried Lipiner und Gustav Mahler sich der deutschnationalen Bewegung anzunähern. Rufe nach dem Ende der morschen Habsburger-Monarchie, nach der Vereinigung aller deutschen Stämme in einem reichen, mächtigen, geblütsreinen Reich klangen avantgardistisch, revolutionär und emanzipatorisch. Sie verhießen Teilhabe an einer großen Mission, die mit naturgesetzlicher Unvermeidlichkeit zum Ziele führen musste. Bei allem Enthusiasmus, den die jungen Adler-Brüder für die Sache der deutschen Nation an den Tag legten, stellte ihre jüdische Herkunft von Beginn an eine Sollbruchstelle zwischen ihnen und ihren Mitstreitern dar.

Die Nation, wie Adler sie verstand, war keine natürliche, sondern eine gewordene Gemeinschaft von Menschen. Nicht das Geblüt, sondern die Kultur machte in seinen Augen den Deutschen. Auch er als Jude könne daher selbstverständlich Teil des großen deutschen Volkskörpers sein und in Georg Ritter von Schönerers deutschnationaler Erneuerungsbewegung mitwirken. Deren Linzer Programm von 1882 trug unverkennbar die Handschrift Pernerstorfers. Der hatte mit einigem Geschick versucht, ethnische Ressentiments und den Ruf nach sozialer Emanzipation, großdeutsche Träume und Reformvorschläge für das Habsburgerreich miteinander in Einklang zu bringen. Schönerers autokratisches Gehabe und seine immer radikaleren antisemitischen Ausbrüche brachten dieses fragile Ideengebäude indes rasch zum Einsturz. Juden, so Schönerer, seien keine Deutschen, sondern – im Gegenteil – natürliche Feinde des deutschen Volkskörpers. Ihre Mitgliedschaft bei den Deutschnationalen könne daher unmöglich geduldet werden.

Unter dem Einfluss dieser Entwicklungen, die in der Aufnahme eines regelrechten Arierparagraphen in die Parteistatuten gipfelte, begann Adler sich von seinen alten Überzeugungen zu lösen und über die Bruchstellen nationalistischer Politikkonzepte nachzudenken. Einen wichtigen Anknüpfungspunkt bildeten dabei seine beruflichen Erfahrungen.

Der junge Allgemeinmediziner praktizierte seit 1879 in der Berggasse 19. Rasch hatte sich herumgesprochen, dass er nicht nur ein geschickter Diagnostiker war, sondern zudem ein Herz für soziale Notfälle hatte. Ärmere wurden kostenlos versorgt und bevölkerten in wachsender Zahl sein Wartezimmer. Erstmals in seinem Leben wurde Adler mit dem Elend der Wiener Arbeiterschaft hautnah konfrontiert. Es war eine Erfahrung, die ihn nachhaltig erschütterte. Er begann sich die Frage zu stellen, ob das nationale Bürgertum tatsächlich bereit war, die Situation des Proletariats nennenswert zu verbessern. Angesichts seiner neuen Erfahrungen hegte er zunehmend Zweifel, ob der Appell an die Solidarität des Blutes den Mechanismus der Ausbeutung außer Kraft setzen konnte.

Mit anderen, sozialistischen Ansätzen zur Lösung des Problems war er schon in seiner Studienzeit in Berührung gekommen. Im „Adlerhorst" wurden auch Lassalle und Lorenz von Stein gelesen. Unter Adlers Freunden war es vor allem Heinrich Braun, der deren Standpunkte vehement vertrat. Braun, der ebenfalls aus jüdischem Hause stammte, war nicht nur ein eloquenter und intelligenter Gesprächspartner, er hatte auch eine überaus attraktive und gebildete Schwester. Literarisch begabt und politisch gebildet, erfuhr Emma von ihren Brüdern eine geradezu grenzenlose Verehrung. Nur Adler oder Nietzsche kämen, da war Heinrich Braun sicher, als Ehemann für sie in Frage. Emmas Wahl fiel auf den jungen Mediziner, der sich schon bei ihrer ersten Begegnung in sie verliebt hatte. Die Hochzeit fand noch im selben Jahr (1878) statt.

Mit den neuen familiären Bindungen wurde nun auch das Interesse für sozialistische Ideen intensiver. Victor begann erste Kontakte zu Kautsky aufzunehmen und sich über die Verhältnisse innerhalb der österreichischen Sozialdemokratie zu orientieren. Zunächst waren es noch lockere, informelle Beziehungen. Adler bat Kautsky, ihn bei der Vorbereitung einer Studienreise nach England zu unterstützen. Auf diese Weise meinte er, seine Aussichten bei der Bewerbung um das Amt eines Gewerbeinspektors zu verbessern. Tatsächlich war wohl eher das Gegenteil der Fall. Die Behörde wies den Mann, der sich in London mit Engels getroffen hatte, ab. Nachdem eine Karriere in staatlichen Diensten damit in weite Ferne gerückt war, orientierte Adler sich neu. Vorsichtig zunächst, aber unmissverständlich begann er sich für eine Führungsposition innerhalb der österreichischen Sozialdemokratie ins Gespräch zu bringen. Nicht alle Genossen waren von diesem Ansinnen begeistert.

Dieses Mal war es nicht seine jüdische Herkunft, die auf Widerwillen stieß – immerhin waren einige der wichtigsten Protagonisten der Bewegung ebenfalls Juden. Eher schon störte man sich an seinem bourgeoisen Auftreten und seinem Reichtum. Wer war dieser Mann – ein Mitstreiter oder ein philanthropischer Gönner? Auffallend waren – dies gaben auch seine Kritiker zu – sein beachtliches diplomatisches Geschick und seine ungewöhnliche Ausstrahlung, die er schon bei ersten kurzen Auftritten innerhalb der Partei bewiesen hatte. Beides waren Eigenschaften, die die Bewegung dringend benötigte. Nach Jahrzehnten der Flügelkämpfe und Spaltungen sehnte sich die Sozialdemokratie nach Frieden und Einheit. Dieses Ziel zu erreichen, schien indes nahezu aussichtslos zu sein. Nationale und politische Antagonismen bildeten gemeinsam ein unübersichtliches Konglomerat von Konflikten. Anarchisten standen gegen Reformer, Marxisten gegen Linksliberale, Tschechen gegen Deutsche.

Staunend nahm Adler wahr, wie unorganisiert und schlecht geschult die Köpfe der einzelnen sozialdemokratischen Flügel waren. Was die Partei mehr als alles andere brauchte, davon war er rasch überzeugt, war eine gemeinsame Stimme, die ihre Anliegen in die Welt rief. Adler dachte an die Gründung einer Zeitschrift. Wirtschaftlich gesehen, war ein solches Unternehmen mehr als gewagt. Wer, so fragten wohlmeinende Ratgeber, sollte denn ein solches Blättchen kaufen? Der österreichische Zeitungsmarkt war zu klein, um kostendeckend arbeiten zu können. Adler wagte es dennoch. Obwohl sich die ökonomischen Warnrufe als berechtigt erweisen sollten, war die *Gleichheit* politisch zweifellos ein großer Erfolg. Das Blatt sprach die Problemlage der Arbeiterschaft in aller Deutlichkeit an, und es lenkte den Blick der verschiedenen sozialdemokratischen Gruppierungen auf gemeinsame Feindbilder.

Mit einem Schlage war Adler der mit Abstand profilierteste sozialdemokratische Politiker Österreichs. Der einst schüchterne, stotternde Mediziner wusste diese Position geschickt zu nutzen. Geduldig, höflich, aber bestimmt lud er die sozialdemokratischen Streithähne zu gemeinsamen Gesprächen. Die Ergebnisse der Treffen waren bemerkenswert. Adler wusste ideologische Differenzen zu versöhnen, nationale Eitelkeiten zu befriedigen und Emotionen zu schüren. Das Bekenntnis zu Marx und Engels verband er mit der Forderung nach sozialen Reformen und politischer Mitsprache. Natürlich sei, so Adler, die politische und soziale Revolution anzustreben, doch müsse zuvor eine Revolution in den Köpfen erfolgen. Ehe die Proletarier handeln könnten, müssten sie psychisch und physisch auf einen solchen Kampf vorbereitet werden. Dergleichen Argumente überzeugten. 1888, nur drei Jahre nachdem

Adler sich erstmals offen zur Sozialdemokratie bekannt hatte, gelang ihm die Neugründung der Sozialdemokratischen Partei Österreichs auf dem Einigungsparteitag von Hainfeld. Wie aus dem Nichts war eine starke marxistische Partei mit einem scharfen übernationalen Profil entstanden, die bald über die eigenen Landesgrenzen hinaus für Furore sorgen sollte.

Der Doktor

Ort und Datum des Kongresses waren mit Bedacht gewählt worden. Am 14. Juli 1889, 100 Jahre nach dem Sturm auf die Bastille, trat in Paris ein internationaler Sozialistenkongress zusammen, an dem annähernd 400 Delegierte aus 21 Ländern teilnahmen. Die Arbeiterparteien Europas gaben den Startschuss zur Gründung der Zweiten Internationale. Es handelte sich um ein Familientreffen der besonderen Art. Alte Bekannte trafen auf neue Gesichter, zu denen auch Victor Adler gehörte. Die junge Partei, die er repräsentierte, hatte durch programmatische Schärfe und organisatorische Schlagkraft bereits nach wenigen Monaten auf sich aufmerksam gemacht. Nun auf dem Sozialistenkongress gab sich Adler schlagfertig, ironisch und selbstbewusst, ohne die Autorität der älteren Parteiführer anzugreifen. Bebel und Liebknecht waren angetan, und auch Engels, den Adler noch im selben Monat in London besuchte, schloss den Wiener rasch ins Herz. Noch standen Adler und seine Partei im Schatten der großen Brüder in Frankreich und Deutschland, doch auch dies sollte sich bald ändern.

Ein wenig überraschend, geradezu in letzter Minute, hatte der Kongress einen Antrag der französischen Gewerkschaften angenommen. Der 1. Mai, so hatten die Franzosen vorgeschlagen, sollte zu einem internationalen Protesttag für die Einführung des Acht-Stunden-Tages erklärt werden. Einstimmig hatte man dem zugestimmt, ohne sich so recht der Tragweite des Beschlusses bewusst zu werden. Immerhin war hier ein Anknüpfungspunkt geschaffen worden, um die Stärke der Arbeiterbewegung nach innen und außen zu demonstrieren. Durch die gemeinsame Tat, das gemeinsame Ziel und gemeinsame Symbole wurde die Masse der Protestierenden zu einer Glaubens- und Kampfgemeinschaft zusammengefasst, die nationale Schranken überwand. Die Idee, das rote Banner als übernationales Erkennungszeichen zu etablieren und der Arbeiterbewegung durch den gemeinsamen Kampftag eine geradezu religiöse Weihe zu geben, wurde vor allem von der österreichischen Bewegung begeistert aufgenommen. Adler sah die Chance, seiner heterogenen Partei einen kulturellen Bezugspunkt zu geben, und stürzte sich mit aller Kraft in den Kampf. Der Erfolg war überwältigend. Als kluger Taktiker hatte der österreichische Parteiführer jede offene Provokation der Staatsgewalt unterlassen. Die Arbeitsruhe, die Versammlungen und der darauf folgende gemeinsame „Spaziergang" im Prater verliefen geordnet und wurden von einem geradezu religiösen Ernst getragen.

Das liberale Wien war beeindruckt. Man hatte einen wilden Mob erwartet und eine disziplinierte Volksversammlung gesehen. Adler, der respektable Bürger, hatte offenbar eine Möglichkeit gefunden, seine Anhänger zu disziplinieren. Mit diesem Mann, dessen Bewegung zuvor in etlichen Streiks die Muskeln hatte spielen lassen, ließ sich verhandeln.

Doch nicht nur innerhalb Österreichs hatte die neue Partei an Bedeutung gewonnen, auch im internationalen Vergleich waren die Sozialisten aus dem Schatten ihrer großen Brüder getreten. Immerhin war der internationale Kampftag auch eine Profilierungschance im Wettbewerb der sozialistischen Parteien um revolutionäres Prestige. Ausgerechnet die SPD, der Primus der Internationale, hatte dies übersehen und sich gründlich blamiert. Bebels vorsichtiges Taktieren, seine Angst, durch ein zu militantes Auftreten eine Neuauflage der Sozialistengesetze zu riskieren, trugen ihm die Kritik mangelnder internationaler Solidarität ein. Der mutige, ideologisch gefestigte Adler und seine multiethnische Partei waren demgegenüber in die erste Riege der sozialistischen Avantgarde aufgerückt. Kautsky und Engels zeigten sich entzückt von ihrem neuen Mitstreiter und begannen ihre Kontakte nunmehr zu vertiefen.

Der kleine, ein wenig bucklige Mann mit seiner schwachen Gesundheit, seiner schneidenden Intelligenz und seinem Hang zu selbstkritischen Reflexionen repräsentierte einen Arbeiterführer eigener Art. Trotzki wusste von einem ehrfürchtigen Personenkult zu berichten, der sich um „den Doktor" rankte. Seine Mitarbeiter sorgten sich um ihn wie um ein empfindliches Pflänzlein, das vor Stress jeder Art zu schützen war. Wie kein anderer wusste sich Adler als Märtyrer der Arbeiterbewegung zu stilisieren. Jede Kritik an ihm brach angesichts der unendlichen Opfer, die er für die Sache gebracht hatte, in sich zusammen. Alles hatte er der Partei geopfert. Der bürgerliche Ehrenmann war in zahlreichen Prozessen zum mehrfach vorbestraften Demagogen herabgewürdigt worden. Sein einst bedeutendes Vermögen hatte er vollständig den Parteiinteressen geopfert. Von seinen Freunden war ihm einzig Pernerstorfer geblieben, der gleichfalls eine bedeutende Rolle in der Partei spielte.

In einem Prozess der Selbstproletarisierung war er zu den Ärmsten der Armen hinabgestiegen. Der Heiler, den selbst Lenin und Trotzki nur vorsichtig kritisierten, hatte sich in das Krankenlager seiner Patienten begeben.

Es war ein kompletter Bruch mit dem Erbe des eigenen Vaters, dessen Tod Victor pietätvoll abwartete, bevor er 1886 seine politische Karriere begann. Geld und Ansehen waren dahin. Die Rückkehr in die bürgerliche Welt war unmöglich, und selbst die kulturellen Wurzeln des Judentums waren restlos abgeschnitten – Adler war ganz bewusst mit seiner ganzen Familie zum Protestantismus konvertiert. Auch für seine nächsten Angehörigen blieb nur die völlige Identifizierung mit der Mission, der er sich verschrieben hatte. Während sein Bruder Sigmund, bei aller Sympathie für die Sozialdemokraten, den ehrbaren Beruf eines Rechtshistorikers ergriffen hatte und seiner Familie Wohlstand und Behaglichkeit garantierte, waren Victors Frau und Kinder mit immer ärmlicheren Verhältnissen konfrontiert. An die Stelle der mondänen Praxis in der Berggasse, die vom Kollegen Sigmund Freud übernommen wurde, trat die ärmliche Wohnung in einer Mietskaserne.

Der großbürgerliche Haushalt, in dem Emma Adler Gesellschaften organisierte und als Gesprächspartnerin glänzen konnte, war damit endgültig zerbrochen. Die intelligente und sprachbegabte Frau, deren eigene politische Artikel, Dichtungen und Romanübersetzungen eine tiefgründige Begabung verrieten, begann unter schweren Depressionen zu leiden. Verhaftungen, Hausdurchsuchungen und immer schwierigere wirtschaftliche Verhältnisse taten das Ihre, um diese Situation noch weiter zu verschärfen. Hinzu kam eine geistige Erkrankung der Tochter, die ab ihrem 17. Lebensjahr in einer geschlossenen Anstalt lebte. Auch die Söhne gediehen nur mühsam im Schatten des übermächtigen und oft überkritischen Vaters. Während Karl vor allem durch seinen unkonventionellen Lebenswandel auf sich aufmerksam machte, erwies sich Friedrich als strebsam und ernst. *„Der eine"*, so bemerkte Victor, *„ist die Karikatur meiner Tugenden, der andere meiner Laster."* Er selbst tat allerdings wenig, um die persönliche Entwicklung seiner Kinder zu fördern. So versuchte er über Jahrzehnte, jegliches politisches Engagement Friedrichs, des älteren Sohnes, zu unterbinden. Der sollte Chemie oder Physik studieren und einen anständigen

Beruf ergreifen. Politik, so gab er zu bedenken, sei ein undankbares Geschäft, und die Erfolge, die man erziele, seien zweifelhaft. Wer könne schon am Ende beurteilen, wer mehr für die Lage der Arbeiter getan habe, Bebel oder Siemens, Adler oder Wittgenstein. Dergleichen Äußerungen und Warnungen spiegelten sicher ehrliche Sorgen des Vaters wider, sie dienten aber wohl auch dazu, jeglichem Verdacht vorzubeugen, er wolle seine exzeptionelle Position innerhalb der Partei zugunsten seiner Familie ausnutzen. Um ganz deutlich zu machen, dass der neue Adel der Arbeiterklasse, wie Adler ihn nannte, ein Verdienst- und kein Geblütsadel war, zog er seine politischen Ziehsöhne immer wieder in aller Öffentlichkeit seinen leiblichen Söhnen vor.

Karl Renner und vor allem Otto Bauer galten als seine wahren Stammhalter. Seine leiblichen Söhne dienten allenfalls als weitere Quellen des Mitleids mit dem geplagten Vater.

Der brauchte alle Autorität und Unterstützung, die er bekommen konnte, um die sozialdemokratische Familie zusammenzuhalten. Wie fragil die Einheit der Linken war, demonstrierte ein erbitterter ideologischer Streit innerhalb der deutschen Sozialdemokratie, in den auch Adler widerwillig mit hineingezogen wurde. Im Grunde waren ihm, so machte dieser den deutschen Genossen unmissverständlich klar, die Kernpunkte der so genannten Revisionismusdebatte herzlich egal. Die Forderungen des prominenten Theoretikers Eduard Bernstein, das Ziel der Weltrevolution endlich aus dem Parteiprogramm zu streichen, hielt er zwar für einen psychologischen Fehler, seine Abgrenzung gegenüber den Revisionisten war jedoch ausgesprochen halbherzig. Ihn schreckte nicht der sachliche Gehalt der Debatte, sondern deren Stil. Adler – der Meister des Formelkompromisses – beobachtete mit ungläubigem Staunen, wie die stolze deutsche Sozialdemokratie über eine in seinen Augen nebensächliche Frage an den Rand des Bruchs geführt wurde. Kontroversen wie diese waren das Letzte, was er angesichts der nationalen Gegensätze, die die österreichische Partei seit Jahren destabilisierten, gebrauchen konnte.

Victor Adler selbst hatte aus seinen deutschnationalen Wurzeln nie ein Geheimnis gemacht. Er halte, so schrieb er 1886 an Karl Kautsky, die *„Erhaltung der deutschen Volksindividualität für etwas ‚an sich Werthabendes' und […] die Slovenisirung oder Czechisirung von deutschen Kindern für ein denselben zugefügtes Unrecht, für ein Herabdrücken ihrer geistigen Lebenshaltung".* An dieser Grundüberzeugung sollte sich auch in den folgenden Jahrzehnten kaum etwas ändern. Adler war fest vom Wert der Nationen überzeugt. Jede Einzelne war, so führte er 1899 aus, eine einzigartige kulturelle Einheit, an deren Entwicklung der Proletarier ebenso Anteil haben müsse wie der Besitzende. Dennoch gebe es auch in der nationalen Frage Unterschiede zwischen dem Bürgertum und der Arbeiterklasse. Während das Bürgertum den Nationalismus als Herrschaftsinstrument, als Möglichkeit, andere Nationen zu unterdrücken, missbrauche, habe das Proletariat lediglich ein nationales Freiheitsinteresse. Ihm gehe es um die Abwehr von Unterdrückung, nicht um Dominanz gegenüber anderen. Schon aus diesem Grunde sei das gemeinsame Interesse der Arbeiterklassen verschiedener Nationen stets stärker als die gemeinsamen nationalen Interessen von Bürgertum und Arbeiterschaft.

Adlers Nationenbegriff fußte auch auf der Vorstellung einer angeblich uralten und homogenen Kultur, die all ihre Glieder zusammenhielt. Als wandlungsfähige Entwicklungsgemeinschaft war sie, nach seinem Dafürhalten, potenziell auch für Neuankömmlinge offen. Hysterische Aufrufe, man müsse das deutsche Blut rein erhalten, waren Adler dementsprechend ebenso fremd wie die Vorstellung, dass nur der Nationalstaat die Entfaltung nationaler Kulturen gewährleisten könne. Adler sah durchaus die Möglichkeit, Österreich als multiethnischen Staat zu erhalten. Immerhin seien die wechselseitigen ökonomischen Abhängigkeiten innerhalb der Donaumonarchie mittlerweile so groß, dass man fragen müsse, ob etwa die Gründung eines polnischen Nationalstaates nicht mehr Schaden als Nutzen für die polnische Arbeiterklasse bringen werde. Wenn Österreich Bestand haben sollte, dann allerdings nur unter der Voraussetzung nationaler Gleichberechtigung.

Dies waren hehre Worte, denen vor allem von tschechischer Seite nicht allzu viel Glaube geschenkt wurde. Nicht ohne Grund argwöhnten sie, die Deutschen seien im Bund gleicher Nationen gleicher als die anderen. Wenn Adler etwa die Bedeutung des Deutschen als Verkehrssprache in der Arbeiterbewegung herausstrich und er zudem immer wieder die Zusammenarbeit mit der SPD beschwor, so klang dies – bei aller Konzilianz – verdächtig nach der Programmatik der alten deutschnationalen Bewegung. So manche Äußerung des Arbeiterführers legte den Schluss nahe, auch er glaube an die Überlegenheit der deutschen Nation über die Slawen und an den germanischen Urauftrag, den Osten zu zivilisieren. Argwöhnisch beobachtete Prag die Zentralisierungstendenzen der Wiener Parteiführung, das Übergewicht der deutschen Funktionäre, den herablassenden Ton, mit dem man die Tschechen behandelte. Bis 1911 gelang es Adler, sich gegen das Unvermeidliche zu stemmen. Am Ende war es ein Streit um die Struktur der böhmischen Gewerkschaften, der den Bruch auslöste. Die Tschechen verließen die gemeinsame Partei – weitere nicht deutsche Genossen sollten folgen. Mit Verbitterung musste Adler feststellen, dass den Sozialdemokraten letztlich die Nationalfarben doch näher lagen als das rote Banner.

Die Spaltung warf die Frage nach der Haltung gegenüber der Habsburger-Monarchie von neuem auf. Adler hatte für deren Regierungssystem, das er einst als *„Despotie gemildert durch Schlamperei"* charakterisiert hatte, nie viel übrig gehabt. Sicher, die Sozialdemokraten hatten zahlreiche Erfolge errungen und es war – vor allem nach der Einführung des allgemeinen und gleichen Wahlrechtes von 1907 – zu einer gewissen Entspannung zwischen den Roten im Parlament und der Hofburg gekommen. Die prinzipielle Kritik an den Strukturmängeln der Donaumonarchie jedoch blieb davon unberührt. Nur grundsätzliche Veränderungen konnten, nach Adlers Meinung, die an sich sinnvolle Beibehaltung eines multinationalen Staatswesens gewährleisten. Doch was sollte man tun, wenn die Monarchie von außen angegriffen wurde? Adler war, als diese Frage 1914 akut wurde, ratlos. Einerseits sträubte er sich, die Arbeiter in einen Krieg für Kaiser und Vaterland zu rufen, andererseits fürchtete er den Sieg des Zarenreiches. Angesichts der Wahl zwischen Hofburg und Kreml meinte er für das kleinere Übel votieren zu müssen. Wie ihre Genossen in Frankreich, England und Deutschland standen auch die österreichischen Sozialdemokraten daher treu an der Seite der Regierung, als die europäische Urkatastrophe ihren Lauf nahm.

Der Exzess des Mathematischen

„Aber gehen S', das kann doch nicht sein ..." Der freundlich lächelnde Victor Adler konnte es nicht glauben. Er war aus seinem Mittagsschlaf gerissen worden, und es dauerte eine Weile, bis ihn die Umstehenden vom Wahrheitsgehalt ihrer Botschaft überzeugt hatten. Fassungslos, mit Tränen in den Augen, stand er da und schloss seine Frau in die Arme. Wie hatte es nur so weit kommen können? Etwa drei Stunden zuvor hatte sein ältester Sohn Friedrich den Speisesaal des Hotels Meissl und Schadn am Albertinaplatz betreten. Nach kurzer Orientie-

rung hatte er sich an einen Tisch gesetzt und sein Essen bestellt. Immer wieder sah er zum Nebentisch hinüber, an dem sich ein Herr mittleren Alters angeregt mit einer Dame unterhielt. Als diese sich erhob und den Raum verließ, war auch für Friedrich der Zeitpunkt gekommen aufzubrechen. Er erhob sich und ging forsch, aber nicht hektisch auf den nun allein sitzenden Mann zu. Der erkannte zu spät, dass Friedrich Adler eine Waffe in der Hand hielt. Vier Schüsse erschallten. Der Ministerpräsident von Österreich, Karl Graf von Stürgkh war tot. Adler verließ den Raum, man versuchte ihn aufzuhalten, es kam zu einem Handgemenge, ein weiterer Schuss löste sich, und Adler stand – für einen Augenblick – wieder frei da. Dann kam die Polizei. Der Sohn des Sozialistenführers wurde in Gewahrsam genommen und abgeführt.

Der junge Mann, der den Beamten widerstandslos folgte, sah seinem Vater in geradezu beängstigendem Maße ähnlich. Dunkle Haarpracht, Nietzscheschnurrbart und Brille verdeckten wie beim Vater das halbe Gesicht. Victor hatte auf diese Weise ein weiches, empfindsames, fast feminines Antlitz verborgen und sich ein männlich-intellektuelles Profil zugelegt. Der Sohn übernahm die Maske. Er schlüpfte in die Rolle des Alter Ego seines Vaters, des selbsternannten Erben eines widerwilligen Erblassers.

Tatsächlich hatte Victor Adler den Drang des Sohnes zur Imitation nie besonders geschätzt. Wohl hatte er ihn schon früh zu Demonstrationen und Versammlungen mitgenommen, den Wunsch des Sohnes, es dem Vater gleichzutun, hatte er jedoch stets zurückgewiesen. Nein, Politik sei nichts für Friedrich – er möge sich auf einem anderen, einem eigenen Feld profilieren. Der stille, nüchterne Junge, er schien wie geschaffen für die Karriere eines Naturwissenschaftlers. Friedrich zögerte. Er, der weder Bürger noch Proletarier, weder Jude noch Christ war, hatte in einem missionarischen Marxismus Halt gefunden. Der Glaube an die Weltrevolution und die intellektuellen Gefechte um die Methoden, mit denen sie zu erreichen war, hatten ihn früh begeistert und ihm das Gefühl von Zugehörigkeit gegeben. Im Kreis des bürgerfeindlichen Bürgertums, der linken Intelligenz fühlte er sich wohl. Sich von der roten Parteifamilie zu trennen erschien ihm geradezu undenkbar, und doch fügte er sich dem väterlichen Willen. Immerhin hatte hier nicht nur der Vater, sondern auch der Parteivorsitzende gesprochen.

Die ersten Semester an der Universität Zürich verliefen unbefriedigend. Kaum war ein Jahr vergangen, da teilte er Victor Adler mit, dass das Studium der Chemie nichts für ihn sei. Seine Begabung liege in der theoretischen Auseinandersetzung mit der marxistischen Theorie. Um diese Aufgabe erfolgreich bewältigen zu können, bedürfe er aber keiner Ausbildung im Labor. Wichtig sei vielmehr, den Klassenstandpunkt durch eigene Erfahrung in sich aufzunehmen. Er plane daher, zunächst als einfacher Arbeiter für etwa drei Monate in ein Bergwerk zu gehen.

Victor Adler war entsetzt. Mit düsteren Worten warnte er Friedrich vor den Mühlen der Politik. Wenn der Sohn auf ein gutes Einvernehmen mit ihm Wert lege, so möge er seine naturwissenschaftlichen Studien fortsetzen. Es war ein äußerst mühsames Ringen zwischen den Generationen, das mit einer kaum verhüllten Niederlage des Schwächeren endete. Friedrich wechselte das Studienfach und begann sich der Physik zu widmen. Zwischen dem siegreichen Vater und seinem unterlegenen Sohn kehrte nun Ruhe ein, denn Friedrich schien sich in dem neuen Umfeld wohl zu fühlen. Da er mit Alfred Kleiner einen entschiedenen Förderer fand, rückte, wie Victor Adler frohlockte, eine Universitätskarriere in greifbare Nähe.

Den Traum vom Leben als marxistischer Intellektueller hatte der junge Adler jedoch nur vordergründig aufgegeben. Theoretische Physik und Philosophie lagen nahe beieinander. Bei keinem anderen Denker schien dies so deutlich zu sein wie bei Ernst Mach, der nicht nur als experimenteller Physiker, sondern als Begründer des Empirokritizismus Furore machte. Für Adler, der die potenzielle Bedeutung Machs für den Marxismus erkannte, bot dies die ideale Möglichkeit für einen schleichenden Einstieg in die Parteikarriere. Zu den Sozialisten hatte Friedrich ohnehin stets engen Kontakt gehalten. In Zürich war er ein gern gesehenes und einflussreiches Mitglied der Auslandsgruppe der österreichischen Sozialdemokraten, das auch publizistisch bald von sich reden machte. Die Möglichkeit zum endgültigen Ausstieg aus dem ungeliebten Wissenschaftsbetrieb bot ihm die gescheiterte Bewerbung um eine Professur in Zürich. Obwohl manche ihn als Hausbesetzung favorisiert hatten, sprachen sein abgekühltes Verhältnis zu Kleiner und vor allem die erdrückende Kompetenz seines Konkurrenten Albert Einstein gegen ihn. Erleichtert konnte Friedrich Adler sich nunmehr der Partei widmen, die den gescheiterten Naturwissenschaftler nun mit offenen Armen aufnahm. Nach kurzer publizistischer Tätigkeit in Zürich wurde er 1911 in eine führende Position der österreichischen Sozialdemokratie berufen.

Hilfe und Stütze des alternden Vaters sollte er nach dem Willen der Genossen sein. Eigenes politisches Gewicht wurde ihm nicht zugemessen. Die Rolle der Kronprinzen war bereits an Otto Bauer und Karl Renner vergeben, die dem Physiker deutlich machten, dass sie als politische Ziehsöhne Victor Adlers deutlich vor ihm rangierten. Aus dieser Konstellation ergaben sich Spannungen, die ab 1914 beständig zunahmen. Friedrich Adler begann sich zu emanzipieren, indem er zunächst vorsichtig, dann immer deutlicher die Kriegspolitik der sozialdemokratischen Führungselite kritisierte. Wenn er gegen die Idee des Siegfriedens polemisierte und Interessen der Arbeiterklasse vor jene des Staates stellte, so konnte er sich getrost auf die alten Argumente seines Vaters stützen. Wie eine Inkarnation des jungen Victor Adler saß der prinzipientreue Sohn nun in den Reihen der Parteigranden und zog zunehmend deren Zorn auf sich. Mit dem Attentat auf den österreichischen Ministerpräsidenten schien das Tischtuch endgültig zerschnitten. Renner sprach von einem Misstrauensvotum Fritz Adlers gegen die Gesamtorganisation. Es war ein Satz, der die Motivlage Adlers wohl am besten auf den Punkt brachte. Stürgkh sei, so erklärte Adler in seiner Verteidigungsrede vor Gericht, ein Tyrann gewesen. Er habe über Jahre ohne das Parlament regiert und die Pressefreiheit mit Füßen getreten. Jedes legale Mittel, gegen ihn vorzugehen, sei den Bürgern aus der Hand geschlagen worden. Nur mit Gewalt habe man seine Opposition zum Ausdruck bringen können. Und doch sei Stürgkh zumindest ein offener Gegner gewesen, dem er in männlicher Tat habe gegenübertreten können. Wie anders sehe es doch mit jenen aus, die sich als Vertreter der Arbeiterklasse ausgäben und doch deren Interessen so schmählich verrieten. Adler nannte an erster Stelle Renner, der von einem Mitteleuropäischen Imperium als Frucht des siegreichen Krieges träumte. Längst sei aus dem Bekenntnis zum Defensivkrieg der Glaube an den Siegfrieden geworden. Seine Tat sei ein Fanal gegen diese Form von Kollaboration gewesen – er habe sich nicht gegen die Partei stellen, sondern sie wachrütteln und auf ihre ureigenen Werte zurückführen wollen.

Zur Überraschung Victor Adlers, der die Tat als *„Exzess des Mathematischen"* bezeichnete, als Sieg eines irregeleiteten Verstandes über das Herz, reagierten die Anhänger der Sozialdemokratie auf diese Aussagen ausgesprochen positiv. Niemand trauerte dem glücklosen Stürgkh hinterher. Im Gegenteil, der Täter wurde mit so viel Sympathie bedacht, dass nun auch der Parteivorstand kaum eine Chance hatte, sich von ihm zu distanzieren. Selbst die Regierung ließ angesichts des wachsenden politischen Drucks zugunsten Adlers das gegen ihn verhängte Todesurteil zunächst unvollstreckt. Mit dem Untergang der Donaumonarchie wurde Adler begnadigt und freigelassen.

Die Tat war international vor allem von der äußersten Linken bejubelt worden. Die Bolschewiki hofften, in Friedrich Adler einen österreichischen Karl Liebknecht gefunden zu haben. Dies sollte sich bereits 1918 als Fehlschluss erweisen. Seite an Seite mit seinem Vater, der in seinen letzten Lebensmonaten noch zum Außenminister der Ersten Republik ernannt wurde, stritt Friedrich für den Anschluss Österreichs an das Deutsche Reich und gegen die Räterepublik. Dies trug ihm den nachhaltigen Zorn der Kommunisten und die zähneknirschende Dankbarkeit der Sozialdemokraten ein.

So suchte man ein ehrenvolles, aber nicht allzu einflussreiches Betätigungsfeld für Friedrich Adler und fand es in der internationalen Parteiarbeit. Wieder war es das Erbe Victor Adlers – des großen Versöhners –, das Friedrichs Handeln bestimmte. Auch wenn er sich schon früh keine Illusionen über den Charakter der bolschewistischen Revolution machte, so warnte er doch vor einer Spaltung der Sozialisten. Schlimmer als der Bolschewismus sei die Konterrevolution. Man möge dies vor Augen haben, bevor man sich endgültig von der extremen Linken trenne.

Adler stand nicht allein mit dieser Position, und so gelang es ihm, zum Vorsitzenden der Internationalen Arbeitsgemeinschaft Sozialistischer Parteien gewählt zu werden. Die nächsten 20 Jahre vergingen mit einer aufreibenden Suche nach einem gemeinsamen Nenner zwischen Demokraten und Stalinisten. Immer wieder schöpfte er Hoffnung und initiierte Gespräche, nur um feststellen zu müssen, dass Moskau ihn an der Nase herumgeführt hatte. Selbst die erstarkenden Kräfte der faschistischen Parteien in Europa, vor denen Adler die Genossen beider Seiten eloquent warnte, änderten nichts an dieser Situation. Selbst innerhalb des eigenen Lagers erzeugte der wachsende Druck mehr Streit als Einigkeit. Als 1939 der Zweite Weltkrieg ausbrach, konstatierte der inzwischen weitgehend vergessene Politiker die erneute Spaltung der Sozialdemokratie in Kriegsbefürworter und Neutrale. Wiederum sei der Versuch misslungen, in einem zwischenstaatlichen Konflikt eine übernationale Haltung der Arbeiterklasse zu gewährleisten. Sozialdemokraten standen gegen Kommunisten, Neutrale gegen Militante. Adler zog aus diesem offensichtlichen Scheitern seiner Bemühungen die Konsequenzen, trat zurück und floh nach Amerika ins Exil.

Die gescheiterte Dynastie

Er war, so betonten seine Schüler, ein vorbildlicher Hochschullehrer. Engagiert, stets mit einem offenen Ohr für seine Studenten. Als Felix T. Adler 1970 starb, war er ein geachteter Wissenschaftler – ein Mann, der sein Berufsleben der friedlichen Nutzung der Kernenergie verschrieben hatte. Nur sein Nachlass wies auf eine ungewöhnliche Vergangenheit hin, die Fotos, die Festschriften und Briefe offenbarten die große politische Vergangenheit seiner Familie.

Aufgewachsen in einem äußerst problematischen Elternhaus, zeigte er ebenso wie seine Geschwister keinerlei Neigung, diesem Beispiel nachzueifern. Der Enkel folgte jenem Rat Victor Adlers, den sein Vater missachtet hatte – er konzentrierte sich auf das zweite Standbein der Familie, die Naturwissenschaft. Mit Amerika hatte er zudem eine Wirkungsstätte gefunden, die für den Spross einer entwurzelten Familie geradezu ideal war. Heimatlos waren die Adlers gleich in mehrfacher Hinsicht. Aus Österreich hatten sie die Nationalsozialisten vertrieben, dem Judentum, mit dem noch Felix' Mutter Kathia eng verbunden war, entsagten sie auf Druck des Vaters. Der vertrat mittlerweile einen Standpunkt, den kaum ein Sozialdemokrat mehr teilen mochte.

Der unbarmherzige Nachlassverwalter Victor Adlers war zum lebenden Fossil geworden, das beharrlich die für die Einheit zwischen Kommunisten und Sozialdemokraten, zwischen Deutschen und Österreichern focht, als dieser Kampf längst aussichtslos geworden war. Die Zweite Republik blieb ihm letztlich fremd.

Der Mann, den Einstein als einen „*sterilen Rabbinerkopf*" bezeichnete, sollte nach 1945 nur noch einmal ins öffentliche Bewusstsein rücken. Als 1952 der 100. Geburtstag seines Vaters zu feiern war, hatte die Partei den Gralshüter des väterlichen Erbes kurzzeitig dem Vergessen entrissen. Reden wurden gehalten und Denkmäler enthüllt, die doch nur unterstrichen, wie fremd die Zeit der alten Kämpfer den Nachkriegsösterreichern geworden war. Indem er als lebendes Abbild des Vaters die alten Standpunkte ebenso getreulich konservierte wie Schnauzbart und Haartracht, förderte Friedrich diese Entwicklung noch zusätzlich. Statt dem Publikum einen milde lächelnden sozialdemokratischen Übervater mit unklarem Profil zu präsentieren, feierte er Victor Adlers dogmatische Bedeutung. Er erklärte den Zeitgenossen, wie sie Victor Adler zu verstehen hat-

Friedrich Adler vor dem Denkmal seines Vaters. Errichtet von den Wienerberger Ziegelarbeitern zum 100. Geburtstag von Victor Adler im Jahre 1952.

ten, und machte ihn damit nur umso unverständlicher. Die in die Gegenwart verlängerte Vergangenheit gab ihnen keine Orientierung, sondern wirkte fremd und lebensfern. Schritt für Schritt begann der große Name Victor Adler zu verblassen. Man suchte nach einem neuen Heros und fand ihn ausgerechnet in Karl Renner – jenem flexiblen Erben des großen Parteigründers, den Friedrich Adler stets so vehement bekämpft hatte.

Literatur

Mommsen, Hans: Die Sozialdemokratie und die Nationalitätenfrage im habsburgischen Vielvölkerstaat. Bd. 1: Das Ringen um die supranationale Integration der zisleithanischen Arbeiterbewegung (1867–1907), Wien 1963. Braunthal, Julius: Victor und Friedrich Adler. Zwei Generationen Arbeiterbewegung, Wiener Neustadt 1965. Ardelt, Rudolf G.: Friedrich Adler. Probleme einer Persönlichkeitsentwicklung um die Jahrhundertwende, Wien 1984. Zimmermann, John: „Von der Bluttat eines Unseligen." Das Attentat Friedrich Adlers und seine Rezeption in der sozialdemokratischen Presse, Hamburg 2000.

Móricz Esterházy, 1934.

Die Familie Esterházy

Selbst gezogener Mythos –
Péter Esterházy, Himmelsharmonie und Teufelsstürze

Am Ende aber bleibt dreierlei: Imagination, Ironie, Inszenierung durch Literatur. In der volkstümlichen Vorstellungswelt Ungarns sind die Esterházys längst zu Märchenfürsten mutiert: Herren einer immerwährend strömenden Quelle von Milch und Honig, Herren über so viel Boden, dass sie wochenlang auf eigenem Grund zu reisen vermochten, Herren aber auch über tausenderlei Schicksale, vom Leibeigenen bis zum Hofkomponisten, oft leutselig, manchmal großzügig bis zur märtyrerhaften Selbstvergessenheit, doch nicht selten auch exzentrisch, versponnen-spleenig, altmännergeil Dienste der ersten bis hundertsten Nacht vom weiblichen Hauspersonal einfordernd, nicht minder stolz gegenüber den Habsburger Souveränen, die von ihnen als primi inter pares betrachtet wurden, nicht als gnädige Herren. In dieser Vorstellungswelt sind die Esterházys dauerhaft, was Ludwig II. von Bayern eine (allzu) kurze Regierung lang war: Fabelaristokraten, welche die Einbildungskraft beschäftigen, und deshalb unverzichtbar. Unverzichtbar nicht zuletzt deshalb, weil sich in ihnen das Menschlich-Allzumenschliche riesengroß abzubilden scheint, alles, das Komische, das Erhabene, das Tragische, ins Überdimensionale gesteigert. Das gilt für die elenden Galgentode der Esterházys, die es zu Zeiten der Aufstände mit ihren Bauern hielten oder in Revolutionszeiten zu natürlichen Wortführern nationaler Sachen wurden. Doch das waren begrenzte Stürze.

Ins Bodenlose schien das Magnatenhaus der Esterházys zu stürzen, als die Gegenwelt an die Macht kam. Unter den Stalinisten nach 1945 verliert die reichste und vornehmste Familie des Landes nicht nur ihren Besitz, sondern auch ihren sozialen Status. Nicht jedoch ihr Prestige und ihre Selbstachtung, wenn man dem Familienromancierchronisten Péter Esterházy glauben darf (und man möchte dürfen bzw. darf). Ob man alles oder nichts besitzt, macht im Grunde keinen Unterschied, so hat laut Péter Esterházy sein total enteigne-

Mátyás Esterházy, 1937.

ter Vater gedacht bzw. gesprochen, mehr noch: gehandelt, und so sei er mit unerschütterlicher Würde Melonenbauer geworden.

Das ist eine säkularisierte Version des frommen Stoßseufzers „*Der Herr hat gegeben, der Herr hat genommen*", den Kardinal Ascanio Sforza 1500 ausstieß, als seiner Familie das Herzogtum Mailand abhanden kam. Hinter beidem steht die adeligst mögliche aller Selbsteinschätzungen: dass Reichtum, Macht und äußerer Glanz zwar eine durch hohe Gesinnung und daraus resultierende Meriten verdiente Aussteuer der Vornehmheit sind, doch eben nur innere Werte nach außen widerspiegeln. Gehen die schimmernden Attribute durch die Ungunst eines widrigen Schicksals verloren, welches die Verdienstlosen nach oben spült, dann geht es sehr wohl auch ohne solchen Zierrat der sozialen Prominenz.

Adel ist aber nicht nur unverlierbare, von Generation zu Generation weiter getragene Tugend, sondern auch Anpassungsfähigkeit. Das innere Schmiermittel, mittels dessen sich Adel an wechselhafte und vor allem widrige Zeitverhältnisse so weit anzupassen vermag, dass er seine innere (und natürlich wenn möglich auch äußere) Würde bewahrt, aber ist Ironie. Ziel und Sinn der Geschichte sind in der Regel mehr als zweifelhaft. Das Hilfsmittel, die Wechselfälle beiderlei Glücks auszuhalten, aber ist das befreiende Lachen über die absurde Erfindungskraft der Geschichte, welche die des einfallsreichsten Schriftstellers übersteigt. So betrachtet macht es Sinn, diese Launen als ein Panoptikum einzufangen, dessen Bandbreite vom Tolldreisten bis zum Tragischen und Melancholischen reicht, doch auch bei der Schilderung des Grausamsten von einer Ironie nicht abzulassen, die Distanz zwischen unverlierbarer Dignität und den wüsten Verwicklungen der Historie schafft.

So ist die Haltung des Adeligen zur Geschichte ähnlich wie die der katholischen Kirche, der die Esterházys so viele hohe Prälaten gestellt haben: mit skeptischem, spöttischen Lächeln abwarten, was sie bietet, ohne ihr zu trauen, geschweige denn, sich ihr anzudienen – im Wissen, dass nichts Beständiges ist außer der inneren Selbstgewissheit bzw. Selbstbehauptung gegenüber den immergleichen Szenen auf der wüsten Schaubühne der Zeit. Diese Haltung erzeugt nicht Passivität, sondern den Willen, die übertragene Rolle gut zu spielen; doch selbst wenn man sich am Ende applaudiert, lacht man zugleich über sich. Selbst mit der Gleichheit kann man spielen, wenn es kommunistische Ideologie erfordert. Dabei ist der Magnatensohn als Melonenbauer durchaus steigerungsfähig – wie wäre es mit dem Magnatenenkel als Fußballnationalspieler? Als solcher wurde Márton Esterházy, der Bruder des belletristischen Familienchronisten, prominent. Macht es einen Unterschied, ob als Paladin oder Profi?

Péter Esterházy, 1998.

Nochmals: Adel ist die Fähigkeit, Geschichte subversiv zu unterwandern, in wechselnden Kostümen, und sei es mit einer Rückennummer, wieder nach oben zu kommen – ohne sich anzudienen, versteht sich, im Gegenteil: gerufen, benötigt. Insofern gibt es zumindest phasenweise doch eine Gerechtigkeit der Geschichte für die Esterházys, ein Abglanz von Harmonia caelestis, wie der Titel der Familienromanchronik lautet, weidlich durch Spott gebrochen, versteht sich. Doch unverzichtbar ist diese wetterwendische Justitia der Geschichte mitnichten; das Leben ist eine Komödie, wer sie als Melonenbauer, Fußballspieler oder Schriftsteller gut spielt und sich der Maske, die er da trägt, bewusst ist, darf Ironie und damit den Nektar aristokratischen Selbstgenusses schlürfen.

Dazu gehört auch, die eigene Geschichte und damit den eigenen Mythos selbst zu kreieren. Wer sonst sollte es können? Die Gleichheit im Menschlichen, die sich in Péter Esterházys Familienroman-Chronik durch Exzentrizitäten, Abstrusitäten, Schwachheiten aller Art so verführerisch demokratisch abzeichnet, sollte man um Himmels willen nicht für bare Münze nehmen. Aristokratisches Leben umspannt alle Rollen, ohne sich auf eine einzige festzulegen; der ironielose Bürger allein verschmilzt mit seinem Part, geht in ihm auf – und, vom Standpunkt der Würde her betrachtet, unter. Der Adelige hat die großen Laster für sich. Geiz, die kleinliche Rechenhaftigkeit, das Knausern und Wuchern, aber auch die ideologische Verbohrtheit kommt in diesem Panorama nicht vor – das sind die anderen, die Bürger. Dass der Aristokrat am Anfang des 21. Jahrhunderts die Rolle des Dichter-Bohémiens spielt, erklärt sich so leicht – welche Fluchtpunkte aus der Welt der allgegenwärtigen Gut-Menschen-Weinerlichkeit einerseits und der globalen Vermarktung andererseits gibt es denn noch?

Und überhaupt haben Aristokrat und Künstler vieles gemein, nicht nur die Vermeidung beschränkter bürgerlicher Erwerbstätigkeit und damit das „niedrig Denken", das Flaubert als Merkmal des Spießers ausgemacht hat. Die Geschichte z. B. gehört ihnen, ja im Idealfall eignet sie dem Grafen-Poeten. Denn der Adelige und der Dichter, es ist nochmals zu betonen, gehören ihrem Anspruch nach zur Zeit, ohne ihr zu gehören; sie spielen mit den Instrumenten der Zeit, doch letztlich eine überzeitliche Melodie. Dass ein Esterházy einen der größten Komponisten der Musik zu seiner Dienerschaft zählte, entbehrt also nicht einer tiefen Logik. Dass dieser Livree trug und auch sonst seinen Platz in der reich abgestuften Hierarchie zugewiesen erhielt, ist nicht aristokratischer Hochmut, sondern Ausdruck des Respekts. Nur der Bürger neigt zu schweißtriefender Verbrüderung, nicht zuletzt zum Schulterklopfen mit der Geschichte; der Aristokrat aber achtet die Rollen der anderen so wie die eigene. Er ist deshalb zum Historiker berufen, weil er mit einem Fuß im Strom der Zeit und mit einem darüber steht, sich also nicht im reißenden Fluss der Ereignisse verlieren kann.

Dieses Bewusstsein unverlierbarer Werte verleiht Gelassenheit, die auch einen anderen großen adeligen Roman-Chronisten des 20. Jahrhunderts, Giuseppe Tomasi di Lampedusa, kennzeichnet. Die Position über dem Wandel aber erlaubt es nicht nur, sich selbst relativ, in der Zeit und zugleich abseits ihrer

Selbstüberschätzung, sondern auch die anderen, die Vergangenen und die Gegenwärtigen, zu verorten und damit schrumpfen oder auch wachsen zu sehen. Unter diesem Blickwinkel sub specie nobilitatis aber kommen und gehen nicht nur Parvenüs und die anderen Anmaßenden der Macht, sondern auch die Ideologien; gerade sie zerfallen so betrachtet zu dem Staub der eigennützigen Interessen, aus dem sie gemacht sind. So wie Tomasis „Leopard" abgeklärte Urteile über Marx und den Marxismus fällt und diesem dabei sogar seine geringschätzige Wertschätzung zukommen lässt, so sind auch die Esterházys dazu berufen, einem menschenverachtenden Regime, das sie selber gebeutelt, doch nicht bezwungen hat, das einzige ihm zukommende Urteil zu sprechen: ironische Mumifizierung, selbst verursachte Verunstaltung zu einem absurden Totentanz der Menschlichkeit, in dem nur der Adelige die Kunst des aufrechten Schreitens beherrscht. Hinter diesem Beruf zur Ideologiekritik scheint somit ein weiteres uraltes Ideal des Adels auf: uneigennützig zum Richter des Ganzen, zum Vermittler zwischen oben und unten und damit zum Garanten des Gemeinnutzes bestimmt zu sein.

Jedem das Seine, dem Adel aber die Vorherbestimmung zum Wächter des Gemeinwohls: auch und gerade dieses Motiv klingt in den Texten des adeligen Dichterchronisten Péter Esterházy unüberhörbar an – ironisch, versteht sich. Gott, die Sterne und die Gene, sie alle werden als potenziell schicksalsbestimmende Kräfte der Familiengeschichte zitiert und nach einer milden Einvernahme gnädig wieder entlassen. Dass die Esterházys auf diese Weise mit Goethe und Napoleon kommunizieren, bedarf keiner weiteren Erklärung: Ritter des Glücks sind sie alle, doch nur die Esterházys mit der Gabe weiterzugeben. Und zwar beileibe nicht nur das Gute. Das Spiel der Fortunas – ob durch Sterne oder Gene – bringt notwendigerweise auch wüste Mischungen von Chromosomen und Charaktereigenschaften hervor. Unter diesen schwarzen Schafen sticht der Esterházy hervor, der in der Dreyfus-Affäre die Rolle des Erzschurken spielt, böse bis ans Herz hinan. Doch wohnt auch dem ganz und gar Schlechten ein aristokratischer Grundzug inne: das Verwerfliche wie ein Teufel zu tun.

Adel ist also nicht zum Geringsten Vererbung oder vorsichtiger: immerwährende Weitergabe unverlierbarer Qualitäten. Dementsprechend beginnt der aristokratische Geschichtsroman mit einem immerwährenden „Mein Vater". Ein bürgerliches Individuum kann nur einen haben, ein Aristokrat aber hat viele Väter, ja Anspruch auf Allvaterschaft, denn er hat Familie und durch sie überhaupt erst Geschichte. Denn in ihm leben die Anlagen der Vorfahren fort, die zur Größe vorzugsweise, ob geheuer oder nicht. Die adelige Familie wird so zum Schrein der Geschichte, sie allein bewahrt das Erbe der Vergangenheit, gut und böse. Die anderen treten auf und wieder ab, steigen auf und gehen unter, der Adel allein bleibt. Das hat im Kern schon Adam Müller am Anfang des 19. Jahrhunderts geschrieben, und die preußischen Junker wie Achim von Arnim, auch er ein Autor dickleibiger Historienromane, haben beifällig dazu genickt. Laut Müller umfasst der Adel die mystische Gemeinschaft der Vergangenen, Gegenwärtigen und Zukünftigen in einer geheimnisvollen Union der Zeiten, er ist das lebende Gedächtnis und der Hort der unveräußerlichen Werte. Wehe dem frevelhaften Reformherrscher, der sich am Adel vergreift, gar zu seiner Herabstufung oder gar Abschaffung versteigt!

Demgegenüber besteht die Pointe Péter Esterházys darin, dass gerade diese Abschaffung den Adel erst lebendig macht. Die Stellung über der Geschichte bringt mit sich, auch das Schreckliche nicht mit Ernst, sondern mit Ironie zu nehmen; man kann so in einer Festrede eine Tante zitieren, die Mussolini einen feschen Mann nannte. Das sollte einmal ein Bürger versuchen, die Geschichtsmoralwächter würden ihn wie eine Meute Hunde der Korrektheit mit langen und spitzen Zähnen zerreißen. Der Adelige als Chronist kann also allein die befreiendste aller Rollen spielen: über Geschichte einfach zu lachen.

Adelige Aufsteiger

Und er darf, da Geschichte ja doch die Wiederholung immergleicher Konstellationen ist, die Chronologie souverän missachten, ja durcheinander wirbeln. Dieses Mix- und Schüttelverfahren findet seine Berechtigung zudem darin, dass so viele Generationen so vieler Zweige der Esterházys die immergleichen Positionen, Spitzenposten der k. u. k. Monarchie, versteht sich, bekleidet haben, fast bis zur Ununterscheidbarkeit. So dass sich ein zusammenrechnendes Verfahren geradezu aufdrängt: so viele Fürsten, Grafen, Palatine, Generäle. Geht also Individualität im aristokratischen Status auf bzw. unter? Sind Aristokraten Kostümträger, wie es den bürgerlichen Adelskritikern des 19. Jahrhunderts in so vielen Karikaturen darzustellen gefiel: Kleiderständer, leere

Hüllen? Nicht zuletzt dieses böses Vorurteil sollen Péter Esterházys Geschichten von so vielen Spleens widerlegen. Adelige Individualität verträgt sich damit, eine alt überkommene Rolle anzunehmen und sie dem Zeitgeist entsprechend auszufüllen – was leicht fallen muss im Wissen, darüberzustehen.

Beckmesserisch sei's vermerkt: im Geschichtsroman sind die Esterházys älter, als es die seriöse genealogische Forschung wahrhaben will. Dass sich die Esterházys wie alle aristokratischen Dynastien Europas phantasievolle Stammbäume zulegten, welche die noblen Ursprünge bis in die Morgennebel der Zeiten zurückführten, kann nicht verdecken, dass ihr Aufstieg nach ganz weit oben relativ spät erfolgt. Verlegt das Haus selbst seine frühesten vornehmen Vertreter ins 11. Jahrhundert, so treten die Mitglieder der Familie Zerház, wie es damals noch hieß, erst ab der Mitte des 13. Jahrhunderts deutlicher hervor. 1421 durch den römischen König Sigismund von Luxemburg mit Schloss und Herrschaft Galantha im Komitat Pressburg ausgestattet, gehörte die Familie in dieser Zeit gleichwohl noch zum allenfalls mittleren Adel des Habsburgerreichs. Um den Beinamen „de Galantha" ergänzt sich der – erst am Ende des Jahrhunderts „fertige" – Familienname 1527. Um dieselbe Zeit gliedert sich der Geschlechterverband in die Hauptlinien, die durch Jahrhunderte Bestand haben und von denen die Linien Forchtenstein, Czesnek und Altensohl bis heute fortbestehen. Diese plötzliche Profilierung ist auf die Zeitumstände zurückzuführen. Im Zeichen der akuten osmanischen Bedrohung sind die Habsburger, ab 1526 als Könige von Ungarn wie in ihren österreichischen Erblanden, auf verlässliche Stützen ihrer Herrschaft und vor allem auf belastbare Militärbefehlshaber dringend angewiesen. Als herausragende Klienten des Hauses Habsburg, dessen Geschicke sich in ihrer Geschichte widerspiegeln, und damit im komplexen Wechselspiel von Zentrum und Peripherie, Loyalität und aristokratischer Eigengesetzlichkeit, vollzieht sich der weitere Aufstieg der Esterházys an die nadelfeine Spitze des ungarischen und schließlich europäischen Hochadels.

Unaufhaltsam ist er nicht zuletzt deshalb, weil den Esterházys Krisen und Konsolidierungen gleichermaßen zum Vorteil ausschlagen. In bedrohlichen Zeitläufen sind sie umso unverzichtbarer, was generöse Remunerationen herabregnen lässt, während ruhigere Zeitabschnitte durch planvolle Investitionen in die jeweils von den Zeitumständen angesagten Formen prestigeträchtiger Statuserweiterung bzw. -vergegenwärtigung charakterisiert sind. Bei aller spannungsvollen Bindung an das Haus Habsburg sind die Esterházys spätestens seit dem 18. Jahrhundert an vielen Höfen präsent. Hochadelsrang ist übernational, erlaubt – ohne dass damit die Primärloyalität in Frage gestellt wird – vielerlei Fürstendienste, um so mehr, als die Habsburger selbst ja seit dem 16. Jahrhundert europa- und weltumspannend auftreten und später, durch die Heirat Marie Antoinettes mit Ludwig XVI., auch im Frankreich des Tanzes auf dem Vulkan führend vertreten sind.

Dem Selbst- und Individualitätsverständnis der Esterházys kann somit nur eine Darstellung gerecht werden, die aufzeigt, wie die mit dem Aufstieg in den höchsten Adel übernommene Verpflichtung in verschiede Rollen umgesetzt und erfüllt wird – mit den Akzenten, die Zeitgeist und -atmosphäre verlangen. Die eigentliche Statusbegründergestalt der Familie ist Nikolaus Esterházy, der von 1582 bis 1645, als einer Epoche europäischer Umstürze und Kriege, lebte. In seine Wirkungszeit fallen die entscheidenden Weichenstellungen der Dynastie. Diese besteht zum einen darin, dass Nikolaus, protestantisch geboren, schon im jugendlichen Alter zum Katholizismus konvertiert; im Zeitalter Erzherzog Ferdinands, des späteren Kaisers Ferdinands II., stehen die Zeichen auf Rekatholisierung – wohl dem, der diesen Trend frühzeitig erkennt und entsprechend reagiert. Ein weiteres Mittel des Emporkommens sind reiche Heiraten. Sie stehen dem offen, der bereits gut vernetzt ist; dementsprechend gelingt es dem Spross aus angesehener Familie zweimal, durch große Mitgiften sein Vermögen und damit den soziopolitischen Handlungsspielraum im Zeitalter beginnender Konflikte zu erweitern. Baron seit 1613 und Ständevertreter wenig später, hält sich Esterházy von jeglicher ständischer Opposition – so aktuell in den östlichen Besitzungen der Habsburger, siehe Böhmen 1618 – fern. Im Gegenteil: während des Aufstandes des siebenbürgischen Fürsten Gabriel Bethlen im Jahr 1619 gehört er zu den wenigen Adeligen, die den Habsburgern die Treue halten. Führend an den Friedensgesprächen im Jahr darauf beteiligt, muss er auf Lohn nicht lange warten. Er hat zwar Munkacz, bislang Juwel des Familienbesitzes, an den jetzt „versöhnten" Bethlen abzutreten, wird jedoch mit Forchtenstein und Eisenstadt, dem neuen Familienzentrum, reichlich entschädigt; zudem bieten sich lockende Perspektiven weiteren Aufstiegs. Dessen Stationen lauten: das Amt des Hofrichters, Teilnahme an den Friedensverhandlungen mit den Türken 1625 und, am 25. Oktober desselben Jahres, die Wahl zum Palatin des Königreichs Ungarn, d. h. zu dessen vornehmstem Repräsentanten nach dem Monarchen.

In dieser neuen Rolle kann der Klient dem Patron sogleich herausragende Dienste leisten und damit die Anwartschaft auf weitere Dankabstattung anmelden: Exakt einen Monat und einen Tag später nämlich wird Ferdinand, der Sohn des gleichnamigen Reichsoberhaupts, zum Rex Hungariae gewählt, mit tätiger Wahlhilfe Esterházys. Für mehr als zwanzig Jahre ist damit ein groß angelegtes „Do ut des" gegeben. Es bringt Esterházy die Würde eines Ritters vom Goldenen Vlies und mancherlei neue Besitzungen, dem Hause Habsburg ein verlässliches Haupt des ungarischen Adels in den vielen Konflikten der Zeit, von den Ausläufern des Dreißigjährigen Krieges bis zu den Kämpfen mit Siebenbürgen, ein. In den letzteren ficht Esterházy zwar nicht immer mit Erfolg, doch loyal.

Hinter den Kulissen aber ereignet sich Tiefgreifenderes und Folgenreicheres. Nikolaus Esterházy nämlich gelingt es, seine herausgehobene Position zu einer intensiven klientelären Anbindung der Peripherie an die Zentrale zu nutzen, den Einfluss des ungarischen Adels auf die habsburgische Politik zu stärken – und damit den Esterházys dauerhaften Zugang zu den engsten Kreisen der Macht in Wien zu verschaffen. Bei seinem Tod 1645 summiert sich auf diese Weise eine überaus eindrucksvolle Bilanz der Netzwerkknüpfung, eigentliche Großleistung des großen Palatins. Die Esterházyaner, d. h. die Kreaturen dieses Hauses, sind von jetzt an über Jahrzehnte hinweg von den Schaltstellen der Macht nicht mehr wegzudenken, geschweige denn zu entfernen. So bilden sich dauerhafte Klientelverhältnisse zum ungarischen Adel heraus; wer aus seinen Reihen etwas werden will, ist gut beraten, sich mit den Esterházys gut zu stellen. Doch auch nach oben ist die Verflechtung eindrucksvoll. Nikolaus Esterházy schließt Nützlichkeitspakte mit den Mächtigen am Hof, Günstlingen und dauerhaften Erscheinungen, d. h. Vertretern anderer Hochadelsfamilien. Durch diese personelle Verzahnung gelingt es nicht zuletzt, die Stimme der ungarischen Elite in der Habsburger-Monarchie hörbar und Interessen geltend zu machen – ein Modell auf der Höhe der Zeit, durch das jetzt auch andere Eliten Europas ihren Einfluss vom Rande zum Mittelpunkt hin zu kommunizieren und durchzusetzen verstehen. Spätestens mit dem Regierungsantritt Ferdinands III. als Oberhaupt des Reiches 1637 ist Nikolaus Esterházy der mächtigste Standesherr Ungarns.

Dieser Rang will mit den zeitüblichen Methoden befestigt werden. Heiratsverbindungen mit ungarischen Magnatenfamilien sichern den erreichten

Familienstatus ab; schon einige Generationen später werden EhekandidatInnen aus noch höheren Kreisen anvisiert, bis im 19. Jahrhundert die Verschwägerung mit Verwandten von Königshäusern gelingt. Vor allem aber gilt es Einfluss und Macht sichtbar vorzuweisen. Ab 1636 fließt viel Esterházy'sches Geld in prestigeträchtige Kirchenbauten, welche die unerschütterliche Katholizität des Hauses unter Beweis stellen sollen. Bei seinem Tod gilt Nikolaus selbst in Rom als Garant der Rechtgläubigkeit, wie ein Kondolenzschreiben von Kardinal Francesco Barberini bezeugt. Das war ein bemerkenswerter Wandel in kurzer Zeit. Immerhin hatten die jungen Esterházys am Ende des 16. Jahrhunderts noch in Wittenberg studiert. Hängt es damit zusammen, dass die großen Karrieren in der Kirche erst im 18. Jahrhundert gelingen? Auch wenn schließlich in der Familienerfolgsbilanz ein Primas von Ungarn und eine Reihe weiterer Bischöfe zu Buche schlagen, liegen die hervorstechenden Prestigetitel des Geschlechts eindeutig im militärischen und dann im 19. Jahrhundert im diplomatisch-politischen Bereich.

Was republikanischen Eliten die lange Liste führender Amtsträger, das war für die Esterházys die illustre Serie ihrer Türkenkrieger und speziell der in diesen Kämpfen Gefallenen. Vier solche „Märtyrer" zählte der Geschlechterverband alleine in der Schlacht von Vezekény im Jahre 1652. Da die Esterházys auch während des Magnatenaufstandes 1671, der im ungarischen Hochadel weite Kreise zog, treu zu Habsburg standen, waren weitere Güterverleihungen und Rangerhöhungen die logische Folge. Wertvollster Zugewinn war die Erhebung in den Reichsfürstenstand, die Nikolaus' Sohn Paul Esterházy (1635–1713) 1687 zuteil wurde. Belohnt wurden damit nicht nur die Opfer im Kampf gegen das Osmanische Reich, sondern auch die guten Dienste in Ungarn selbst, wo sich der neue Fürst ebenso leidenschaftlich wie erfolgreich für eine Umwandlung der Wahlmonarchie in ein habsburgisches Erbkönigreich eingesetzt hatte. Vorerst als persönliche Würde verliehen, wurde die Rangerhöhung 1712 gleichfalls erblich gemacht und mit weiteren Privilegien, so dem Münzregal und dem Recht der Adelsverleihung, ausgestattet.

Magnaten zum Staunen

Auch wenn sich der eine oder andere Spross später adeligen Aufstandsbewegungen anschloss wie Anton Esterházy, der als Anhänger Rakoczys 1704 nach Frankreich flüchtete und dort einen Pariser Ableger des Geschlechts begründete – die Symbiose mit dem Haus Habsburg dauerte auch in der Folgezeit fort. Und sie trug weiterhin reiche Früchte, nicht zuletzt durch den Aufkauf von Gütern, deren adelige Besitzer ihre Opposition mit der Enteignung zu bezahlen hatten. So erwarb schon Paul Esterházy die konfiszierten Güter der Familie Nadasdy und dazu die Herrschaft Schwarzenbach in Niederösterreich. Parallel dazu wurden in den wichtigsten Besitzungen prunkvolle Residenzen errichtet, unter denen die Schlösser von Eisenstadt und Esterháza herausragten. Besucher des 18. Jahrhunderts zeigten sich vom dort vorgeführten Glanz und Aufwand tief beeindruckt, und zwar nicht nur von den Baulichkeiten, sondern mindestens ebenso sehr von den Ausmaßen des Hofstaats. Dieser soll auf dem Höhepunkt der fürstlichen Prachtentfaltung am Ende des Ancien Régime 10.000 Personen umfasst haben. Mag diese Zahl auch in der Grauzone zwischen wollüstig ausmalender Imagination und nüchterner Domestikenstatistik liegen, spätere Quantifizierungen dürfen als sicherer gelten – und zeigen ähnliche Dimensionen. So besaßen die Esterházys kurz nach 1850, also mitten im „bürgerlichen Jahrhundert", allein in Ungarn die feudale Hoheit über 40 Städte und 130 Dörfer – und nannten dazu 34 Schlösser ihr Eigen. Doch das war bei weitem nicht alles. Alleine die Esterházy'sche Domäne Krumau in Böhmen umfasste weitere sechs Städte und fast 300 Dörfer. Dazu passt, dass sich noch 1837 allein auf der Burg Forchtenstein ein Arsenal für bis zu 4000 Soldaten befand.

Und dazu passt nicht weniger, dass sich die europäische Einbildungskraft des Esterházy'schen Reichtums und der nonchalanten Arroganz seiner Besitzer in Form von Anekdoten bemächtigte. So soll der Chef des Hauses um dieselbe Zeit bei einem Besuch in Schottland auf die Frage einer dortigen Lordschaft, ob er denn auch 2000 Edelschafe besitze, kühl gekontert haben: Meine Schäfer sind zahlreicher als Ihre Schafe – nichts als die lautere Wahrheit, wie die Rechnungsbücher belegen, und zugleich ein unvergleichlich herablassender Akt europäischer Statusverortung.

Alles oder nichts – dass dies nicht erst im 20. Jahrhundert keinen Unterschied für Würde und Vornehmheit macht, zeigt die exzessive Großzügigkeit der geistlichen Esterházys an. Der Bürger knauzert und nimmt, der Adelige gibt in grenzenloser liberalitas, denn er ist sich seiner unverlierbaren Vornehmheit sicher. Die von Norbert Elias idealtypisch herausgearbeitete aristokratische Wirtschaftsethik mit ihrem unbestrittenen Primat der Ausgaben zeigt in einer sehr katholischen Variante Leben und Sterben des Carl Esterházy, Bischof von Erlau, der elf Kirchen und ein Lyceum erbaute und 1799 nicht genug Geld für sein standesgemäßes Begräbnis hinterließ – und das nach 37 Jahren eines kirchenfürstlichen Daseins mit imposantem Pfründenimperium. Um dieselbe Zeit kämpfen Schwärme von Esterházy für Habsburg in den wenigen Siegen und vielen Niederlagen des Siebenjährigen Krieges, tapfer und ehrenvoll wie gewohnt. Und auch an Ruhm steigernden Toten fehlt es im galanten Säkulum nicht. So erklomm Fürst Anton Esterházy, wie das Ehrenalbum des Geschlechts vermerkt, 1789 als Erster eine feindliche Zwingburg und fiel dabei – nicht in Paris, sondern in Belgrad, zweieinhalb Monate nach der Erstürmung der Bastille. Und auch dort war ein Esterházy umtriebig, wie die Memoiren des Grafen Valentin Esterházy erweisen. Dieser gehörte zum näheren Umkreis der habsburgischen Königin Marie-Antoinette, löste sich jedoch früh genug aus diesem nach 1791 gefährlichen Umfeld und starb 1805 nach aufregendem Hof- und Liebesleben als treuer Gatte und Familienvater – auch das eine Revolution, hin zur Neigungsheirat mit obligater Kleinfamilie.

Doch das höchste, allein bis heute anhaltende Prestige gewinnt die Familie in dieser Zeit nicht martialisch, sondern musikalisch. Fürst Nikolaus Josef (1714–1790) nämlich stellt als Hofkapellmeister und -komponisten ein junges Talent namens Joseph Haydn ein, das sich in ganz besonderer Weise als anstellig erweist – und als loyal. Fast drei Jahrzehnte lang, bis zum Tod des Fürsten, ist der Komponist auf den Schlössern seines Herrn tätig, und auch danach noch, als ihn der europäische Ruhm erreicht, ab 1795 in Wien.

Haydns Tätigkeit im Dienste der Esterházys spiegelt soziale Norm und individuelles Interesse zugleich wider. Musikalische Divertissements gehören im 18. Jahrhundert selbstverständlich zu fürstlicher Selbstdarstellung, ebenso wie auch Basisfertigkeiten von Adeligen auf diesem Gebiet; zugleich geht die Vorliebe des Fürsten Nikolaus Josef für ein ausgefallenes Instrument, das Baryton, und dessen Beherrschung über diese Standesverpflichtungen hinaus.

Haydns Leben in Eisenstadt ist zu einer burgenländischen Touristenattraktion geworden, in der sich Fakten und Legenden bunt verweben. Unbestreitbar bot ihm sein Posten als Esterházy'scher Musikus unverzichtbare Freiräume der Produktion. Wie Alternativen ausgesehen hätten, zeigt die Forderung der Wiener Tonkünstler-Societät. Als Haydn dort um Mitgliedschaft ersuchte, um im Falle seines Todes die wirtschaftliche Absicherung seiner Frau zu gewährleisten, beantwortete die Gesellschaft dieses Ansinnen mit der Forderung, seine Kompositionen zu kontrollieren: Zunftzwang in Noten. Doch waren auch die (Vize-)Kapellmeisterjahre in Eisenstadt zumindest anfangs alles andere als Herrenjahre. Als „Hausoffizier" hatte Haydn bei Gala-Aufführungen in der fürstlichen Livree aufzutreten. Und in einer Zeit, in der geistiges Eigentum auf dem Kontinent (im Gegensatz zu England) noch ein Fremdwort war, fielen die Nutzungsrechte an seinen Kompositionen selbstverständlich seinem Herrn und Meister zu. Auf der anderen Seite war der große Komponist Teil einer patriarchalisch geschlossenen Welt, in welcher der Fürst eine eigene Armee besaß, an seinen Gerichtshöfen über Leben und Tod entschied – und sich beim Musizieren von diesen anstrengenden Tätigkeiten stilvoll erholte. Obwohl in diesem Mesokosmos – Mikrokosmos wäre angesichts der 250.000 bis 300.000 ha Landbesitz der Esterházys allein in Ungarn eine Untertreibung – ein Vasall mittlerer Rangstufe, lebte der Künstler dabei nicht schlecht; sein Gehalt war zwar 1779 mit 782 Gulden und 30 Kreuzern alles andere als fürstlich, doch fielen diverse Naturalleistungen schon schwerer ins Gewicht. Dazu kam ein dichtes Netz sozialer Absicherungen von kostenloser ärztlicher Behandlung bis zum Gratiskuraufenthalt.

Natürlich hatte das alles auch seinen künstlerischen Preis: an die zweihundert Stücke für Baryton und wohl auch gelegentlich eine gewisse stilistische Rücksichtnahme, d. h. „Spielbarkeit" seiner Kompositionen. Dafür hatte der Komponist ein hervorragendes Orchester nebst Opernhaus zur freien Verfügung – und viel Zeit für Proben. Mit anderen Worten: Die Abhängigkeit vom Fürsten bedeutete zugleich die unumschränkte Herrschaft über die ausführenden Musiker und damit eine künstlerische Souveränität, wie sie das 19. Jahrhundert nicht mehr kennen sollte. Daraus resultierten Reichtum und europäischer Ruhm, wie er spätestens in den Reisen nach London 1791/92 sowie nochmals drei Jahre später zum Ausdruck kam. Dort, auf der Insel, wurde aus seinem Anstellungsverhältnis gar eine schwarze Legende; Anhänger seiner

Kunst überlegten ernsthaft, ob sie ihn nicht mit Gewalt aus den Klauen seines finsteren Feudalherrn befreien sollten. Doch kam die Reise über den Kanal dann doch ganz friedlich zustande; sie brachte Haydn 15.000 Gulden, ein Vermögen, ein. Neue Chancen freien Künstlertums zeichneten sich ab.

So wie Napoleon, beim Tod des Komponisten 1809 Herr von Wien, am Sterbehaus eine Ehrenwache aufstellen ließ, so zog eine spätere Generation der Esterházys Prestige aus dem Kult der Erinnerung. Nikolaus' Josefs Enkel, Fürst Nikolaus Esterházy (1765–1833), ließ die Gebeine des Komponisten mit großem Gepränge in Eisenstadt beisetzen. In einem Europa, in dem Geniekult verbreitet und der soziale Stellenwert von Künstlern unaufhaltsam im Steigen begriffen waren, war das ein Akt, der Würde und Legitimität der Esterházys als wahre Fürsten, die Geist und Tugend belohnten, wirkungsvoll unter Beweis stellte. Repräsentative Kunstsammlungen, vor allem spanischer Malerei, rundeten diese Selbstdarstellung standesgemäß ab. In den Krisenzeiten nach den schweren österreichischen Niederlagen gegen Napoleon ab 1805 setzten die Esterházys weiterhin nicht auf Experimente, sondern konsequent auf gewachsene Loyalitäten und entschieden sich daher gegen die Risiken, die mit weiteren Rangerhöhungen im Rahmen der französischen Hegemonie verbunden waren; konkret hatte diese Option zur Folge, dass sich Nikolaus Esterházy allen Verlockungen, selbst die ungarische Krone zu erhalten, verschloss. Stattdessen waren den militärischen Traditionen des Hauses entsprechend wiederum mehrere Esterházys an führender Stelle im Kampf gegen den Kaiser der Franzosen tätig. Dabei fiel Graf Vincenc Esterházy (1788–1835) als Generalmajor nicht nur eine aktive Rolle im Feld, sondern auch eine symbolische Funktion bei der Wiederherstellung der alten Ordnung zu: Er durfte den zwischenzeitlich von Napoleon gefangengesetzten Papst Pius VII. 1814 nach Rom zurückgeleiten.

Wenige Jahre zuvor, 1804, hatte Nikolaus Esterházy vom Fürsten von Ligne die Grafschaft Edelstetten und damit die Reichsstandschaft erworben, die schon zwei Jahre später, nach der Auflösung des Heiligen Römischen Reiches Deutscher Nation, praktisch gegenstandslos wurde, im Titel der Grafen von Forchtenstein jedoch fortlebte. Nikolaus' Sohn und Erbe, Fürst Paul Anton III. (1786–1866), verheiratet mit Theresia, Fürstin von Thurn und Taxis, schlug die diplomatische Laufbahn ein und verbreitete auf seinen diversen Gesandtschaftsposten zwischen Moskau und London, wie erwähnt, den legendären Ruf der Esterházys als letzte Großaristokraten alten Stils. Während der Revolution von 1848 wurde er erster Außenminister der ungarischen Regierung und versuchte als vornehmster Repräsentant der alten Elite, wie so viele seines Geschlechts, zwischen Peripherie und Zentrale zu vermitteln. Nach der Radikalisierung der Bewegung im Herbst desselben Jahres aber legte er alle Ämter nieder und wechselte ins Hoflager nach Olmütz über. Das ungebrochene Vertrauen des Herrscherhauses spiegelte sich in späten diplomatischen Missionen während des italienischen Unabhängigkeitskriegs 1859 wider.

Aufgrund ihres Reichtums (allein die Einkünfte der fürstlichen Linie sollen um 1850 150.000 englische Pfund überschritten haben) und Lebensstils waren die Esterházys zu Repräsentanten der k. u. k. Monarchie in einem zunehmend nationalstaatlichen Europa geradezu prädestiniert, dem sie die dynastisch verfugte Übernationalität des Habsburgerreichs und dessen Werte aristokratischer Weltläufigkeit und kultureller Vielfalt vor Augen zu führen hatten. So waren die aus verschiedenen Zweigen der Familie stammenden Grafen Moritz und Valentin gleichzeitig Gesandte in verschiedenen europäischen Kapitalen.

Was bleibt

Doch auch die politische Tätigkeit im Lande selbst setzte sich nahtlos fort; so amtierte Graf Moritz Esterházy noch 1917 als ungarischer Ministerpräsident. Die Zerschlagung des Habsburgerreichs nach dem verlorenen Ersten Weltkrieg musste für die Esterházys, die mit diesem Staatengebilde wie kaum eine andere Familie verschmolzen waren, einschneidende Folgen zeitigen. So befanden sich ihre Besitzungen nach dem Friedensvertrag von Trianon 1920 mit einem Schlag in den sechs neuen Staaten Ungarn, Slowakei, Kroatien, Slowenien, Rumänien und Österreich. Doch soziale Autorität stirbt langsamer als Staaten. Auch unter den grundlegend gewandelten politischen Verhältnissen fielen den Repräsentanten des Hauses wie von selbst Führungspositionen zu. So wurde Graf János Esterházy zum Führer der Ungarischen Partei in der Slowakei und damit zum Repräsentanten einer nationalen Minorität in Zeiten zunehmender totalitärer und nationalistischer Verwilderung. Gleichermaßen Feind von Nationalsozialismus und Kommunismus und in dieser immer gefährlicheren Opposition anfangs noch durch seinen Rückhalt in Ungarn geschützt, votierte der Graf im Mai 1942 als einziges Mitglied des von Deutschland abhängigen

Pressburger Parlaments gegen die Deportation der slowakischen Juden in das Vernichtungslager von Auschwitz und ermöglichte Flüchtlingen in der Folgezeit durch Einflussnahme bei der ungarischen Regierung die Überquerung der Grenze ohne Pass und Visum. Als Vertreter der alten Aristokratie, der durch das Ansehen der Familie und persönliche Fähigkeit zum Ausgleich zu einer Integrationsfigur des Parteienspektrums von der gemäßigten Rechten bis zur demokratischen Linken heranwuchs, wurde Esterházy in den letzten Kriegsjahren immer stärker zur Hassfigur radikaler Strömungen. Dementsprechend wurde er im Herbst 1944 zuerst von den rechtsradikalen Pfeilkreuzlern verhaftet, doch auf slowakischen Druck hin wieder freigelassen – um im Juni 1945 vom sowjetischen Geheimdienst gefangen genommen und zuerst nach Moskau, dann nach Nordsibirien verschleppt zu werden. Im Zusammenhang mit der Zwangsaussiedlung der Ungarn aus der Slowakei wurde der Graf in einem Pressburger Schauprozess im September 1947 in Abwesenheit zum Tode verurteilt, doch wurde in der Sowjetunion unabhängig davon ein gleichermaßen inszenierter Prozess gegen ihn angestrengt. Die Anklage, an Hitlers Überfall auf die Sowjetunion beteiligt gewesen zu sein, war ebenso fingiert, wie das Urteil, zehn Jahre Zwangsarbeit und Beschlagnahmung sämtlicher Besitzungen, von vornherein feststand. An Tuberkulose erkrankt, ist János Esterházy 1957 im Gefängnis von Mirov gestorben. Am 21. Januar 1993 hat die Oberste Staatsanwaltschaft der Russischen Föderation dieses Urteil für grundlos erklärt und den Grafen formell rehabilitiert.

Dieser hatte schon Ende der 1930-er Jahre den Löwenanteil seines Vermögens durch Enteignung verloren und darauf mit aristokratischer Nonchalance reagiert, ja seinen Standesgenossen das genügsame Leben geradezu angepriesen. Die adeligste aller Sentenzen, dass alles so gut wie nichts sei, aber blieb Mátyás Esterházy, Graf von Forchtenstein, vorbehalten, der als Doktor der Jurisprudenz aufs Land zwangsumgesiedelt wurde und sich dort, wie gesehen, mit weiterhin bewährtem Gleichmut als Spezialist für Melonenanbau hervortat. Um dieselbe Zeit wurde die Esterházy-Straße in Budapest nach Puschkin umbenannt; dieselbe Operation Namensauslöschung schlug in Sachen eines nach den Esterházys benannten Rostbraten-Rezepts hingegen fehl. Nach und nach wurde dem verbannten Aristokraten auf dem Feld sogar etwas journalistische Tätigkeit zur Aufbesserung des Haushaltsgelds zugestanden. Sein 1950 geborener Sohn Péter Esterházy sollte sich dem Metier des Wortes vollständig widmen, allerdings nach dem Umweg über ein Mathematikstudium. Seine sanft subversiven Texte konnten im Ungarn der 1980-er Jahre nicht nur erscheinen, sondern heimsten sogar Preise ein – der Kommunismus welkte dort lange vor seiner offiziellen Verabschiedung.

Péter Esterházys aristokratische Ironie bewährt sich nicht zuletzt in Interviews. Den heiligen Wissensdrang ungestüm ans tiefgründige Wesen der Dinge drängender Feuilletonisten bzw. Philologen hat man kaum je so grandios ins unfreiwillig Komische umgeleitet gesehen. So muss jede in solchen „Bekenntnisreden" getane Äußerung als potenziell der Uneigentlichkeit verdächtig angesehen werden. Immerhin könnte die Freude darüber, keine Landstriche und auch keine Moral, dafür eine Art der Erziehung und als deren Folge eine Art des Benehmens geerbt zu haben, auch partiell oder sogar völlig ernst gemeint sein. Als Bilanz einer Familiengeschichte taugt der Satz allemal. Diese ist im Übrigen nicht zu Ende. Mit der ungebrochenen Reproduktionskraft, die so vielen Zweigen der Esterházys im Wandel der Zeiten erhalten geblieben ist, hat nicht nur der letzte Aristokrat unter den europäischen Großschriftstellern Sprösslinge gezeugt, denen aufgetragen ist, das 21. Jahrhundert auf Familienart in Angriff zu nehmen.

Literatur

Eine nicht literarische, sondern wissenschaftliche Familiengeschichte fehlt. Basisangaben – nicht immer fehlerfrei, doch als Grundlage unverzichtbar – in der apologetischen Darstellung von Carl Joseph Kinderfreund, Das Fürstenhaus Esterházy von Galantha, Wien 1860. Zu Nikolaus ESTERHÁZY, dem Statusbegründer, substanzielle Informationen bei István Hiller, Palatin Nikolaus Esterházy. Die ungarische Rolle in der Habsburgerdiplomatie 1625 bis 1645, Wien/Köln/Weimar 1992; über Graf János ESTERHÁZY stark weltanschaulich eingefärbt Gábor Szent-Ivany (hg. von Alice Esterházy-Malfatti), Graf János Esterházy, Führer der ungarischen Minderheit und das Schicksal in der Tschechoslowakei/Slowakei nach dem Ersten Weltkrieg, Wien/Köln/Weimar 1995. Zu Péter ESTERHÁZY vermischte Beiträge und Interviews in: Angelika Klammer (Hg.), Was für ein Péter! Über Péter Esterházy, Salzburg/Wien 1999.

Familie Freud, um 1874.

Die Freuds

Im Anfang war der Mord. Der Urvater war Opfer eigener Tyrannei geworden. Alle Macht hatte er in seinen Händen vereinigt, die Frauen der Horde gehörten ihm. Nur er konnte sich seinem Eros in schrankenlosem Genuss hingeben – seine Söhne gingen leer aus. Getrieben von ohnmächtigem Zorn, hatte sich die Brüderhorde vereinigt und diesem Treiben ein Ende gesetzt. Der Vater war tot, der Zorn war verraucht, zurück blieb eine reuige Schar von Mördern, die sich ihrer Liebe für den Despoten bewusst wurde. An seine Stelle ließen sie den Kult, das Totem, das Tabu treten. Mit einem Schlage war der tote Vater weit mächtiger, als es der lebende je sein konnte. Er war im psychischen Apparat der Söhne auferstanden und kontrollierte sie, wie eine Zwingburg die eroberte Stadt in Schach hält. Das Gewissen – das individuelle ebenso wie das kollektive – war geboren, das „Über-Ich", das die destruktiven Kräfte des „Es" auf das „Ich" zurückfallen ließ und auch dem Eros Schranken setzte. So hatte der kollektive Vatermord die Grundlagen der Kultur gelegt. Von Sohnesgeneration zu Sohnesgeneration sollte er innerlich neu vollzogen werden. Begehren gegenüber der Mutter und Zorn auf den Vater mündeten zwar nicht in einer blutigen Tat – wie sie einst der tragische Held Ödipus begangen hatte – wohl aber in einem inneren Konflikt zwischen Ängsten und Trieben, an dessen Ende erneut die Genese des „Über-Ichs" stand. Das tabuisierte erotische Verlangen wurde sublimiert, seine Energien wurden für anderes, namentlich für Wissenschaft und Kunst, nutzbar gemacht. Das Ergebnis war kollektiver Friede und individuelles Unbehagen. Die erlaubten Genüsse waren rar und schal – der Angriff des verdrängten Eros konnte nur mühsam abgewehrt werden, und auch der destruktive Todestrieb rüttelte beständig an seinen Ketten. Kultur glich einer dünnen Decke, deren Schicksal unsicher war. Es bedurfte eines Weisen, eines gelehrten Lehrers, um der leidenden Menschheit Linderung zu gewähren. Jemand musste das Dunkel der Seele erhellen. Nur wenn es dem „Ich" gelang, Frieden mit dem „Es" zu schließen, es für sich zu gewinnen, so wie Neuland dem Meer abgerungen wird, war eine Rückkehr in die Barbarei aufzuhalten.

Sigmund Freud hatte, wie kaum ein Denker vor ihm, die Familie zum Schlachtfeld zivilisatorischer Dramen gemacht. Aus ihr erwuchsen Kultur und Gewalt, Verzicht und Krankheit. Sie war die Einheit, die nicht nur das Individuum formte, sondern auch dem Kollektiv seinen Stempel aufdrückte. Nicht Edelmut, sondern dunkle, nur mühsam unter Kontrolle gehaltene Triebe prägten sie. Unter der brüchigen Fassade der Idylle lauerten Mord und Inzest.

Anfänglich ignoriert, waren diese Ideen auf dem fruchtbaren Boden Wiens üppig gediehen. *„Wer krank ist, bekommt eine Suppe, wer tot ist, einen guten Namen"*, hatte seine innig gehasste Schwiegermutter zu sagen gepflegt. Freuds Name war bereits lange vor seinem Tode in aller Munde. Seine Theorien, seine Metaphern, seine Wortschöpfungen prägten ein ganzes Zeitalter. Sie nährten eine wachsende Schüler- und Familienschar. Freud war ein Vater vieler Töchter und Söhne – leiblicher und geistiger. Sie alle erlebten ein ebenso fürsorgliches wie despotisches Familienoberhaupt. Noch Generationen später, lange nach seinem Tode, schwanken seine Erben zwischen Liebe und Mordlust gegenüber diesem Urvater.

Zwischen Anpassung und Tradition

Das Familienporträt der Freuds aus dem Jahre 1874 zeigt ein vertrautes Bild. Jakob Freud thront als bärtiger Patriarch an exponierter Stelle, ihm zur Seite die liebende Gattin, hinter ihm seine Söhne und Töchter, zu seinen Füßen die jüngsten Glieder der Familie. Adrett frisiert, in bürgerlicher Festtagskleidung blickten sie etwas entnervt in die Kamera. Nichts unterscheidet sie auf den ersten Blick von anderen Wiener Familien – sie gehören dazu, sind Teil der Gesellschaft.

Einzig der Altersunterschied zwischen den Ehepartnern fällt ins Auge. Er betrug immerhin 20 Jahre. Jakob Freud – die väterliche Gestalt im Lehnstuhl – hatte zwei, möglicherweise auch dreimal den Bund fürs Leben geschlossen und war bereits in jungen Jahren Vater zweier Söhne, Philipp und Emanuel, geworden. Seine junge, lebhafte Frau Amalie hatte etwa dasselbe Alter wie sie und passte – auch nach Meinung ihres ältesten Sohnes Sigmund – weit besser zu seinem alerten Halbbruder Philipp als zum großväterlichen Vater. Ein alter Papa, eine attraktive Mutter, ein dynamischer Bruder, ein Neffe, der so alt war wie er selbst

– Sigmunds Fantasie bekam angesichts dieser Familienkonstellation reichlich Nahrung. Die äußere Ordnung der Dinge und ihre innere Struktur schienen nicht zusammenzupassen. Freud spürte schon früh unausgesprochene Leidenschaften und heimliche Konflikte, die ihn ein Leben lang beschäftigen sollten.

Noch in anderer Hinsicht war das vorgetragene Bild der gesellschaftlichen Normalität und natürlichen Zugehörigkeit fragwürdig, denn hier präsentierte sich eine Einwandererfamilie, die sich nur mühsam in die neue Wiener Heimat einfügte. Geboren und aufgewachsen im fernen Galizien, war Jakob Freud in einem chassidischen Umfeld erzogen worden. Räumliche Enge, wirtschaftliche Armut und religiöse Verfolgung, aber auch starke Familienbindungen und tief empfundene Frömmigkeit hatten vier Generationen der Freuds geprägt. Es schien eine stabile Welt, ein fest gefügter Kosmos zu sein, der seit Beginn des 19. Jahrhunderts allerdings zunehmend von religiösem Hass und wirtschaftlichen Krisen geplagt wurde. Die Schläge von außen verfehlten ihre Wirkung nicht. Man sah sich nach Alternativen um. Manche fanden sie in den großen Einwandererstädten jenseits des Atlantiks, andere bevorzugten den Weg der Binnenemigration und schlossen sich der Wanderungsbewegung in den prosperierenden westlichen Teil des habsburgischen Imperiums an. Unter ihnen war auch Jakob Freud, der sein Glück in Ostmähren suchte. Als er sich aufmachte, trug der junge Wollhändler noch den traditionellen Kaftan und die Pelzmütze. Dies sollte sich rasch ändern, denn der Ortswechsel von Tysmenitz nach Freiberg war zugleich ein Wechsel der Kulturen. Anders als ihre Glaubensgenossen im Osten, waren die mährischen Gemeinden bemüht, sich an ihre deutschen Nachbarn anzupassen, sich zu assimilieren. Auch Jakob folgte dieser Entwicklung. An die Stelle des Kaftans trat der Anzug, aus einem Mann der Tradition wurde ein Freigeist. Es war ein nachhaltiger Wandel. Als Jakob 1860 ein weiteres Mal den Wohnort wechselte und nach Wien zog, pflegte er offenbar kaum Kontakt zu den äußerst aktiven orthodoxen Gemeinden der Stadt, die als Treffpunkte der ostjüdischen Migranten dienten.

Einige Bindungen in die Heimat blieben indes erhalten. Wien war nicht New York – die Verwandtschaft blieb in Reichweite. Tatsächlich hielten Jakob und seine Frau weiterhin Kontakt zu Eltern, Geschwistern und weitläufigen Verwandten – gleich ob sie in Breslau, Odessa oder in Rumänien lebten. Man fühlte sich als Teil eines größeren Verbandes, der das christliche Umfeld nach wie vor mit innerer Distanz betrachtete.

Das tief verwurzelte Misstrauen der ostjüdischen Minderheiten gegenüber Begriffen wie Vaterland oder Nation, ihr Unbehagen, mit dem sie dem Militär gegenüberstanden, aber auch ihre Duldsamkeit im Umgang mit Demütigungen und gewaltsamen Ausschreitungen klangen in den Erzählungen und im Verhalten Jakobs noch immer deutlich nach. Sein kämpferischer Sohn Sigmund, der ein enges Verhältnis mit dem Vater pflegte, registrierte dies mit Erstaunen. Jakobs Berichte still hingenommener Demütigungen in der galizischen Heimat erfüllten ihn mit Befremden und kaum verhohlener Scham. Nicht weniger schreckte ihn die aus der Heimat übernommene Unbekümmertheit, mit der der Vater wirtschaftlich agierte. Wie viele galizische Geschäftsleute lebte er offenbar von der Hand in den Mund und hielt seine wachsende Kinderschar mit wechselnden Einkommensquellen über Wasser. Das Fremdartige im Verhalten des Vaters berührte ihn umso mehr, als er dessen Werte und Verhaltensmuster in anderer Hinsicht mit großer Sympathie und emotionaler Nähe betrachtete. Dies galt besonders für die Wertschätzung, die Jakob Freud wissenschaftlicher Gelehrsamkeit entgegenbrachte.

Die *„Schejnen"* – das waren in Galizien die Gebildeten innerhalb der Gemeinde, deren durchgeistigter Habitus Gottesnähe und soziale Überlegenheit demonstrierte. Die anderen, die *„Prosten"*, waren nach Kräften bemüht, zumindest einen ihrer Söhne in diese Elite aufsteigen zu lassen. Mutters *„goldener Sigi"* – da war sich Jakob sicher – war einer, der das Zeug dazu hatte. *„Mein lieber Sohn Schlomo"*, so notierte er später in der Familienbibel, *„im siebten … [Jahr] Deines Lebens begann der Geist des Herrn Dich zu treiben"*. In der Schule war Sigmund rasch Klassenbester, seine Lehrer bewunderten seinen Sprachstil, und die Eltern zeigten sich entzückt von ihrem Sohn, der *„auf den Flügeln des Geistes"* flog. Als einziges der acht im Hause verbliebenen Kinder erhielt er ein eigenes Zimmer. Störte ihn das Klavierspiel der Schwester, so wurde das Instrument kurzerhand entfernt. Vorsichtig begann der Vater, ihn an jüdische Anekdoten und Kurzweisheiten, aber auch an biblische Studien heranzuführen.

Sigmunds Großvater Schlomo und sein Urgroßvater Ephraim, so notierte Jakob mit Stolz, hatten sich Rabbis nennen dürfen. Für seinen Sohn hatte er indes kaum einen solchen Lebensweg im Sinn. Sigmund – das konnte ihm kaum entgangen sein – betrachtete die Frömmigkeit anderer mit Misstrauen, wenn nicht mit Verachtung. Die Einsichten, nach denen er strebte, waren säkularer Natur, seine Verwandlung zum *„Schejnen"* sollte sich auf der Universität vollziehen. Dennoch waren die religiösen Gespräche mit den Eltern (zumal der Mutter) kaum fruchtlos geblieben.

Das Leben und das Denken der ostjüdischen Migranten, ihr Schwanken zwischen Anpassung und Tradition, äußerer Konformität und innerer Distanz, aber auch ihr intellektuelles Ringen um die Entschlüsselung uralter Zeichensysteme sollten Sigmund Freud ein Leben lang prägen. Wenn sich auch der „*Brunnen*" der Heiligen Schrift nie wirklich für ihn auftat, die Faszination am Blick in Abgründe, das Bewusstsein für die tiefe Kluft zwischen Schein und Sein blieb.

Hugo von Hofmannsthal, ein jüngerer Zeitgenosse Freuds, brach 1919 den Kontakt zu einem Berliner Kritiker ab, weil dieser ohne jeglichen Hintergedanken in seinem Werk nach jüdischen Kulturtraditionen gesucht hatte. Der Spross einer aristokratischen, vom Judentum zum Katholizismus konvertierten Familie tat alles, um seine Wurzeln zu kaschieren. Es war ein Verhalten, das nicht untypisch für die etablierten jüdischen Familien Wiens war. Für Freud wäre es undenkbar gewesen. Weder die Orthodoxie noch die mondäne Welt assimilierter, jüdischer Intellektueller zogen ihn an. Wie sein Vater, so stand auch er zu seinem jüdischen Erbe, ließ sich aber in keine jüdische Geistesbewegung einbinden. Er blieb ein Zugehöriger der Unzugehörigen, ein Oppositioneller aus Neigung und Familientradition.

Geburt einer Wissenschaft

Die Situation war pikant. Eine junge Patientin, attraktiv und charmant, wie sie war, hatte sich mit eindeutigen Absichten in die Arme ihres Arztes geworfen. Nur ein eintretendes Dienstmädchen, so vermerkte Freud später, habe eine für beide Seiten peinliche Auseinandersetzung gerade noch verhindern können. Was war geschehen? Der verheiratete Mediziner war unsicher. Den Vorfall seiner persönlichen Unwiderstehlichkeit zuzuschreiben, dafür war er zu nüchtern. Nein, das Ereignis hatte offenbar etwas mit seiner Behandlung zu tun. Freud entschloss sich, den bisher so vielversprechenden Weg der Hypnose zu verlassen und stattdessen eine neue, eine eigene Methode zu entwickeln – die der freien Assoziation.

Es war der erste Schritt in die wissenschaftliche Unabhängigkeit, die Geburtsstunde einer eigenen Wissenschaft, die sich durch Methode, Terminologie und Zielsetzung von anderen unterschied.

Der Weg dorthin war alles andere als geradlinig verlaufen. Freud hatte Medizin studiert, um in der Grundlagenforschung Fuß zu fassen – ein vergebliches Unterfangen. Begabung und Fleiß glichen, so machte ihm sein Doktorvater klar, nicht seinen mangelnden familiären Hintergrund aus. Wollte er von seinem Beruf in absehbarer Zeit leben können, so müsse er in die klinische Praxis wechseln.

Für Freud war dies eine Hiobsbotschaft. Aus einem Spezialisten für das Nervensystem der Aale sollte ein Arzt werden – aus dem Neurophysiologen ein Neuropathologe. Die Anfänge in der Klinik waren mühsam. Geprägt durch die klaren biologischen Gesetzmäßigkeiten der Physiologie, erklärte der junge Assistenzarzt neurotische Störungen aller Art mit organischen Defekten, vornehmlich mit Verletzungen des Gehirns. Die diagnostischen Erfolge, die er mit diesem Ansatz erzielte, waren naturgemäß bescheiden, und so entschloss er sich, sein Glück im pharmakologischen Bereich zu suchen. Freud stürzte sich in die Erforschung des vermeintlichen Wundermittels Kokain, dessen Segnungen er auch persönlich genoss. Abgesehen davon, dass seine Experimentierfreude einen persönlichen Freund in die tödliche Abhängigkeit trieb, blieb auch diesmal die berufliche Anerkennung aus. Seine Publikationen wurden nur mit mäßigem Interesse wahrgenommen.

So suchte der ehrgeizige Mediziner weiter nach einem eigenen Feld der Ehre, auf dem er sein Genie unter Beweis stellen konnte. Schon 1882 hatte er von dem befreundeten Arzt Josef Breuer eine Fallbeschreibung erhalten, die ihn aufhorchen ließ. Eine junge Patientin, die an Verworrenheit, Lähmungen und Hemmungen litt, habe unter Hypnose die Ursache für ihre Erkrankung benennen können. Ihre psychische Störung sei nichts anderes als die Reaktion auf Gefühle (besser: Affekte), die sie während der Pflege ihres erkrankten Vaters verdrängt habe. Freud ahnte, dass Breuer ihm den Schlüssel zur menschlichen Seele in die Hand gegeben hatte. Offenbar waren hier Gesetzmäßigkeiten eines seelischen Energiehaushaltes zu entdecken, auf die noch niemand gestoßen war. Er ging der Sache weiter nach. Zunächst galt es, den bisherigen Kenntnisstand zu eruieren. Freud reiste nach Paris und traf sich mit Charcot, dem führenden Nervenarzt seiner Zeit. Der Spezialist für Hypnosetherapien war angetan von dem jungen Wiener und ließ ihn an seiner Erfahrung bei der Behandlung von Hysterikern teilhaben. Mit einem Schlage gewann Freud einen Kompetenzvorsprung gegenüber den heimischen Kollegen. Sein Renommee stieg. Angesichts seiner jüdischen Herkunft war an eine ordentliche Professur im Fach Medizin zwar nicht zu denken, doch schien sein Ruf inzwischen so weit gefestigt, dass er wagen durfte, eine eigene Praxis als niedergelassener Arzt zu eröffnen.

Der Schritt in die berufliche Unabhängigkeit war mit der Hoffnung auf finanzielle Sicherheit verbunden. Freud – der den Umgang mit Patienten noch immer nicht sonderlich schätzte – hatte ihn eingeschlagen, um einen privaten Liebestraum verwirklichen zu können. Endlich konnte er heiraten. Seine innig geliebte Martha Bernays hatte er bereits 1882 als Gast seiner Schwestern kennen gelernt. Die zarte, stets geschmackvoll gekleidete Schönheit brachte ihn bereits beim ersten Zusammentreffen *„nachhaltig außer Fassung"*. Doch es gab Probleme. Zwar hatte Marthas verstorbener Vater sein Vermögen weitgehend verloren, das soziale Gefälle zwischen den Freuds und den Bernays war aber immer noch gewaltig. Sigmund begehrte die Hand einer Frau, die aus einer der bedeutendsten jüdischen Gelehrtenfamilien des Reiches stammte. Ihr Großvater, der Hamburger Oberrabbiner Issak Ben Jacob, war von Heinrich Heine als außergewöhnliche Persönlichkeit gewürdigt worden, ihre Onkel, der Altphilologe Jacob Bernays und der Literaturhistoriker Michael Bernays, zählten zu den Koryphäen ihres Faches. Sie selbst war in Hamburg zur Welt gekommen, wo der Name der Familie noch immer etwas galt. Die Mutter strebte dorthin zurück und dachte gar nicht daran, die Aufstiegsambitionen der kleinen ostjüdischen Einwandererfamilie Freud zu unterstützen. Doch diese erwies sich als zäh. Um die 1500 Liebesbriefe schrieb Sigmund Freud seiner heimlichen Verlobten, während seine Schwester – sehr zum Unwillen der künftigen Schwiegermutter – mittlerweile zarte Bande mit deren ältestem Bruder Eli geknüpft hatte. Beide Freuds waren schließlich erfolgreich. Sigmund heiratet Martha 1887, Anna ihren Eli 1890. Ob die Ehe zwischen Martha und Sigmund Freud glücklich war, ist umstritten. Freuds Neigung, mit seiner korpulenten Schwägerin Minna in den Urlaub zu fahren und die Ehefrau zuhause zu lassen, haben diesbezüglich Zweifel ausgelöst. Fruchtbar war das Eheleben allemal. Zwischen 1889 und 1895 kamen sechs Kinder zur Welt.

Die private Idylle setzte den jungen Arzt unter Leistungsdruck. Es galt, die Familie nicht nur zu ernähren, sondern standesgemäß zu versorgen. Freud war daher bemüht, seinen Namen bekannt zu machen und seine Methoden weiterzuentwickeln. Er hatte sich auf die Behandlung „Nervenkranker" spezialisiert und dabei höchst erfolgreich die Hypnose eingesetzt. Tiefgreifende Einsichten in die Ursachen von Persönlichkeitsstörungen waren die Frucht dieser Arbeit. Immer klarer wurde der Zusammenhang zwischen Verdrängung und Krankheit, Bewusstwerdung und Heilung. Doch offenbarte die Hypnose auch ihre Schattenseiten. Offenbar spielte die Beziehung zwischen Arzt und Patient eine entscheidende Rolle für ihre dauerhafte Wirksamkeit. Trübte sich das Verhältnis ein, ließ der Heilungserfolg nach. Welch unkontrollierbaren Emotionen im Trancezustand Tür und Tor geöffnet wurden, ließ sich spätestens nach der besagten erotischen Attacke einer erwachenden Patientin nicht mehr leugnen. Freud zog daher einen Schlussstrich. Künftig forderte er seine Patienten auf, im Wachzustand ihre Gedanken schweifen zu lassen und ihm darüber zu berichten.

Die Methode der freien Assoziation machte aus Arzt und Patient gleichwertige Partner. Es war der Kranke selbst, der unter diskreter Anleitung des Analytikers auf die Suche nach Erinnerungen ging, die dem Bewusstsein entschlüpft waren. Gedankenfetzen und Träume mussten auf ihren Gehalt geprüft und einem Entschlüsselungsprozess unterworfen werden. In der Analyse galt es, so Freud, eben nicht, Farbe auf eine leere Leinwand zu malen, sondern einen Felsblock so lange zu behauen, bis man sah, was in ihm steckte. Nur so sei ein nachhaltiger Heilungseffekt zu erhoffen. Vor den Lohn jedoch hatten die Götter den Schweiß gesetzt. Immer wieder hatte der Arzt das Verhältnis zum Kranken genau zu beobachten. Jeder Versuch, auf den Analytiker Gefühle zu projizieren, die eigentlich einer anderen Person in anderem Kontext galten, war zu benennen und nach Möglichkeit für die Behandlung nutzbar zu machen. Freud hatte eine Methode entwickelt, die viel Zeit in Anspruch nahm und für eine gebildete, finanzkräftige Zielgruppe wie geschaffen war.

Ihr hatte der Seelenarzt einiges zu bieten, versprach er doch mit der Psychoanalyse nicht nur die Heilung von Neurosen, sondern einen Ausflug in die dunkelsten Regionen der menschlichen Seele. Nicht das Bewusste, sondern das Unbewusste stand im Mittelpunkt der Analyse. Der Analytiker lud zum Besuch in die Kellergewölbe der eigenen Seele, zur Besichtigung unheimlicher Monstren, die dort das Regiment führten und das Bewusstsein mit teuflischen Listen immer wieder hintergingen. Um sie zu zähmen, bedurfte es einer Reise in die Vergangenheit, genau genommen in die Kindheit, waren doch – nach Meinung Freuds – die Persönlichkeitsstörungen des Erwachsenen auf Probleme in der Sexualentwicklung des Kindes zurückzuführen.

Freuds Sexualtheorie war schon zum Zeitpunkt ihrer Entstehung beides – ein Skandal und ein Quell der Anziehung für die junge Psychoanalyse. Für ihre Vertreter bestand die Gefahr, als lächerliche Randerscheinung abgetan zu werden. Wollte man dies verhindern, so musste es gelingen, der Psychoanalyse zur wissenschaftlichen Anerkennung zu verhelfen.

Freud warf seine ganze persönliche Überzeugungskraft in die Waagschale, um diesen Kampf zu bestehen. Diese war erheblich, denn der neue Heilsbringer hatte sich einer Selbstanalyse unterzogen und war seitdem zutiefst von der Wirksamkeit seiner Methode überzeugt. So stürzte er sich streitlustig und voller Elan ins wissenschaftliche Kriegsgetümmel. Seine wichtigste Waffe war die Feder, und er wusste sie meisterhaft zu führen. In seinen Aufsätzen und Vorträgen verband Freud mit erstaunlichem Geschick physiologische Modelle mit psychologischen Fragestellungen, verschmolz naturwissenschaftliche Termini mit philosophischen Versatzstücken und literarischen Anspielungen. So vermittelte er dem Leser den Eindruck der untrüglichen wissenschaftlichen Exaktheit und zugleich das Gefühl, an vertraute Gedankengänge anzuknüpfen. Der Tabubruch hatte auf diesem Wege an Brisanz verloren. Freuds Thesen wurden salonfähig.

Tatsächlich scharte sich bald eine wachsende Zahl von Getreuen um den Vater einer neuen Wissenschaft. Aus der 1902 gegründeten Mittwochsgesellschaft war bereits 1908 die Wiener Psychoanalytische Vereinigung hervorgegangen, 1910 folgte die Gründung der Internationalen Psychoanalytischen Vereinigung. Freud zog Köpfe von beträchtlichem intellektuellem Potenzial an und machte sie zu Mitstreitern – Ferenczi, Jones, Abraham, Jung, Adler und Reich verbreiteten Freuds Lehre quer über den europäischen Kontinent und darüber hinaus. Der Meister hatte sie mittlerweile zu einer allgemeinen Kulturtheorie erweitert, die auch außerhalb der engeren Fachkreise auf zunehmende Beachtung stieß.

Als der Erste Weltkrieg über Europa hereinbrach und eine desorientierte Generation zurückließ, stand dem Siegeszug der Psychoanalyse endgültig nichts mehr im Wege. Freud verhieß Orientierung und Heilung. Er erklärte die Ursachen des Zusammenbruchs und ließ doch einen Silberstreif am Horizont erkennen. Der Analytiker schien einer wahnsinnigen Welt die Mittel zur Selbsterkenntnis und Selbstheilung zu eröffnen. Literaten, Künstler und Wissenschaftler suchten seine Nähe – Albert Einstein, Thomas Mann und

Salvador Dalí zeigten sich beeindruckt. *„Heute"*, so resümierte Stefan Zweig die Entwicklung im Jahre 1931, *„erscheinen die von ihm geprägten Formeln"* derart selbstverständlich, *„dass es eigentlich größerer Anstrengungen bedarf, sie wieder wegzudenken als sie mitzudenken"*.

Trotz dieses offensichtlichen Erfolges zeigte sich der alternde Freud unzufrieden. Obwohl er 1902 zum außerplanmäßigen Professor ernannt worden war, stand die akademische Anerkennung der Analyse in seinen Augen aus. Die Mehrzahl der Freudianer waren jüdische Ärzte. Der einzige Schüler mit Aussicht auf eine brillante akademische Karriere, der Schweizer C. G. Jung, hatte sich in dramatischen persönlichen Auseinandersetzungen von ihm getrennt. Es war ein doppelter Verlust. Freud musste nicht nur die Hoffnung auf einen akademischen Brückenkopf fahren lassen, er erlebte zudem den endgültigen Zusammenbruch psychoanalytischer Harmonie. Grundsätzliche Kritik am Sinn der Psychoanalyse konnte sich nun zunehmend auf Argumente stützen, die in internen Konflikten formuliert worden waren. Die Angriffspunkte waren zahlreiche. Man wies auf die übergroße Bedeutung hin, die Freud dem Sexualtrieb zumaß, die geringe Zahl von Fällen, auf deren Grundlage seine Theorien erarbeitet wurden, seine zahlreichen Verstöße gegen jene Regeln der Analyse, die er selbst aufgestellt hatte, und seine spekulative Vorgehensweise in der Traumanalyse. Hatte er wirklich auf empirischer Grundlage allgemeine Gesetzmäßigkeiten ermittelt, oder war er eher der Schöpfer einer neuen Pseudoreligion?

Als er 1939 schließlich auf eigenen Wunsch nach jahrelangem Krebsleiden durch eine Morphininjektion seines Arztes aus dem Leben schied, tobte der Streit um die Psychoanalyse unvermindert weiter. Er tobte in einer Welt, die ihrer mehr denn je zu bedürfen schien. Der schwerkranke Freud selbst war den Nationalsozialisten 1938 mit knapper Not entkommen – vielen seiner Freunde und Mitstreiter gelang dies nicht. Selbst die eigene Familie blieb keineswegs verschont. Zwei seiner Schwestern sollten in Treblinka, eine in Auschwitz und eine in Theresienstadt sterben. Vernunft und Zivilisation – zwei Bollwerke, auf deren Stärke Freud nie viel gegeben hatte – schienen dem europäischen Kontinent nun vollends verloren gegangen zu sein.

Die Seelsorgerin

Die Frage, wie es nach ihm weiter gehen sollte, hatte Freud spätestens seit dem Jahr 1923 beschäftigt, jenem annus horribilis der Familie Freud. Es war das Jahr, in dem „Heinerle" eines qualvollen Todes starb: Der einzige Enkel, vielleicht der einzige Mensch überhaupt, für den er Liebe empfand, hatte den Kampf gegen die Tuberkulose verloren. Kurz zuvor hatte ihn eine andere Hiobsbotschaft getroffen. Die Wucherung, die er im Februar in seinem Mund entdeckt hatte, erwies sich als bösartiger Tumor. Der alerte, körperlich unerschütterliche Vater der Psychoanalyse wurde urplötzlich mit seinem möglichen Ende konfrontiert. Wer sollte sein Erbe antreten?

Die geistigen Söhne des Meisters folgten ihm in den Erholungsurlaub, boten ihm Beistand und ärztlichen Rat an. Die gemeinsame Sorge wurde rasch durch einen infernalischen Streit der Epigonen in den Hintergrund gedrängt. Im Hotel des Kranken kam es zu lautstarken Auseinandersetzungen. Erneut drohten Machtkämpfe die gemeinsame Sache zu schädigen.

Außer Freud gab es keine Autorität mehr, die solche Konflikte schlichten konnte. Nach der Trennung von Jung hatte Freud ängstlich darauf geachtet, dass künftig keiner seiner Schüler mehr in der Lage sein würde, eine Palastrevolution anzuzetteln. Nun drohte sich diese Taktik zu rächen. Freud bedurfte eines Stellvertreters, der in der Lage war, die psychoanalytische Gemeinschaft zusammenzuhalten.

Die leiblichen Kinder schienen für eine solche Rolle auf den ersten Blick kaum in Frage zu kommen: Mathilde litt unter den Folgen eines Kunstfehlers, an dem der Vater nicht ganz unschuldig war. Martin, ein gescheiterter Rechtsanwalt, interessierte sich vornehmlich für Vaters hübsche Patientinnen. Oliver rang um eine berufliche Perspektive als Ingenieur. Ernst, der Architekt, hatte in Deutschland Karriere gemacht. Des Vaters Lieblingstochter Sophie war 1920 verstorben.

Im Hause der Eltern war nur das jüngste der Kinder, Anna, geblieben. Sie hatte stets im Schatten der hübschen Sophie gestanden, war intelligent, schüchtern und kinderlieb. Nach der Matura hatte sie eine Ausbildung als Lehrerin gemacht und seit 1917 in diesem Beruf gearbeitet. Ihr Interesse an der Psychoanalyse war, anders als bei den Geschwistern, früh erwacht. Schon 1909 führte sie intensive Fachgespräche mit dem Vater, zwischen 1918 und 1921 wurde sie von ihm analysiert. Theoretisch stellte dies einen klaren Verstoß gegen die Standesregeln dar, praktisch war eine solche innerfamiliäre Analyse in dieser Zeit nichts Ungewöhnliches.

Annas erstes öffentliches Auftreten in der Psychoanalytischen Vereinigung durfte 1922 angesichts dieser Vorgeschichte kaum jemanden erstaunen. Ihr Vortrag ließ die Zuhörer indes ratlos zurück. Vor den Augen Freuds sprach sie über die sadistischen Tagträume eines jungen Mädchens, über Regression, Onanie, Geschwisterrivalität und vor allem über das erotische Begehren der Tochter gegenüber dem Vater. Dies war selbst für die Ohren von Psychoanalytikern etwas zuviel der autobiographischen Anspielungen – Anna erntete eisige Kommentare. Nur der Vater zeigte sich in hohem Maße angetan und nahm sie gegenüber aller Kritik in Schutz. Künftig tauchte sie häufiger in Fachkreisen auf. Nach seiner Operation kündigte sie ihre Lehrerstelle, eröffnete eine Praxis als Analytikerin und begann den Vater zu pflegen.

Trug schon ihr erster öffentlicher Auftritt den Charakter einer Unterwerfungsgeste, so traf dies für den nächsten in noch weit höherem Maße zu. Freud ließ seine zarte Tochter auf dem Psychoanalytischen Kongress in Bad Homburg 1925 einen von ihm verfassten Vortrag über *„einige psychische Folgen des anatomischen Geschlechtsunterschiedes"* verlesen. Das „Über-Ich", so erfuhr man hier, sei bei der Frau bei Weitem nicht so stark ausgeprägt und entpersonalisiert wie beim Manne. Der Grund liege darin, dass das Mädchen nicht von Kastrationsängsten geplagt sei, sondern lediglich von einem Penisneid. Er treibe sie dazu, im Mutterglück einen Ausgleich für ihre vermeintliche körperliche Minderwertigkeit zu suchen. Der Platz der Frau war damit offenbar das Haus, während der Mann als Kulturschaffender in Erscheinung trat.

Als Tochter und Frau, dies demonstrierte Freuds Themenwahl überdeutlich, verfügte Anna nur über jenen Freiraum, den der Vater ihr zugestand. Mehr und mehr wurde sie zu seiner Kreatur. So abhängig er von ihrer Krankenpflege war, so abhängig war sie von seiner Protektion. Dies galt umso mehr, als Anna Freud unter einem markanten fachlichen Handicap litt: Sie hatte kein Medizinstudium absolviert. In den Augen ihres Vaters war dies allerdings eher ein Vorzug. Im Grunde seien die Ärzte in Fragen der Psychoanalyse Laien wie alle anderen auch – sie wüssten es nur nicht. So sei es besser, die junge Wissenschaft in die Hände eines neuen Standes von *„weltlichen Seelsorgern"* zu legen, *„die Ärzte nicht zu sein brauchen und Priester nicht sein dürfen"*. Der

Sigmund Freud mit seiner Tochter Anna in den Dolomiten, 1913.

Lebensweg der Tochter sollte also nicht die Ausnahme bleiben, sondern den Prototyp des Psychoanalytikers von morgen repräsentieren. In der schönen neuen Welt sollte ihm das Monopol auf die Seelsorge zustehen, das er eifersüchtig gegenüber allen Konkurrenten verteidigte. Der Preis, den er dafür zu zahlen hatte, war der der Konformität.

Bewegung war nur innerhalb des von ihm gesetzten dogmatischen Rahmens möglich.

Anna wusste ihn zu nutzen, indem sie vorsichtig andere Schwerpunkte setzte und der Psychoanalyse neue Tätigkeitsfelder eröffnete. Hatte ihr Vater den Menschen als Opfer seiner Triebe dargestellt, so interessierte sich seine Tochter eher für die Techniken, mit denen das „Ich" dieser Triebe Herr wurde. Anna untersuchte sie vor allem im Rahmen der so genannten Kinderanalyse, die zum eigentlichen Schwerpunkt ihrer Tätigkeit wurde.

Zusammen mit ihrer Lebensgefährtin Dorothy Burlingham hatte sie 1929 eine Schule gegründet. Sie sollte nicht nur den vier Kindern der Industriellengattin die Staatsschule ersparen, sondern darüber hinaus Psychoanalyse und Pädagogik miteinander verbinden. Nach dem Scheitern des Experiments folgte 1937 die Gründung der „Jackson Nursery" für Kleinkinder aus den ärmsten Gegenden Wiens. Auch diesmal standen Vorbeugung und Früherkennung von Entwicklungsstörungen im Mittelpunkt des Erziehungskonzepts.

Langsam, aber beständig gewann Anna an Profil. Ihr theoretisches Reflexionsvermögen und ihr soziales Engagement wurden mit Anerkennung wahrgenommen.

Doch es gab auch Kritik. Sie kam von einer Frau, die gegensätzlicher nicht sein konnte: Die elegante, bildschöne Britin Melanie Klein hatte ein Modell der frühkindlichen Entwicklung geschaffen, das Freuds Konzept in wesentlichen Punkten modifizierte. Viel früher setze die Entwicklung des Ödipuskomplexes ein, viel stärker müssten auch die Sozialbeziehungen des Kindes in der Analyse Berücksichtigung finden. Anna Freud – zurückhaltend, einfach gekleidet und vermutlich homosexuell – reagierte auf diese Thesen weit empfindlicher als ihr Vater selbst. Unerbittlich ging sie mit der Gegnerin ins Gericht, ließ jedes Angebot eines Kompromisses konsequent außer Acht und demonstrierte der männlichen Konkurrenz, wie streitbar sie war.

Man begann sie zu achten und ihr eine begrenzte Autorität zuzubilligen. Schon vor dem Tod des Vaters nahm sie innerhalb der Familie weitgehend die Zügel in die Hand. Nachdem sie ein Verhör bei der Gestapo unerschrocken überstanden hatte, organisierte sie die Übersiedlung der Freuds nach London und baute dort ein neues Zentrum der Psychoanalyse auf. Es ruhte auf drei Säulen: der Hampstead Klinik für Kinder, der Ausbildung von Kinderanalytikern und der Kontrolle über den väterlichen Nachlass. Der Charme einer bescheidenen Übermutter verband sich bei Anna Freud mit der Entschiedenheit einer freudianischen Gralshüterin. Sie wusste, ihren Einfluss klug einzusetzen. Während der Vater Gegner strikt ausgegrenzt hatte, war die Tochter darum bemüht, Brüche innerhalb der Psychoanalytischen Vereinigung zu vermeiden. Zugleich baute sie einen eigenen, orthodoxen Schülerkreis auf, der Koryphäen wie Erik Erikson hervorbrachte. So gedieh die Psychoanalyse als eine vielgestaltige und äußerst anpassungsfähige Bewegung, in deren Mitte der klassische Freudianismus weiterhin seinen Platz hatte.

Freuds Traum einer geschlossenen Psychoanalytikerkaste, die unabhängig von der Medizin in ihrer eigenen Welt lebte, war damit ebenso gescheitert wie der Vernichtungsfeldzug seiner Gegner. Nichts brachte dies deutlicher zum Ausdruck als jene Ehrung, die Anna Freud als eine Krönung ihres Lebenswerkes betrachten sollte. Ihr – der einst belächelten Außenseiterin – wurde 1972 von der medizinischen Fakultät der Universität Wien die Ehrendoktorwürde verliehen.

Der Vetter aus Übersee

Wenn er die Zigaretten seiner Frau fand, pflegte er sie genüsslich zu vernichten. Edward Bernays hasste das Rauchen. Er hielt es nicht nur für störend, sondern auch für gesundheitsschädlich, und musste es wissen. Immerhin erhielt er die neuesten wissenschaftlichen Gutachten als Erster. Es war seine Aufgabe, sie zu dementieren und ihre Verbreitung zu verhindern. Der amerikanische Neffe Sigmund Freuds war der Vater eines ganzen Berufszweiges. Er war Public-Relations-Manager und ihm gelang, woran eine ganze Phalanx europäischer Psychoanalytiker scheiterte – er erbrachte den Beweis, dass Freuds Theorien in der Praxis funktionierten.

Wie seine beiden älteren Schwestern wurde Edward in Wien geboren. Nach wirtschaftlichen Schwierigkeiten sah sich sein Vater Eli allerdings gezwungen, einen Neuanfang in Amerika zu wagen. Zunächst zog er allein nach New York, später holte er seine Familie nach. Die Anfangszeit in New York war schwierig, doch erwies sich Eli Bernays in Amerika als ein weitaus erfolgreicherer Geschäftsmann, als er es in Europa gewesen war. Sein Sohn Edward und dessen mittlerweile vier Schwestern wurden Zeugen eines bemerkenswerten Aufstieges, der die Familie aus den beengten Verhältnissen einer Notunterkunft in eine stolze Harlemer Stadtwohnung führte.

Sein Geld hatte Eli im Getreidehandel gemacht. Für den Sohn plante er eine Karriere im Agrarsektor und sandte ihn an das *College of Agriculture* nach Cornell. Des Vaters Glauben an die ländliche Zukunft Amerikas teilte Edward nicht. Er war ein Kind der Großstadt, von dem seine Frau später behaupten sollte, dass er Sonnenlicht für gesundheitsschädlich hielt. Beruflich interessierte er sich schon früh für den Journalismus. Nach Arbeiten für Regionalzeitungen nahm er 1912 eine Stelle bei der *Medical Review of Reviews* an und nutzte das kleine Fachblatt als Sprungbrett für eine Karriere nach eigenen Vorstellungen. Sie begann mit einem ebenso schlechten wie umstrittenen Theaterstück: „Damaged Goods" handelte von den Gefahren der Syphilis und berührte damit ein tabuisiertes Feld. Bernays zeigte sich dennoch davon überzeugt, dass es ihm gelingen könnte, die Hindernisse, die einem Kassenerfolg im Wege standen, auszuräumen. Seine Strategie war meisterhaft. Anstatt direkt für das Stück zu werben, organisierte er eine Bürgerbewegung, die sich die Bekämpfung der Syphilis auf die Fahnen geschrieben hatte. Prominente Mitbürger wurden gewonnen, die eine öffentliche Diskussion des Themas forderten. Es müsse endlich Schluss sein mit einer falschen Scham, die letztlich dem Laster und der Krankheit in die Hände spiele. Unter den geschickten Händen Bernays' begann sich das öffentliche Klima zu ändern. Plötzlich fiel „Damaged Goods" auf fruchtbaren Boden, es wurde vom Publikum regelrecht herbeigesehnt und zu einem rauschenden Bühnenerfolg.

Obwohl der finanzielle Ertrag seines Engagements wider Erwarten gering war, zog Bernays aus diesen ersten Erfahrungen auf dem Feld der Public Relations seine Lehren – er beschloss, diesen Weg weiterzuverfolgen.

Menschen folgten in ihrem Kaufverhalten offenbar nur in geringem Maße ihrem eigenen Urteilsvermögen, sie waren manipulierbar. Warum dies so war und mit welchen Mechanismen man sie zu lenken hatte, darüber konnte niemand eloquenter Auskunft geben als *„Onkel Sigi"*, den Edward Bernays schon im folgenden Jahr besuchte. Was sie auf ihren ausgedehnten Spaziergängen besprachen, ist nicht bekannt. Auf Freud hinterließ der Neffe jedenfalls – anders als bei seiner Tochter Anna – keinen nachhaltigen Eindruck. Bernays selbst sollte sich aber in den folgenden Jahren zunehmend den Fragen der Massenpsychologie zuwenden und dabei neben den Arbeiten Le Bons vor allem die Theorien seines Onkels zurate ziehen. Es galt, an das Unbewusste der Menschen zu appellieren und die richtigen Symbole zu finden, mit denen man ihre Triebe in die gewünschte Richtung lenken konnte. Nach Amerika zurückgekehrt, setzte er diese Technik erstmals als Agent ein und verkaufte seinen Landsleuten unverkäufliche Kulturware, wie Caruso und das Kaiserlich-Russische Staatsballett. Man wurde auf ihn aufmerksam. Die Großindustrie zog ihn für unlösbare Werbeaufträge in Betracht. George Washington Hill, der Direktor von *American Tobacco*, zerbrach sich beispielsweise den Kopf, wie man die amerikanische Frau zum Rauchen bringen könne. Ein riesiges Potenzial lag hier brach, nur weil die gesellschaftliche Konvention den Tabakgenuss als unweiblich stigmatisierte. Was war zu tun?

Es habe, so Bernays, wenig Sinn, die widerwillige Kundschaft direkt zu attackieren. Es galt, geschickt vorzugehen. Der junge Werbefachmann setzte sich mit führenden Persönlichkeiten der Film- und Modeindustrie in Verbindung und begann sie für ein neues Schönheitskonzept zu interessieren. Es sei, so überzeugte er sie, an der Zeit, der Öffentlichkeit einen neuen, selbstbewussten Weiblichkeitstypus zu präsentieren. Nicht die üppige Matrone, sondern die moderne schlanke Frau sei dem Publikum vorzustellen. Man stimmte Bernays zu – die Idee hörte sich verkaufsfördernd an. Amerikas Leinwände wurden nun zunehmend von fragilen Filmstars bevölkert. Zugleich hörte das Publikum von Diätexperten und Medizinern, wie es diesem neuen Ideal entsprechen könne – natürlich durch Rauchen.

Nachdem der Boden auf diese Weise bereitet war, ging Bernays noch einen Schritt weiter. Der Psychoanalytiker A. Brill hatte ihm geraten, die Zigarette zum Symbol des veränderten Verhältnisses zwischen den Geschlechtern zu machen. Um sie tatsächlich in ein feministisches Kampfinstrument zu verwandeln, bedurfte es allerdings eines Paukenschlages. Kontakte zur Frauenbewegung wurden geknüpft und geschickt ausgespielt. Es sei doch skandalös, dass man Frauen noch immer verwehre, in der Öffentlichkeit zu rauchen. Führende Feministinnen wie Ruth Hale begannen, dieser Botschaft zuzustimmen. So nahm der Plan eines Protestmarsches Gestalt an. Unter der hintergründigen Regie des Werbefachmannes setzte er sich am Ostersonntag des Jahres 1929 in Bewegung. Unter dem Titel *„Fackeln der Freiheit"* demonstrierten Frauen für ihr Recht, „Lucky Strike" künftig auch in der Öffentlichkeit zu rauchen.

Bernays unterfütterte die Botschaft mit einer Werbekampagne, die er wiederum im Zusammenspiel mit Brill konzipierte. Dieser hatte von einem Werbeplakat abgeraten, auf dem eine Frau zwei Männern eine Zigarette anbot. Die Zigarette, so der Analytiker, sei ein Phallussymbol und das Plakat daher für Männer zu provokativ. Biete dagegen ein Mann einer Frau eine Zigarette an, so bleibe die emanzipatorische Botschaft erhalten, ohne dass man mit empörten Reaktionen der männlichen Kundschaft rechnen müsse.

Überhaupt war Bernays der Überzeugung, dass man in der Werbebranche nicht vorsichtig genug sein konnte. Neben dramatischen Aktionen galt es,

Gerüchte zu bekämpfen und unerwünschte Informationen – etwa über die Schädlichkeit des Rauchens – zu unterdrücken.

Der Erfolg dieser Strategie war überwältigend. Lucky Strike wurde innerhalb weniger Jahre zur führenden amerikanischen Zigarettenmarke. Darüber hinaus gelangen Bernays weitere Kabinettstückchen. So machte er Eier und Speck im Auftrag eines amerikanischen Fleischindustriellen zum typischen amerikanischen Frühstück, eroberte für Procter and Gamble die Spitzenposition im Seifenverkauf oder machte Heimklaviere zu einer Modeerscheinung.

Durch Bündnisse mit anderen Multiplikatoren, dramatische Aktionen und die mühselige Arbeit der Informationskontrolle konnte man, da war Bernays sicher, alles verkaufen – auch Politik. Erste Erfahrungen in diesem Bereich sammelte er im Ersten Weltkrieg als Mitglied der so genannten *Creel Commission*. Man hatte eine pazifistische Öffentlichkeit damals innerhalb weniger Wochen mit antideutschen Schauermärchen für den Kriegseintritt gewinnen können. Die eingesetzten Mittel, so lernte Bernays, unterschieden sich nicht wesentlich von der Werbeindustrie. Ging man klug vor, so konnte man auch schwer verkäufliche Produkte an den Mann bringen – wie Präsident Calvin Coolidge, dem er mit seinem Werbefeldzug unter dem Slogan „Keep Coolidge" eine zweite Amtszeit bescherte. Doch nicht nur Sympathie, auch Antipathie und Feindseligkeit ließen sich im Interesse eines Auftraggebers erzeugen. Als die Wahl eines neuen Präsidenten in Guatemala die Interessen von United Fruits gefährdete, bewies Bernays dies eindrucksvoll mit einer antikommunistischen Kampagne. Das diabolische Feindbild, das er an die Wand malte, tat seine Wirkung. Mit dem Segen der amerikanischen Öffentlichkeit unterstützte die CIA einen Militärputsch und machte dem demokratischen Treiben in Lateinamerika ein Ende.

Ein schlechtes Gewissen hatte der Werbefachmann angesichts so weit reichender Manipulationen des öffentlichen Willensbildungsprozesses nicht. Im Gegenteil, ähnlich wie Walter Lippmann war Bernays fest davon überzeugt, dass die amerikanische Demokratie der Propaganda dringend bedürfe. Die Gesellschaft sei in Interessengruppen fragmentiert und der Einzelne völlig hilflos, wenn man von ihm verlange, sich über komplexe Sachverhalte eine Meinung zu bilden. Amerika bedürfe daher einer Elite, die die Kunst der Meinungsbildung beherrsche. Diese unsichtbaren Regenten, die die unbewussten Bedürfnisse, die Triebe des Menschen zum Wohle der Gesellschaft instrumentalisierten, stellten sicher, dass die Demokratie auch unter neuen Bedingungen funktionierte. Das Volk wird aus dieser Sicht, wie Noam Chomsky klagte, zu einer tumben Herde, zu einem gezähmten Tier. Es läuft, wohin sein Reiter es lenkt. Auf dem Propagandisten, dem neuen Aristokraten der Demokratie, lastet daher – ganz in der Tradition von John Adams – eine immense Verantwortung. Er hat Tugend und unabhängiges Urteilsvermögen zu bewahren. Dass dies mehr als ein schöner Traum war, meinte Bernays am eigenen Beispiel demonstrieren zu können. So wies er Aufträge der Tabakindustrie zurück, nachdem die Beweise für den Zusammenhang zwischen Zigarettengenuss und Krebserkrankungen völlig unwiderlegbar geworden waren. Er weigerte sich, für Cartier in Kriegszeiten Werbung zu machen, er kämpfte gegen Antisemitismus, trat für karitative Einrichtungen ein und unterstützte die Frauenbewegung. Zugleich musste er allerdings einräumen, dass die Techniken der Propaganda sich leicht missbrauchen ließen. Vor allem die Nachricht, man habe einige seiner Schriften in der Bibliothek von Joseph Goebbels gefunden, beunruhigte ihn durchaus. Die Kunst der Propaganda aber deshalb zurückzuweisen sei dennoch keine Alternative. An Realitäten könne man nichts ändern, sondern sie bestenfalls im Sinne des gesellschaftlichen Fortschritts nutzen.

Neue Traditionen und alte Namen

Die Kinder ihres Bruders Ernst hatten für Anna Freud etwas zutiefst Irritierendes. Nie waren sie mit der Kinderanalyse in Berührung gekommen, und doch entwickelten sie sich prächtig.

Diese Beobachtung war typisch für den Lebensweg der Enkel und Urenkel Freuds. Das psychoanalytische Erbe spielte für sie eine höchst ambivalente Rolle, wenn sie überhaupt eine Neigung zeigten, es anzutreten. Treu blieb ihm im Grunde nur der Sohn Sophie Freuds – Ernst Wolfgang Halberstadt, der sich heute W. Ernest Freud nennt. Als Schützling seiner Tante Anna wurde *„Ernstl"* zu einem Experten für frühkindliche Analyseverfahren.

Seine Cousine Sophie – Tochter Martin Freuds – gehört demgegenüber zu den führenden Kritikern des Großvaters. Die Sozialpädagogin, deren Mutter heftig unter Sigmund Freud zu leiden hatte, sieht ihn als einen *„falschen*

Propheten". Die Tatsache, dass sich viele Frauen bis 1976 als kastrierte Männer verstanden, sei auch auf seinen Einfluss zurückzuführen. Viele hätten ihn wie einen Gott verehrt und seinen Lehren mehr vertraut als ihrem eigenen Körperbewusstsein. Überhaupt würden die Leistungen Freuds weit überschätzt. Seine Theorien seien heute weitgehend überholt und im Vergleich zu jenen Erving Goffmanns als zweitrangig zu beurteilen.

Der kalte intellektuelle Dolch, mit dem der Begründer der Familientradition hier gemordet wurde, korrespondiert in eigenwilliger Form mit der Ignoranz, die die englischen Enkel Sigmund Freud entgegenbrachten. Der Verleger Stephen, der Publizist Clemens und der Maler Lucian blieben gegenüber der Psychoanalyse in geradezu aufreizender Distanz.

Ob er mit dem großen Freud verwandt sei, war Lucian einst von einem Arzt gefragt worden.

„Great Freud" klang aus dem Munde eines Engländers mehr nach dem Namen einer Südfrucht, und so sprach Lucian fortan gern von *„Grapefruit"*, wenn er seinen verstorbenen Großvater meinte. Der unkonventionelle Umgang mit dem Familienerbe drückte Herablassung und geradezu aristokratische Ironie aus. Immerhin steht Lucian an Bedeutung seinem Großvater längst in nichts mehr nach. Er hat es nicht nötig, sich auf ihn zu berufen. Was sie verbindet, ist nicht die Denkweise, nicht das Metier, in dem sie arbeiten, sondern einzig und allein ihr Genie. Zu den *„Schejnen"* zu gehören ist längst Familientradition.

Der selbsternannte *„bad Boy"* der Familie, den sein Vater als *„wildes Tier"* bezeichnet hatte, wird von Kritikern als einer der größten, wenn nicht als der größte lebende Maler gefeiert. Seine Bilder und sein Leben sind gleichermaßen eine einzige Provokation. Zweimal verheiratet war er, die Geliebten zählt niemand mehr, nur bei den Kindern gibt es vereinzelte Schätzungen. Der Daily Telegraph spricht von 40 Nachkommen – es können auch mehr sein. Der Freund hoher Pferdewetten, der Liebling der Reichen und Mächtigen, der Star der Kunstszene seziert seine Modelle schärfer, als es die Analyse je vermocht hätte. Zerklüftete Körper und Seelen offenbaren sich dem Betrachter. Freud porträtiert seine Modelle, zu denen auch die Queen zählt, mit unbarmherzigem Realismus. Die Wirkung ist ebenso atemberaubend wie die Preise, die seine Bilder erzielen. Vergleichsweise wenige der Werke sind in öffentlichen Galerien zu bewundern. Die meisten befinden sich in den Händen wohlhabender Privatleute.

Sein Desinteresse an der Familientradition und ein geradezu überbordendes Selbstbewusstsein setzen sich auch in der nächsten Freud-Generation fort. Der Letzte, mit dem man über Freud reden sollte, ist ein Freud, merkte jüngst Emma Freud, Lucians Nichte, an. Die Moderatorin gehört zu den prominentesten Vertreterinnen ihres Faches und zählt zu den Begründern von „Comic Relief" – einer karitativen Einrichtung, die in Großbritannien astronomische Spendensummen einzuwerben versteht. Ein Freud steht in einer großen Tradition, aber er bedarf ihrer nicht.

Tatsächlich weist die Schar der Urenkel eine bemerkenswerte Ansammlung von Talenten auf. Da ist Matthew, der prominente Public-Relations-Manager, Bella, die Modedesignerin, bei der Kate Moss und Madonna einzukaufen pflegen, oder Esther, die als eine der wichtigsten Romanautorinnen ihrer Generation gilt.

Von Letzterer, der Tochter Lucian Freuds, stammt auch die Bemerkung, ihr fiele es schwer, auf einen Mann stolz zu sein, der vor langer Zeit in einem fremden Land geboren wurde.

Die neue Freud-Dynastie hat nicht nur den Bezug zur Psychoanalyse weitgehend verloren, sie pflegt auch kaum noch Kontakt zu Österreich. Wien ist für die jüngste Freud-Generation bestenfalls ein Erinnerungsort – mehr nicht.

Literatur

Weissweiler, Eva: Die Freuds. Biographie einer Familie, Köln 2006. Gay, Peter: Freud – eine Biographie für unsere Zeit, Frankfurt a. M. 2001. Brumlik, Micha: Sigmund Freud. Der Denker des 20. Jahrhunderts, Weinheim 2006. Gellner, Ernest: The Psychoanalytic Movement, London 1985. Young-Brühl, Elisabeth: Anna Freud. Eine Biographie, 2 Bde. Wien 1995. Tye, Larry: The Father of Spin. Edward L. Bernays & the Birth of Public Relations, New York 1998. Gowing, Lawrence: Lucian Freud, London 1982.

Hochzeit Erzherzog Karls mit Prinzessin Zita von Bourbon Parma am 21. August 1911.

Die Familie Habsburg

Prinzip Habsburg

Als es Richard Wagner, lange nach der Mitte seines Lebens, zu einer Familie und – durch die Protektion eines Wittelsbacher Königs von Bayern – zu Wohlstand gebracht hatte, wies er die Hauslehrerin an, seinen Sohn beim Durchgang durch die Geschichte nachdrücklich auf die Rolle des Hauses Habsburg hinzuweisen. Was dem ehemaligen Dresdner Barrikadenkämpfer des Jahres 1849 daran besonders erinnerungswert erschien, kann zumindest vermutet werden: Das Prinzip scheinbar unverlierbarer Würde, der Erblichkeit des Ranges durch die Generationen und die daraus resultierende Sicherheit des Status mussten für klassische Parvenüs des 19. Jahrhunderts, die nach anerkannter Ehrbarkeit strebten, Herausforderung und Anziehung zugleich bedeuten. Wie keine andere Familie zuvor schienen die Habsburger dem Gesetz der Abnutzung durch die Geschichte zu trotzen. Gewiss, auch sie hatten ihre Höhen und Tiefen, doch war die lange Erfolgsgeschichte selbst spätestens im 18. Jahrhundert zu einem Beständigkeitsgaranten per se geworden, wie Napoleon Bonaparte in seinem berühmten Gespräch mit dem habsburgischen Minister Metternich 1813 neidvoll und zugleich herablassend diagnostizierte. Sein Tenor: Wer mehr als ein halbes Jahrtausend Herrschaftstraditionen aufweist, kann sich alle nur möglichen politischen Fehler erlauben, ja selbst eine Fehlbesetzung sein. So sehr war die habsburgische Kontinuität zum Rechtfertigungsausweis des adeligen Alteuropas geworden, dass man am Ende grenzübergreifend bereit war, ein genealogisches Auge zuzudrücken und so zu übersehen, dass, an gemeinaristokratischen Kriterien gemessen, die Dynastie durch die Pilzvergiftung Karls VI. im Oktober 1740 eigentlich erloschen war. Gewiss, die Akzeptanz dieser Fiktion war keineswegs von Anfang an vorhanden, sondern setzte eine Reihe von Kriegen in verschiedenen Gebieten Europas voraus; zudem ließ man sie sich vielfältig bezahlen. Und dennoch: Eine dauerhafte dynastische Legitimationskrise, ein permanentes Absprechen familiärer Würdigkeit infolge der weiblichen Erbfolge anno 1740 resultierte daraus nicht.

Das Prinzip der unerschütterlichen Selbstbehauptung, verquickt mit der daraus im adeligen Europa nahtlos abgeleiteten Legitimation durch Altersausweis, aber geriet nicht erst seit Napoleon in immer heftigere und zunehmend aussichtslose Konkurrenz mit der aufgeklärt bürgerlichen Denkfigur des Fortschritts, der unaufhaltsamen Dynamik der Geschichte. Erwies sich unter der anfangs gemäßigten, später viel entschiedener gewachsene Privilegien und Ordnungen einreißenden Regierung Maria Theresias und noch mehr unter ihrem Sohn, dem radikalen habsburgischen Reformkaiser Joseph II., eine Verschmelzung von Habsburger-Herrschaft und der Idee des historischen Aufbruchs noch als möglich, wenngleich am Ende schon als zunehmend problematisch, so wurden dergleichen Amalgamierungsexperimente mit der Regierung Franz' II. ab 1792 konsequent und ein für allemal abgebrochen.

Von jetzt an ist das Prinzip der Dauerhaftigkeit einseitges Lob der Geschichte, ja deren Autonomsprechung. Sie steht für aristokratische Übernationalität, für den Primat von Gesinnung und Lebensart vor Staat und Nation. Doch gerade die Letztere ist für die bürgerlichen Sekundäreliten längst zum Ersatz-, ja zum Gegenprinzip der Dynastie erhoben worden: Die Idee von der gemeinsamen Abstammung und der daraus resultierenden Zusammengehörigkeit infolge ebenso unverlierbarer wie unverwechselbarer Merkmale drängt die Vorstellung, dass eine einzige, zur Herrschaft berufene Familie verschiedene Territorien unterschiedlicher Nationalität zusammenzuhalten vermag, zunehmend zurück. Am Ende steht das delegitimierende Gegenprinzip vom habsburgischen Völkerkerker, welcher der Aufsprengung zwecks Befreiung des jeweiligen Volksgeistes harrt.

Dass nach der mörderischen Entfesselung des Nationalismus im 20. Jahrhundert spätestens ab 1989 die Gegen-Idee von der völkerverbindenden, zivilisatorischen Mission der Habsburger-Herrschaft im Geiste aristokratischer Überparteilichkeit und Uneigennützigkeit wieder zumindest in bestimmten wertkonservativen Elitezirkeln eine gewisse Konjunktur hat – dieser Pendelausschlag zur anderen, zur alten Seite zeigt unübersehbar an, dass der Erinnerungsort Habsburg zu keinem Zeitpunkt einseitig besetzt war. In der nostalgisch verklärenden Distanz tritt nicht mehr die Unterdrückung von nationalen Unabhängigkeitsbestrebungen hervor – wie sie bezeichnenderweise unter dem ab 1955 Sisi-verklärten Kaiser Franz Joseph I. blutig genug vollzogen wurde –, sondern stattdessen die Vielheit der Sprachen und Kulturen. Dass nie soviel

Geist, ja Genie war wie im Kakanien der späten k.u.k. Monarchie, ja dass diese, symbolisch durch eine Familie und nicht superbürokratisch durch ein Gewirr von Kommissionen zusammengehalten, das bessere europäische Gemeinschaftsmodell darstelle als die EU – mit solchen Parolen lässt sich heutzutage wieder Werbung betreiben. Dass in Bulgarien nach einem halben Jahrhundert Exil ein Ex-Zar aus der angestammten Herrscherfamilie an die Spitze der Republik gelangte, mag in diesem „habsburgophilen" Milieu zusätzlich Hoffnungen schüren.

Stärker als jede andere Familie standen und stehen die Habsburger also für Prinzipien, und zwar früh. Zu Beginn des konfessionellen Zeitalters setzen sie ihre Herrschaft mit katholischer Rechtgläubigkeit und so mit der ungebrochenen Tradition des Römischen Reiches gleich, welches das letzte Imperium der Geschichte ist und daher bis zu deren Ende dauern wird. Aufs Schärfste bekämpft und von den Wurzeln her angefochten bzw. delegitimiert wird dieser Anspruch, der Universalität mit dynastischer Kontinuität verschmilzt, um dieselbe Zeit und mit steigender Intensität im 17. Jahrhundert von Frankreich, das die eingängige Propagandafigur der habsburgischen Umklammerung lanciert. Als Heilmittel gegen diese Unterdrückung, die mit dem Verlust geistiger Freiheit, mit kultureller Ödnis, mit Terror der Inquisition und summa summarum dem Identitätsverlust Europas gleichgesetzt wird, wird von dieser Seite die Vielheit und freie Konkurrenz der Nationen postuliert – wobei sich hinter diesem ideologischen Deckmantel natürlich eigene Hegemonieabsichten verbergen.

Hinter den Habsburgern als Prinzip oder Gegenprinzip treten die Habsburger als Personen, ja selbst als Herrscherpersönlichkeiten entschieden zurück. Untrügliches Kennzeichen dafür ist, dass die bei Weitem populärste Gestalt der Familiengeschichte – ungewöhnlich genug – eine Frau, die „Kaiserin" Maria Theresia, ist; als Einzige tritt sie im kollektiven Gedächtnis überhaupt als Familienmensch hervor, weit vor „Sisi", die ja zudem nur eine angeheiratete Habsburgerin war. Ansonsten gewinnen in der kollektiven Erinnerung nur noch Maximilian I. durch seinen so vorzüglich memorierbaren Beinamen als „letzter Ritter" und, allenfalls, Rudolf II. als skurril versponnener Sammler von Seltsamkeiten in der Prager Burg sowie Ferdinand II. als grausamer Rekatholisierer und Jesuitenkreatur ein gewisses individuelles Profil. Dabei sind Maximilian und Ferdinand nicht zufälligerweise die beiden Habsburger-Herrscher, die am zielgerichtetsten Personenkult in Print- und Bildmedien betrieben haben.

Dass so viele andere Habsburger darauf partiell oder weitgehend verzichteten oder, besser, es sich erlauben konnten, von den elaborierten Werbestrategien der Zeit sparsamen Gebrauch zu machen, zeigt die spätestens am Ende des 17. Jahrhunderts einzigartige, aus dem Rahmen fallende Stellung des Familienverbandes an. Ihr Image ist das der in ihrer Legitimität und Dauer unerschütterlichen, weit über allen anderen Herrscherfamilien aufragenden Dynastie, die es sich erlauben kann, die großen Männer der Geschichte in ihren Dienst zu stellen – zum einen, weil sich wahre menschliche Größe immer mit der Loyalität des Dienens verquickt, zum anderen, weil diese Treue der großen Persönlichkeiten ihr alleine aufgrund ihrer unvergleichbaren Stellung in der Geschichte notwendigerweise zukommen muss. So kann man es sich nicht nur leisten, mit dem Prinzen Eugen von Savoyen den größten Feldherrn der Zeit und den höchsten Schlachtenruhm zu gewinnen und ein Schloss bauen zu lassen, dessen Großartigkeit einer Königsdynastie angemessen wäre –, man kann aus der Gelassenheit, mit der man diese unvergänglichen Meriten belohnt, sogar höchstes Prestige in eigener, dynastischer Sache filtern. Alleine Habsburger sind in der Lage, Größe zu erkennen und zu vergelten, statt sie, wie der neidische Sonnenkönig Jahrzehnte zuvor, bei seinen Ministern eifersüchtig mit Absetzung, Enteignung und Verlies zu verfolgen. Nichts offenbart somit die Legitimität der Herrschaft reiner als der Lohn der Tugend, Voraussetzung für jede funktionsfähige menschliche Ordnung. Die Aufgabe der Habsburger ist es nicht, selbst ins Feld zu ziehen; sie stehen gewissermaßen metahistorisch über den Händeln der Welt und lassen die Würdigsten siegen: für die Dynastie, welche die Universalität des Reiches verkörpert und das Christentum gegen die anstürmende Gegenwelt des Islam verteidigt.

Der große Prinz von der kleinen Statur, der als Feldherr, Staatsmann, Bauherr, Kulturförderer und, vor allem, Diener seines Herrn zum letzten Mal dem europäischen Adel ein komplettes Ideal vorzuleben vermochte, wird auf diese Weise zu einem säkularen Schutzgeist Habsburgs, das Volkslied vom „edlen Ritter" zu einer Art Hymne auf das Haus des Kaisers. Noch nach der Mitte des 19. Jahrhunderts lässt der regierende Kaiser auf dem Wiener Heldenplatz das Reiterstandbild des in siebzehn großen Schlachten unbesiegten Feldherrn errichten. Gewiss, es ist kombiniert mit dem Monument des Erzherzogs Karl, der Napoleon in einer Schlacht zu besiegen vermochte, so viel militärischer Ruhm in eigener, dynastischer Sache muss es sein, doch ist auch

Karl ja nicht Oberhaupt des Hauses Habsburg, sondern gleichfalls dessen ergebener Diener. Die Herren aber, denen gedient wurde, bleiben in der Erinnerung seltsam umrissarm, scheinen in ihrem Amt, ihrer Würde und Herrschaft aufzugehen. Von den genannten Ausnahmen abgesehen, ist das nicht zuletzt die Folge einer Strategie der Selbstdarstellung, die über Jahrhunderte konsequent durchgehalten wird.

Mochten sich die kleinen, in ihrer Machtstellung andauernd bedrohten Fürsten der italienischen Renaissance in Fresken, Reliefs und Baumonumenten wie neue Cäsaren gebärden, der Stil des Hauses Habsburg war das mit Ausnahme Maximilians I. nicht. Die meisten Habsburger firmierten um dieselbe Zeit als „Casa de Austria", der angeblich alles Erdreich untertan sein sollte, beriefen sich prestigeträchtig darauf, nicht durch Kriege, sondern durch glückliche Heiraten groß und größer zu werden – und traten als Individuen hinter diesen familienbezogenen Propagandaformeln und Postulaten entschieden zurück. Dass sich die Autorepräsentation Maximilians, des Habsburgers, der am längsten und erbittertsten in und um Italien gekämpft hat, dem Gegenmuster am deutlichsten verpflichtet zeigt, ist kein Zufall.

Vom Selbstverständnis und Anspruch her überzeitlich und übernational, ist die Herrschaft des Hauses Habsburg – so europa- bzw. weltumspannend sie auch seit etwa 1500 auftritt – doch zugleich auf Österreich bezogen und in Österreich verwurzelt. Mochten sich habsburgische Herrschaftstraditionen mit den dazugehörigen Erinnerungsorten in peripheren Gebieten wie dem zu den Vorderen Landen gehörigen Breisgau verdrängen bzw. am Anfang des 19. Jahrhunderts zugunsten der neuen badischen Dynastie austilgen lassen, dem nach-habsburgischen Österreich ab 1918 war die wohl schwierigste Identitätsausbildungs-Aufgabe übertragen, die sich im Europa der Nationalstaaten nach 1918 überhaupt stellen ließ. Zum einen war die neu geschaffene Republik Österreich immer nur Teil eines viel größeren dynastischen Herrschaftsverbands gewesen; zum anderen war gerade in diesen Kerngebieten die Prägkraft der Habsburger-Ideologie am stärksten, ja das Selbstverständnis des Landes weitgehend identisch mit dem der Dynastie ausgefallen.

Ein „Österreich-Bewusstsein" ohne permanenten Habsburg-Bezug, ja unter weitgehender Ausblendung dieser Prägkraft zu kreieren, konnte nur durch eine strikte Filterung der Geschichte gelingen: etwa durch Fokussierung auf die revolutionäre Zäsur von 1848 und einen daraus abzuleitenden konsequent egalitären Republikanismus, doch musste bei einer solchen historischen Vorbildsuche der vehemente Nationalismus der Aufstandsbewegungen störend hervortreten. Berief man sich – alternative Möglichkeit – auf die großen kulturellen Traditionen, so kam deren adeliger Förderhintergrund penetrant ins Spiel, der am Ende auch wieder auf die Habsburger als Legitimations- und Leitfiguren zurückführte. Viel von den Animositäten und Reibungen zwischen der entmachteten Dynastie und der Republik nach 1918 bzw. 1945 ist durch diese Problematik der Identitätsgewinnung erklärt. Ob sie sechzig Jahre später gelungen ist, muss offen bleiben; auf jeden Fall scheint die ehemalige Fundamentalopposition begraben, der Gedanke erträglich, dass Habsburg und Österreich nicht separierbar und eine solche Trennung auch nicht wünschenswert ist, ergo im Freistaate Austria ein Erbe, nicht zuletzt eines des aristokratischen Umgangstons und Wertekanons fortlebt, so angenehm für das übrige, nivelliertere Europa.

Prinzipien des Aufstiegs

Die Fehlprägung ist ebenso bekannt wie amüsant. 1882, aus Anlass des 600-jährigen Herrschaftsjubiläums der Habsburger in Österreich, ließ Kaiser Franz Joseph I. eine Prunkmedaille schlagen, auf der sein Ahnherr Rudolf I. mit der Kaiserkrone prangt – obwohl dieser weder selbst den österreichischen Herzogtitel innehatte noch jemals die Kaiserkrone trug. Doch das war einer von sehr wenigen Fehlschlägen in einem ebenso exzeptionell langen wie erfolgreichen Herrscherleben (1218–1291). Dabei stechen durchaus auch die nach zeitgenössischen Maßstäben ruhmvollen Taten wie Schlachtensiege, z. B. 1278 gegen König Ottokar von Böhmen, hervor, doch zum Statusbegründer der Habsburger wurde der seit 1273 regierende König der Römer mindestens ebenso sehr auf weitaus unauffälligere Weise: als ein Genie des Netzwerke-Knüpfens. Wie beides zusammen gehen konnte, zeigte der erwähnte Erfolg gegen den böhmischen König, der durch die nachfolgende Doppelhochzeit mit dem Haus des Besiegten dauerhaft ausgenutzt wurde. Durch planvolle Heiratspolitik mit dem gräflichen Adel in Schwaben und im Elsass hatte Rudolf Territorium und Reputation seiner Familie überhaupt erst so weit vermehrt, dass er – nach 23-jährigem Interregnum ohne Reichsoberhaupt nach dem Tode Kaiser Friedrichs von Hohenstaufen – überhaupt als wählbar wahrgenommen wurde.

Geschickte Ausnutzung von Handlungsspielräumen und glückliche Konstellationen trafen dabei zusammen. Durch das Aussterben wichtiger altaristokratischer Dynastien wie der Zähringer, Babenberger und Staufer boten sich regionalen Adelssippen jetzt Rangerhöhungsperspektiven, die vorher undenkbar erschienen wären: Hausmachtpolitik von oben, durch konsequente Ausnutzung von Würde und verbliebenen Vollmachten des Reichsoberhaupts, so lautete jetzt die Parole für Habsburger, Luxemburger und Wittelsbacher. Alle drei Dynastien, die von 1298 bis 1806 das Amt des römischen Königs bzw. Kaisers monopolisierten, kommen aus diesem Milieu und um dieselbe Zeit, ihre Interessen und Geschicke vielfältig miteinander verwebend, nach oben.

Bei all dem bleibt – neben der Zielsicherheit der Strategien – die Selbstgewissheit erstaunlich, mit der sich diese Parvenüs und unter ihnen speziell die Habsburger auf der vorher nicht betretenen Ebene der großen Politik im Reich und in Europa bewegten, hatte Rudolf doch nicht weniger als eine Erblichkeit der Königswürde im Auge. Standen hochfliegenden Plänen dieser Art unüberwindliche Hindernisse institutioneller, mentaler sowie politisch-praktischer Natur entgegen, so lassen sie doch tief blicken: in ein Bewusstsein der Vorherbestimmung, ja Erwähltheit, welches die Erfolgsgeschichte der Dynastie ungebrochen begleitet. Dass sich eine solche überhaupt einstellt, hängt in höchstem Maße damit zusammen, dass es Rudolf und seinen Nachkommen gelingt, andere Familien abgestuft an den Vorteilen der eigenen Herrschaft teilhaben zu lassen und auf diese Weise fest, nicht selten auf Gedeih und Verderb, an Macht und Wohlergehen des Hauses Habsburg zu binden – in einer Zeit minimal bzw. gering ausgebildeter Staatlichkeit, d. h. mindestens bis zur Mitte des 17. Jahrhunderts, das alles entscheidende Herrschaftsmittel, und zwar umso unverzichtbarer, je weiter sich der Herrschaftsraum der Dynastie ausdehnte. Solche Symbiosen mit hohem, mittlerem und selbst niederem Adel helfen den Habsburgern, Zeiten der Rückschläge, d. h. der Entfernung von der höchsten Reichswürde bzw. der zeitweiligen Vertreibung aus ihren Besitzungen, weitgehend schadlos zu überstehen – und zurückzukommen. Selbst dort, wo ihnen dies verwehrt ist, wie im 1415 von der Eidgenossenschaft im Auftrag des Reiches okkupierten Gebiet um die Stammburg im Aargau, haben die neuen Herren noch Jahrzehnte später ihre liebe Not mit den solide geknüpften Loyalitäten des alten Herrscherhauses.

Krisenhafte Zeiten standen bevor, als Rudolfs Sohn Albrecht I. 1308 von einem Neffen, den er um sein Erbe gebracht hatte, ermordet wurde. Es sollte

129 Jahre dauern, bis wieder ein Habsburger zum unbestritten anerkannten, alleinigen Reichsoberhaupt gewählt wurde und über die damit verbundenen rückversichernden bzw. Hausmachtexpansionen in die Wege leitenden Machtmittel gebieten sollte. Die Methoden, als relative Newcomer den Aufstieg weiterer neuer Geschlechter unbeschadet zu überstehen, waren nach 1308 die bekannten: Interessen-Übereinstimmungen herzustellen, allerdings jetzt von einer anderen, herabgestuften Ausgangsposition aus. Doch blieb auch so der Erfolg nicht aus. Besonders bedeutsam für Gegenwart und Zukunft des Hauses Habsburg wurde die Übereinkunft mit Kaiser Karl IV. und damit dem Haus Luxemburg, das den Habsburgern um die Mitte des 14. Jahrhunderts zwei weitere Herzogs- und einen Grafentitel im Alpenraum (Krain, Kärnten bzw. Tirol) und, fast ein Jahrhundert später nach dem Erlöschen der Luxemburger im Mannesstamm, die Anwartschaft auf die Nachfolge in den Königreichen Böhmen und Ungarn einbrachte.

Die biologische Vitalität, die in diesem 1364 auf Gegenseitigkeit geschlossenen Erbschaftsvertrag zugunsten der Habsburger entschied, aber schuf zugleich Probleme: Wie konnte man die territorialen Blöcke bzw. Zugewinne der Familie vor der Zersplitterung durch Aufteilung unter allzu viele gleichberechtigte Söhne schützen? Erbrechtsregelungen und Hausverträge ziehen sich dementsprechend wie ein roter Faden durch die Geschichte des Geschlechts; sie zielen darauf ab, den Vorrang einer Linie und damit die Bewahrung von kompakten Besitzständen mit angemessener Ausstattung der Nachgeborenen zu verknüpfen und damit gefährliche Rangstreitigkeiten innerhalb des Hauses zu vermeiden. Diese Ausbalancierung gelingt meistens und lange Zeit, doch nicht immer. Am Vorabend des Dreißigjährigen Krieges wird der (von Grillparzer in seinem gleichnamigen Stück verewigte) „Bruderzwist in Habsburg" die Fronten der konfessionell-politischen Konflikte komplizierter machen und die Macht des Hauses in Böhmen gravierend schwächen.

Selbst schwere Rückschläge konnten, so betrachtet, die Dynastie langfristig eher stärken. Als Herzog Leopold III. 1386 in der Schlacht von Sempach gegen die Eidgenossen fällt, trägt sein Tod dazu bei, die – den Hausregelungen zuwider – vollzogene Aufsplitterung rückgängig zu machen. Und nicht zuletzt hatten die Habsburger in ihm einen Märtyrer gerechter Herrschaft gefunden, der – so ihre Version – im Kampf für sein gutes, von Gott geschütztes Recht von Hand seiner frevlerischen Untertanen den Tod gefunden hatte. Festigte sich in der Zeit ohne Reichskrone die Herrschaft der Dynastie in ihren österreichischen Kernräumen, so boten nach dem Tode Kaiser Sigismunds Ende 1437 günstige Konstellationen Chancen zu weiterem Ausgreifen: der Erbfall der Luxemburger, die Königswahl Albrechts II. bzw. nach dessen nur zweijähriger Regierung Friedrichs III. und die Wiederzusammenfügung des Hausbesitzes in dessen Hand. Darüber hinaus war dem neuen König bzw. (ab 1452) Kaiser die mit Abstand längste Lebens- und Regierungszeit aller Oberhäupter des alten Reichs beschieden: stolze 78 bzw. 53 Jahre. Da ließ sich etwas machen.

Zuerst ließ sich eine fast hundert Jahre ältere Fälschung bestätigen, auch sie überaus erfolgreich. Im Winter 1358/59 nämlich hatte ein anderer Habsburger namens Rudolf ein Urkundenbündel anfertigen lassen, welches die Landeshoheit in Österreich in ganz besonderer Weise absicherte, innerhalb des Reichsverbands heraushob und versiegelte: dadurch, dass diese Gebiete von jetzt an der Reichsgerichtsbarkeit entzogen, die Lande unteilbar und die Inhaber der Herrschaft mit weiteren wohlklingenden Titeln bedacht wurden. Unbeschadet der Tatsache, dass eines der Diplome als Falsifikat ausgemacht und die ganze Kompilation dadurch verdächtig wurde, erteilte Friedrich III. diesem „größeren Privileg" (privilegium maius) jetzt seinen allerhöchsten Segen. Nicht zuletzt führten die männlichen Sprösslinge der Dynastie den in dieser Fälschung erfundenen Titel „Erzherzog". Zum Erfolg aber konnte das Privilegium maius, ungeachtet seiner dubiosen Entstehungsumstände, nur werden, weil die darin ausgedrückte Rangerhöhung den Tatsachen, und das heißt nicht zuletzt den Vorstellungen der anderen von der Würde der Casa de Austria, entsprach.

Erfolgreich agierte Friedrich III. in Sachen seiner Familie vor allem in hergebrachter Weise: durch Heiraten und vielfältiges „Ich gebe, damit du gibst". Das galt selbst für die Kaiserkrönung in Rom. Das damals noch von konziliaren Vorrangansprüchen bedrohte Papsttum fand in Friedrich III. Unterstützung gegen diese Gefahr, dieser erhielt weitreichende Verfügungsgewalt über die Kirche in Österreich. Überhaupt steht Österreich im Mittelpunkt aller Bemühungen dieses Herrschers. Auch wenn das berühmte, in der zweiten Hälfte des 15. Jahrhunderts allgegenwärtige Motto A-E-I-O-U sicherlich nicht, wie später aufgelöst, „Alles Erdreich ist Österreich untertan" bedeutet, kommt Friedrichs Selbsteinschätzung dieser Losung doch recht nahe, wie nicht zuletzt

87

sein Grabmal im Wiener Stephansdom dokumentiert: Habsburg und die Kaiserwürde als unauflösliche Einheit. Auch wenn die sperrige politische Realität dazu nicht selten im krassem Widerspruch stand – gingen die Königswürden Böhmens und Ungarns doch, im Gegensatz zu den Rechtstiteln, zeitweise wieder verloren –, so hielt das Haupt des Hauses Habsburg doch an seinen Ansprüchen fest und vermochte schließlich die Einbußen im Osten durch überraschende Zugewinne im Westen zu kompensieren.

Gerade noch rechtzeitig, nämlich zwei Jahre vor dem Tod des Burgunder Herzogs Karls des Kühnen in der Schlacht gegen die Schweizer vor Nancy im Januar 1477, brachte er einen Heirats- und Erbvertrag unter Dach und Fach. Er sah die Eheschließung von Karls Erbtochter Maria mit Friedrichs Sohn Maximilian und die Nachfolge gemeinsamer Kinder in Burgund vor. Durch komplexe und wechselvolle außenpolitische Operationen konnte Maximilian diese Option zugunsten seines Sohnes Philipps des Schönen schließlich einlösen. Damit gerieten die Gebiete der späteren Niederlande und Belgiens unter habsburgische Herrschaft – ein Faktum von weltpolitischer Relevanz. Und noch ein Coup von ungeheurer Tragweite gelang dem (sich ab 1508 in Ermangelung der Kaiserkrönung „erwählter römischer Kaiser" titulierenden) Maximilian: nicht auf dem Schlachtfeld, wo er, vor allem in Italien, unstet und oft unglücklich agierte, sondern wiederum in bester habsburgischer Tradition, nämlich durch einen Heiratsvertrag. 1496 ehelichte sein Sohn Philipp der Schöne die spanische Prinzessin Juana und deren Bruder Juan Maximilians Tochter Margarethe.

Dabei waren die Folgen für die Habsburger zu diesem Zeitpunkt noch keineswegs absehbar. Sie traten in ihrer ganzen Konsequenz erst hervor, als Juan und seine Schwester Isabella, die beiden Kinder der katholischen Könige Isabella von Kastilien und Ferdinand von Aragon, in den beiden nachfolgenden Jahren jung verstarben – und Juana, Philipps später geisteskranke Gemahlin, plötzlich die Erbin eines Riesenreichs auf der Iberischen Halbinsel und in der ab 1492 eroberten Neuen Welt wurde. Doch blieb noch mehr als ein Jahrzehnt lang, vor allem nach dem Tod Philipps im Jahr 1506, unsicher, wer diese gewaltig erweiterte Herrschaft antreten würde – bis sich Philipps und Juanas Sohn Karl schließlich 1516 in Spanien und 1519 als neues Reichsoberhaupt durchsetzte, als Erster bzw. Fünfter seines Namens. Das Vabanque-Spiel um Lebensdauer und geistige Gesundheit war am Ende ein durchschlagender Erfolg geworden, der mit der oft kläglichen Rolle Maximilians in Italien und seiner chronischen Finanznot seltsam kontrastiert. Und noch eine Heirat trug reiche Früchte. Maximilians zehnjährige Enkelin Maria heiratete 1515 den damals neunjährigen König von Ungarn – und brachte nach dessen Schlachtentod gegen die Türken 1526 den Habsburgern eine weitere Krone, allerdings mit de facto stark reduziertem Territorium, ein.

Am Ende, bei Maximilians Tod im Januar 1519 und Karls Wahl zum römischen König im Juni desselben Jahres, war das noch keineswegs alles. Bereits 1503/04 hatte der spanische Feldherr Gonzalo Fernandez de Cordoba das Königreich Neapel erobert, so dass zur habsburgischen Landmasse jetzt Süditalien und Sizilien zählten. Dazu war nach schweren und wechselvollen Kämpfen 1525 das reiche und strategisch bedeutsame Herzogtum Mailand gekommen. Dieses hatten die Landsknechte Karls V. an dessen fünfundzwanzigstem Geburtstag, am 24. Februar 1525, in der Schlacht von Pavia dem Hauptrivalen, König François I. von Frankreich, entrissen. Die Konkurrenz von Habsburgern und Valois, ab 1589/98 Bourbonen, sollte politisch und militärisch sowie ideologisch die Geschichte Europas in der Neuzeit ganz wesentlich bestimmen.

Prinzipien der Bestreitung und der Behauptung

Dabei neigte sich die Waagschale über Jahrzehnte hindurch den Habsburgern zu. Nicht nur, dass der französischen Dynastie mit der Niederlage im Kampf um Mailand eine schwere, nie völlig verheilende Wunde zugefügt wurde. Mehr noch: Auf dem Höhepunkt seiner Machtstellung vermochte Karl V. Frankreich zur Akzeptanz des Reformkonzils von Trient zu zwingen, das zwar die Glaubenseinheit nicht wiederherstellte, doch dafür die katholische Kirche dogmatisch und organisatorisch festigte. Um dieselbe Zeit schien sich mit Karls Sieg über die Protestanten im Schmalkaldischen Krieg eine nicht mehr für möglich gehaltene Vormachtstellung des „Weltkaisers" im Reich herauszubilden, die allerdings schon wenige Jahre später als illusorisch erwiesen war. Am Ende dieser „imperialsten" Herrschaft eines Habsburgers, ja Europäers nach Karl dem Großen überhaupt stand die noble Resignation, der Rückzug in klösterliche Abgeschiedenheit (1556). Fünf Jahre zuvor war die Teilung des Hauses in den spanischen und österreichischen Zweig, Letzterer unter der Führung Ferdinands I., Karls Nachfolger in der Kaiserwürde, verfügt worden.

Die Rivalität mit den Valois aber setzte sich fort. Als in der zweiten Hälfte des 16. Jahrhunderts die königliche Autorität in Frankreich durch die konfessionelle Spaltung und die mehr als drei Jahrzehnte tobenden Kriege zwischen den konfessionell-politischen Parteien extrem geschwächt wurde und schließlich regelrecht darniederlag, schien sogar zeitweise eine spanisch-habsburgische Vormundschaft über das nördliche Nachbarland in den Bereich des Möglichen zu rücken. Doch wie schon zuvor 1588 durch die Zerstörung bzw. Irrfahrt der Armada die Eroberung Englands fehlschlug, so zerstoben am Ende der Regierungszeit Philipps II. (1526–1598), des Sohns Karls V., auch diese Pläne. Sechs Jahrzehnte später sollte der Pyrenäenfrieden von 1659 ein umgekehrtes Macht- und Prestigeverhältnis, den Vorrang Frankreichs, begründen. Der in dieser Zeit vollzogene Aufstieg Frankreichs zur politischen, militärischen und kulturellen Vormacht Europas geschieht nicht zuletzt im Namen eines überaus erfolgreichen Feindbildes: des für Europa, wie erwähnt, fatalen habsburgischen Universalismus, welcher das Wesen der Nationen und damit die Europa angemessene Vielfalt unterdrücke. Speziell Spanien, genauer: die dem Land unter der Herrschaft der Habsburger, insbesondere Philipps II., zugeschriebenen nationalen Wesenszüge sollen Europa das Fürchten lehren: Adelshochmut, die Verachtung von Gewerbefleiß und vor allem tierische Grausamkeit, wie sie in der angeblich planvollen Ausrottung der Ureinwohner Amerikas zum Ausdruck komme.

Dagegen werden – zuerst im Frankreich der so genannten Religionskriege (1562–1598) – Parolen geprägt und eingesetzt, die auf die Wesens- und Würdigkeitsgleichheit von Nation und Dynastie hinauslaufen; doch ließen sich nationale Feindbilder und Rechtfertigungsfiguren auch im republikanischen Zusammenhang, im Achtzigjährigen Krieg der Niederlande gegen die spanische Herrschaft, wirkungsvoll instrumentalisieren. Als weiterhin weltumspannende Dynastie, die ihren universalen Anspruch nicht zuletzt durch Heiraten zwischen dem spanischen und dem österreichischen Zweig zu dokumentieren bestrebt war, konnten die Habsburger in dieser Diskurs-Konkurrenz vorerst nicht mit gleicher, d. h. nationaler Münze zurückzahlen.

Krisenhaft entwickelte sich am Ende des 16. und Anfang des 17. Jahrhunderts vor allem die Herrschaft der österreichischen Linie. Dazu trug entscheidend bei, dass die Stände in den Erblanden überwiegend zum Protestantismus tendierten und diese konfessionelle Widerständigkeit mit politischer

Prinzipien der Bestreitung und der Behauptung

Opposition kombinierten; der am Anfang des 17. Jahrhunderts unversöhnliche Zwist zwischen dem in Prag regierenden Kaiser Rudolf II. und seinem jüngeren Bruder Matthias, Kaiser von 1612 bis 1619, tat ein Übriges. Wie wenige seiner Dynastie zuvor hatte sich Rudolf als Sammler und Mäzen, nicht zuletzt der großen Astronomen Tycho de Brahe und Johannes Kepler, profiliert. Doch stand am Ende seiner Regierung ein Tiefpunkt des Hauses Habsburg, im Reich wie in Böhmen.

Dieser konnte von Ferdinand II., der schon vor seiner Wahl zum Kaiser 1619 die Rekatholisierung der Erblande erfolgreich betrieben hatte, in für die Zeitgenossen staunenerregender Weise überwunden werden. Zuerst gelang es ihm, den Aufstand der Stände in Böhmen und deren nachfolgende Staatsgründung durch den militärischen Erfolg am Weißen Berg im November 1620 niederzuwerfen. Danach vermochte der böhmische Militärunternehmer und General Wallenstein, der ein auf eigene Kosten angeworbenes Heer in kaiserliche Dienste stellte, die Stellung der protestantischen Fürsten im Reich bis 1629 entscheidend zu schwächen. Die Ummünzung dieser militärischen Erfolge in eine dauerhafte politische Ordnung aber schlug fehl. Das Restitutionsedikt Ferdinands II., das zur Wiederherstellung bzw. Rückgabe aller nach 1552 säkularisierten katholischen Territorien und Güter verpflichtete, spaltete am Ende selbst die katholischen Reichsstände, die an einer ausgeprägten Vormachtstellung Habsburgs im Reich keinerlei Interesse hatten. So taten auch im Reich die antihabsburgischen Parolen von der Zerstörung gewachsener Freiheiten ihre Wirkung. Am Ende des Dreißigjährigen Krieges zählte Habsburg gleich doppelt, im Reich sowie elf Jahre später an der französisch-spanischen Front, zu den großen Verlierern.

Immerhin gelang es trotz der konfessionell-politischen Dauerkonflikte, die Kaiserwürde innerhalb der Dynastie sowie die böhmische und die ungarische Krone zu bewahren. Und so verwüstet große Teile der Erblande auch waren, sie wurden in der zweiten Hälfte des 17. Jahrhunderts, unter der langen Regierung Leopolds I. von 1658 bis 1705, zum Ausgangspunkt eines nicht mehr für möglich gehaltenen Wiederaufstiegs. Ideologisch trat die Dynastie jetzt, in Konkurrenz und Abgrenzung zum Frankreich Louis XIV., als Vorkämpfer und Inkarnation deutscher Wesenszüge auf, hatte also in der Rivalität der Nationen Bodenhaftung gewonnen. Zum anderen gelang es, in den vielen Kriegen mit dem Sonnenkönig diesen Patriotismus in Politik, Diplomatie und militärische

Bündnisse umzusetzen. Darüber hinaus wurden in den Erblanden selbst Reformen angebahnt, die – bei aller Bewahrung ständischer Vorrechte – doch eine allmähliche Straffung der Verwaltung und damit auch eine effizientere Steuerabschöpfung gewährleisteten. Und schließlich wurden die Propagandamedien der Zeit jetzt in vorher ungekannter Intensität der Verherrlichung der Dynastie zugeführt, vor allem in der seit Friedrich III. als solche ausgebauten Hauptstadt Wien: Phönix aus der Asche, so erschien es vielen zeitgenössischen Beobachtern.

Das Prinzip der Legitimität

Sinnfällig machte diese Wiedergeburt der Sieg über das türkische Belagerungsheer vor Wien im September 1683, mehr noch die nachfolgende Offensive unter der Führung des aus Frankreich nach Wien geflohenen Prinzen Eugen von Savoyen. Seine Siege von Zenta (1697) bis Belgrad (1717) führten den Habsburgern als Vorkämpfern der Christenheit in ganz Europa ungeheures Prestige zu – umso mehr, als Frankreich dabei nicht nur abseits, sondern auch auf der Gegenseite stand.

Seine Erfolge im Spanischen Erbfolgekrieg, der im Kern wiederum ein Konflikt zwischen den Häusern Habsburg und Bourbon um die Nachfolge des 1699 erloschenen habsburgischen Zweiges auf der Iberischen Halbinsel war, ließen um 1710/11 die dauerhafte Thronbesteigung eines habsburgischen Prinzen in Madrid zum Greifen nahe erscheinen. Doch zerschlugen sich diese Pläne durch den frühzeitigen Tod Kaiser Josephs I. Auch in der Folgezeit war das kontinentale Europa des 18. Jahrhunderts in vieler Hinsicht zweigeteilt, bourbonisch in Spanien, Frankreich und Süditalien, habsburgisch in den südlichen Niederlanden, in den südwestlichen Territorien des Reiches, in Österreich, Ungarn sowie im nördlichen und mittleren Italien. An dieser balance of power ändern auch die um die Pragmatische Sanktion, d. h. die Nachfolge Maria Theresias als Königin von Ungarn und Böhmen sowie in den Erblanden, geführten Kriege, nichts Substanzielles.

Umso größer die europäische Sensation, als diese scheinbar ewige „Erbfeindschaft" durch eine Umkehrung der Allianzen beigelegt wird. Doch vermögen sich die beiden Großmächte im nachfolgenden Siebenjährigen Krieg

(1756–1763) gegen König Friedrich II. in Preußen, der Maria Theresia mit fadenscheinigen Ansprüchen Schlesien entrissen hatte, auf Dauer nicht entscheidend durchzusetzen. Am Ende darf der Hohenzoller-König seine Beute behalten, gegen alles Recht und das Prinzip der Legitimität, was von Habsburger Seite besonders schmerzhaft empfunden wird. Doch wird dieser Verlust dadurch wettgemacht, dass sich die Herrschaft des Hauses in seinen angestammten Territorien stetig strafft. Zudem sind die personellen Engpässe der Dynastie definitiv behoben – aus der Ehe Franz Stephans von Lothringen (1745 bis 1765 Kaiser Franz I.) und Maria Theresias gehen nicht weniger als sechzehn Kinder hervor. Ihnen ist die „Kaiserin" nicht nur eine im gewandelten Stile der Zeit liebevolle Mutter, sondern auch eine kluge politische Ratgeberin. Demgegenüber steht der Vater mit seinen vielen galanten Abenteuern und Mätressen eher abseits.

Im Reich als dessen Oberhaupt alles andere als erfolgreich, betätigt sich Maria Theresias hoch begabter Sohn Joseph II. in den Erblanden als einer der radikalsten Reformer der Zeit – im konsequenten Umbau der Ständegesellschaft zu einem einheitlichen Untertanenverband mit rein ökonomischen Hierarchien nur von seinem jüngeren Bruder Leopold erreicht, der als Großherzog der Toskana in Florenz regiert. Gelingt Leopold diese Umgestaltung durch seine Geschmeidigkeit gegenüber den Eliten und die virtuose Nutzbarmachung der öffentlichen Meinung, so schlagen die josephinischen Reformen durch ihre autoritäre Umsetzung letztendlich fehl. Beim Tode Josephs II. im Februar 1790 herrscht zwischen Belgien und Ungarn Aufruhr. Dementsprechend ambivalent gestaltete sich sein Erinnerungsort in der Geschichte: pflichtbewusst, prinzipientreu, aber zugleich verknöchert, pedantisch, unflexibel. Dabei gerät aus dem Blickfeld, dass Joseph neben seinem Bruder der einzige europäische Herrscher der Aufklärung war, der deren Kernforderungen wie religiöse Toleranz, Herabdrückung der Kirche zur Staatsbehörde, Abschaffung der ständischen Privilegien und die Ausrichtung allen politischen Handelns am neuen Leitwert des ökonomischen Nutzens konsequent umzusetzen gesonnen war. Und auch die historischen Langzeitwirkungen des „Josephinismus" sind keineswegs ausschließlich negativ; Generationen höherer Staatsbeamte verinnerlichten in Österreich den Grundgedanken einer durchgreifenden Reform von oben, auch wenn sie in den Jahrzehnten der Restauration zur Anpassung an gewandelte Zeitverhältnisse gezwungen waren.

Diese zwangen zudem Josephs Bruder und Nachfolger in der Kaiserwürde, Leopold II., der sich in der Toskana durch ein (nicht verwirklichtes) Verfassungsprojekt als erster wirklich konstitutionell gesinnter Monarch Europas profiliert hatte, als Haupt der antifranzösischen und damit antirevolutionären Koalition zu einem reaktionären Gegenkurs, der seinen Überzeugungen keineswegs entsprach. Sein früher Tod 1792 – ein Jahr bevor seine Schwester Marie-Antoinette als Witwe des bereits einige Monate zuvor guillotinierten Louis XVI. in Paris das Schafott bestieg – bedeutete eine tiefe Zäsur.

Gegen den Strom

Der Herrschaftsantritt von Leopolds Sohn Franz nämlich markiert durch die konsequente Abkehr von den Prinzipien der Aufklärung, ja durch die Verdächtigung bzw. Verfolgung von deren Anhängern einen Generationenkonflikt und zugleich einen für die Zukunft extrem folgenreichen Kurswechsel. Jetzt auch ideologisch Vormacht gegen das revolutionäre bzw. napoleonische Frankreich, vermochte das Haus Habsburg dessen Ansturm militärisch und politisch nicht standzuhalten – um es am Ende dennoch mit zu besiegen und zu überdauern. Und das, obwohl mit den südlichen Niederlanden und den italienischen Besitzungen über längere Zeit wesentliche Territorien verlorengingen, ja Wien selbst nach den schweren Niederlagen in den Koalitionskriegen vom Feind besetzt wurde. Dass Napoleon auf dem Tiefpunkt der habsburgischen Machtstellung Franz' älteste Tochter Marie Louise heiratete, ließ die umgekehrte Hierarchie und damit das Gewicht von Tradition und Legitimität bereits aufscheinen – Prinzipien, die auf dem Wiener Kongress 1814/15 unter habsburgischer Ägide zur Achse der europäischen Ordnung im Zeitalter der Restauration wurden. Restauriert wurde dabei vieles, nicht jedoch das Heilige Römische Reich deutscher Nation. In weiser Voraussicht von dessen Unhaltbarkeit hatte sich Franz II. schon 1804 den Titel eines Kaisers von Österreich zugelegt, der ihm nach der Auflösung des Reiches zwei Jahre später verbleiben sollte.

Die Ära des leitenden Ministers Metternich war außenpolitisch durch die Wiederherstellung der habsburgischen Herrschaft in Belgien und Oberitalien, wo mit dem Vizekönigtum Lombardo-Venetien eine neue territoriale Konstruktion entstand, und im Innern durch die Leitwerte einer starken, effizienten Verwaltung und freier wirtschaftlicher statt politischer Betätigung gekennzeichnet. Ins Auge der meinungsbildenden Intellektuellen aber stach vor allem die Opposition zum Zeitgeist: zu Liberalismus und Nationalismus, den Leitideen des 19. Jahrhunderts. Im Zeichen dieser Gegnerschaft wurde „Habsburg" zum Synonym der erzwungenen Rückständigkeit, der Unterdrückung von Volksrechten, ja von Despotismus – ein Image, das sich nach den blutig niedergeschlagenen Revolutionen von 1848/49 weiter verdüsterte.

Vor allem in Italien wurde der Name des Hauses zum Inbegriff von Tyrannis, von planvoller Zerstörung des Nationalgeistes und heimtückischer Geschichtstilgung. Dass die restaurierten habsburgischen Herrschaften diesem Verdikt nur zum kleineren Teil entsprachen – wohl in Modena, nicht jedoch in der weiterhin protoliberal regierten Toskana, kaum in Lombardo-Venetien –, änderte daran nichts. Nationale Emotionen waren längst wichtiger als nüchterne politische Bestandsaufnahmen. So folgte die fast gleichzeitige Vertreibung der Habsburger und Bourbonen aus Nord- und Mittel- bzw. Süditalien 1859/60 nur einer historischen Logik. Die Ironie der Geschichte bestand darin, dass das vertriebene Regiment in der Toskana in vieler Hinsicht liberaler war als der nachfolgende Nationalstaat der Savoyer-Dynastie.

Nach diesen schweren Krisen gelang es immerhin, durch Einrichtung der Doppelmonarchie Österreich-Ungarn 1866 und der entsprechenden feierlichen Krönung in Budapest im Jahr darauf den Kernbestand der Habsburger-Territorien für ein weiteres halbes Jahrhundert zu garantieren. Vorausgegangen waren der Verlust Belgiens durch eine nationale Revolution (1831) und die Niederlage im Krieg gegen Preußen, welche das Ende des Deutschen Bundes von 1815 und die „kleindeutsche" Lösung, zuerst den Norddeutschen Bund und dann, nach dem Sieg gegen Frankreich, die Gründung des Deutschen Reichs unter den Hohenzollern-Kaisern herbeiführte.

Im Zeitalter konkurrierender Ideologien, politischer Optionen und Lebensentwürfe zerbricht schließlich auch die dynastische Disziplin, welche das Haus Habsburg so viele Jahrhunderte lang zusammengehalten hatte. So schert Erzherzog Johann, bürgerlich-romantisch mit der Tochter eines steirischen Postmeisters verheiratet, aus der restaurativen Front aus und wird als Prototyp des liberalen Aristokraten von der revolutionären Frankfurter Nationalversammlung zum Reichsverweser bestellt: in den Augen der Konservativen Verrat auf habsburgisch. Und auch an abenteuerlichen Lebensläufen fehlt es in dieser Zeit

Kaiser Franz Joseph mit Erzherzog Otto.

nicht. Ihnen zuzurechnen ist die kurze Karriere von Erzherzog Maximilian, der auf Anregung Napoleons III., für den politischer Aktionismus ein Überlebensprogramm bedeutete, zum Kaiser von Mexiko ausgerufen wurde – um bald danach vor einem republikanischen Exekutionspeloton zu enden.

Einigermaßen unorthodox gestaltete sich auch die durch diverse Kostümfilme der süßlichen Art verzeichnete Ehe von Kaiser Franz Joseph I. und Elisabeth von Wittelsbach, genannt Sisi. Ihrem Gatten intellektuell weit überlegen, ging die Kaiserin und Königin bald entschieden eigene Wege. Sie veröffentlichte Gedichte in der Tradition Heinrich Heines (für dessen Denkmal sie sammelte), hielt die Habsburger-Monarchie insbesondere und die Monarchie als Staatsform insgesamt für überlebt – und starb nach einem unsteten Reiseleben, ganz und gar unpassend, 1898 in Genf von Hand eines Anarchisten. Zu diesem Zeitpunkt war Franz Joseph längst und mit ausdrücklicher Billigung „Sisis" eine Dauerbeziehung mit der (in dieser Hinsicht äußerst diskreten) Hofschauspielerin Katharina Schratt eingegangen.

Intelligenz und Widerspruchsgeist der Mutter hatte Erzherzog Rudolf geerbt, der seiner Opposition zu den herrschenden Verhältnissen und speziell seiner Verachtung für seinen deutschen Kronprinzenkollegen, den künftigen Wilhelm II., in republikanischen, insbesondere Pariser Blättern Ausdruck verlieh. Rudolfs Unbehagen an den Zeitläufen mündete 1889 in den doppelten Freitod von Mayerling, zusammen mit seiner Geliebten Marie Freiin von Vetsera. Den Tod kommentierte der Vater, der die Sprache der Jäger bevorzugte, mit dem Urteil, sein Sohn sei wie ein feiger Hirsch gestorben.

Ob ein liberalerer Habsburger die am Ende unwiderruflich auseinander driftenden Völkerschaften des Habsburger-Reiches im Sinne eines lockeren Bundesstaatsgefüges hätte zusammenhalten können, ist Spekulation. Beim Tode Franz Josephs I. im November 1916 war diese Aufgabe längst nicht mehr zu bewältigen, so wie der Erste Weltkrieg de facto verloren war. In den letzten Kriegsmonaten wie nach der Niederlage agierte sein Nachfolger, der 1885 geborene Karl I., allerdings denkbar ungeschickt und verspielte dadurch jeden Kredit bei den alliierten Siegern. Sie schickten ihn 1921 ins Exil nach Madeira, wo er im Jahr darauf starb. Unerwartet rückte der letzte k. u. k. Monarch in die Schlagzeilen, als er am Beginn des 21. Jahrhunderts von Papst Johannes Paul II. selig gesprochen wurde – ein moralischer Triumph für seine nostalgische Anhängerschaft in den Stammlanden, doch längst keine politische Erschütterung in Österreich mehr. Dass sich das nach dem Ende der Habsburger-Herrschaft nach 1918 so lange konfliktreiche Verhältnis zwischen Dynastie und Republik weitgehend entspannt hatte, zeigte sich, als die Ex-Kaiserin Zita 1989, 67 Jahre nach ihrem Gemahl, in biblischem Alter starb und mit großem Schaugepränge und ebensolcher Anteilnahme der Bevölkerung in der zentralen Ruhestätte der Habsburger, der Wiener Kapuzinergruft, bestattet wurde.

Als im Laufe desselben Jahres die „realsozialistischen" Regime und mit ihnen die Reste des Eisernen Vorhanges stürzten, schien sich für prohabsburgische Werbekampagnen potenziell günstiges Terrain zu öffnen. In dieser Mission hatte sich der Chef des Hauses, Otto von Habsburg, schon vorher betätigt. Doch blieben weiter reichende Erfolge dieser Kampagne aus. Das vom Sowjetjoch befreite Osteuropa organisierte sich – nicht selten blutig – in einem entschieden antihabsburgischen Sinne: nach Nationalitäten bzw. Ethnien geordnet, auch um den Preis brutalster Säuberungen. Ob das eine Übergangsphase bleibt und sich danach wieder so etwas wie „Habsburg-Nostalgie" breit machen wird, bleibt abzuwarten.

Literatur
Gute Gesamtorientierung bei Heinz-Dieter Heimann, Die Habsburger, München 2001.

William Patrick Hitler mit seiner Mutter Bridget Hitler.

Die Hitlers

"Wir werden nicht kapitulieren, niemals […]. Wir können untergehen, vielleicht. Aber wir werden eine Welt mitnehmen. Muspilli, Weltenbrand." Die Runde, die sich auf dem Obersalzberg versammelt hatte, schwieg. Hitler summte ein Motiv aus Wagners Götterdämmerung. Zuvor hatte er, auf der Veranda des Hauses Wachenfeld sitzend, seine Gäste über die Methoden moderner Kriegsführung aufgeklärt. Die Zeiten des Stellungskrieges, so versicherte er ihnen, seien vorbei. Man werde die Überlegenheit der freien Operation zurückgewinnen. Eine Revolution der Kriegsführung stünde bevor. Künftig prallten nicht mehr zwei Armeen, sondern zwei Völker aufeinander, die einander mit allen Mitteln in die Knie zu zwingen versuchten. Neben die Feldschlacht trete der Terrorangriff, neben den Soldaten der gut getarnte Attentäter, der im geeigneten Moment zuschlage. Mit chemischen und biologischen Waffen könne er mitten in der Heimat eines arglosen Feindes furchtbare Verwüstungen anrichten und seine Kampfbereitschaft zerstören.

Es war eine gespenstische Szene, von der der Senatspräsident Danzigs Hermann Rauschning in seinen „Gesprächen mit Hitler" zu berichten wusste. Der „Führer" tritt uns als Visionär des modernen Terrorismus entgegen, als ein Mann ohne Moral, der der Welt Tod und Zerstörung bringt. Das absolut Böse, der „*Antichrist*", wie Rauschning ihn nennt, blickt uns über die Schulter. Wem er sich nähert, dem drohen brutale Überfälle und innere Zersetzung. Diesem Dämon der Finsternis kann die Zivilisation nur mit dem Schwert entgegentreten.

Rauschnings Warnung, sie verhallte keineswegs ungehört. Die 1940 veröffentlichten Gespräche wurden zu einem Bestseller – nicht zuletzt deshalb, weil er dem Publikum ein klar konturiertes Feindbild anbot. Die brillant geschriebene Enthüllungsgeschichte hatte nur einen Schönheitsfehler – sie war eine Fälschung. Rauschning hatte Hitler lediglich wenige Male bei offiziellen Anlässen getroffen. Dass der Diktator ihm bei dieser Gelegenheit tiefe Einblicke in seine Pläne und seine Motivationen gewährte, darf als äußerst unwahrscheinlich gelten. So war Rauschnings angeblicher Tatsachenbericht vielmehr eine tiefgründige Reflexion über die Hintergründe jenes dramatischen moralischen und kulturellen Verfalls, den er in Deutschland miterlebt hatte. Hitler wurde zur Projektionsfläche all dessen, was er mit dem schlechthin Bösen und damit als Triebkraft aller negativen Veränderungen in seiner Heimat identifizierte. Der angeblich objektive Blick auf das Ungeheuer sollte zur Selbstreflexion einladen und zum Handeln aufrufen.

Diese Taktik, erst die teuflischen Mächte zu identifizieren und sie dann auf den Erzschurken zu projizieren, sollte Schule machen und setzt sich bis in die Gegenwart fort. Kein anderes Beispiel zeigt dies so deutlich wie die Aufmerksamkeit, die jüngst die Familie Hitlers in Presse und Fernsehen erfahren hat. In einer Zeit, in der Fortpflanzungsoffensiven gepredigt und heile Familienbilder als Gipfelpunkt individueller Selbstverwirklichung gepriesen werden, dient Hitler einmal mehr als Schreckgespenst. Der Massenmörder – er war, so klärt man uns auf, ein schlechter Bruder, ein lüsterner Onkel, ein Gegner der Ehe und ein Fortpflanzungsverweigerer. All jene, die dem Bund fürs Leben ebenfalls misstrauisch gegenübertreten, sehen sich mit einem Male in eine Reihe mit dem „Führer" gestellt.

Hitler, die Unperson, ist eine ideale Projektionsfläche für Ängste und Feindbilder aller Art. Der notorische Spurenverwischer und antibürokratische Autokrat hat wissenschaftlichen Versuchen, ihn zu entzaubern, schier unüberwindbare Hindernisse in den Weg gelegt. Zwar konnten die Strukturen, die ihn trugen und in die er eingebunden war, in langen Forschungskontroversen herausgearbeitet werden; wie groß sein eigener Handlungsspielraum und wie flexibel seine Zielsetzungen waren, ist aber nach wie vor umstritten. So bleibt Raum für Mythenbildungen. Selbsternannte Experten, die einfache und beruhigende Antworten auf komplexe und beunruhigende Fragen versprechen, lenken die Aufmerksamkeit der Öffentlichkeit vor allem auf den Menschen Hitler und seinen familiären Hintergrund. Der Blick durchs Schlüsselloch soll die Ursachen jener charakterlichen Deformationen enthüllen, die das Grauen erst ermöglicht haben. Meist erfährt der Leser auf diese Weise mehr über die Interpreten und ihr Publikum als über den mit Quellen kaum zu fassenden Gegenstand ihrer Untersuchung. Die Reflexion über den Privatier und Familienmenschen Hitler, sie atmet noch immer die negativ gewendeten Elemente des alten Personenkultes und offenbart alte Hoffnungen ebenso wie neue Ängste.

Im Windschatten der Moderne

„Und zwischen den Steinen ist die Saat der Granitblöcke ausgebreitet" – kein Propagandist hätte sich einen treffenderen Ursprung für die Familie des „Führers" ersinnen können als jenen Landstrich um die Burg Weitra, in dem seine Vorfahren seit Generationen ansässig waren. Wild, schroff und urtümlich präsentierte sich dem Besucher das von Adalbert Stifter besungene Land. Industrie und Kapital schienen es vergessen zu haben. Wie vor Jahrhunderten rangen die kleinen Bauern dem kargen Boden das Wenige ab, von dem sie ihr Dasein fristeten.

Das romantische Bild täuschte. Die Heimat der Familie Hitlers war alles andere als eine Insel der Seligen. Tatsächlich veränderten die Kräfte des Marktes die traditionelle Wirtschaftsweise des Waldviertels schon Ende des 18. Jahrhunderts. Auf der Suche nach billigen Arbeitskräften hatten Wiener Manufakturen hier Heimarbeiter in großer Zahl geworben und einen kurzen, aber heftigen Wirtschaftsboom ausgelöst. Ihm folgte schon wenige Jahrzehnte später ein böses Erwachen. Mit der Industrialisierung stieg der Konkurrenzdruck auf die Heimarbeiter – an die Stelle eines zögernden Aufschwungs trat die schleichende Verelendung.

Was blieb, war die Landwirtschaft. Doch hier stagnierte die Entwicklung. Im Land der dichten Wälder und kargen Böden waren bäuerliche Betriebe nur in Ausnahmefällen überregional konkurrenzfähig. Das ohnehin nie mit übermäßigem Reichtum gesegnete Waldviertel begann in seiner wirtschaftlichen Entwicklung zurückzufallen. Es wurde zur Peripherie, verlor Bevölkerung und Kaufkraft.

Jene, die – wie die Hiedlers – einen bescheidenen Wohlstand wahren konnten, konzentrierten sich als Kleinbauern ganz auf den regionalen Markt. Woher die weitverzweigte Sippe ursprünglich stammte, ist ungeklärt. In der so genannten „Kampfzeit" des späteren „Führers" wurden immer wieder Gerüchte laut, die Familie, deren Angehörige sich wechselweise Hüttler oder Hiedler nannten, sei eigentlich tschechischen Ursprungs, oder sie wiesen gar jüdische Seitenlinien auf. Der Gedanke, in den Adern des Gralshüters der Rasseneinheit poche „nichtarisches" Blut, eignete sich vorzüglich zum Polemisieren. Abgesehen davon, dass sich Hitlers Gegner damit auf die rassistischen Denkmuster der Nationalsozialisten einließen, liefen ihre Mutmaßungen ins Leere. Die detaillierten Stammtafeln, die er veröffentlichen ließ, dokumentierten die unspektakuläre Geschichte einer Waldstädter Kleinbauernfamilie. Sie war von räumlicher und sozialer Immobilität geprägt. Nahezu alle Ehepartner der Hitlers stammten aus einem Umkreis von etwa 30 Kilometern. Die Alteingesessenen blieben unter sich. Die Fremden und ihre neuen Ideen – sie hatten den Waldviertlern nur wenig Glück gebracht. Man hielt sich von ihnen fern und beäugte tschechische Saisonarbeiter und jüdische Händler mit ausgeprägtem Misstrauen. Für die Verlierer der Modernisierung bildeten nunmehr die alten Bindungen einen letzten, wenn auch brüchigen Rückzugsraum vor einer drohenden Außenwelt. Die Ordnung des „ganzen Hauses", in der soziales und wirtschaftliches Leben unter einem Dach stattfand, im Waldviertel war sie noch anzutreffen. Sie zementierte die soziale Ungleichheit, aber sie versprach auch ein Minimum an Sicherheit. Uneheliche Herkunft führte in diesem Umfeld keineswegs zwangsläufig ins soziale Abseits. Wer den Schutz eines Hofbesitzers genoss, brauchte ein Leben im Elend nicht zu fürchten. Ja, er durfte sogar – wenn ein Hoferbe händeringend gesucht wurde – auf eine spätere Anerkennung durch seinen vermeintlichen Erzeuger hoffen.

So waren die Startbedingungen des jungen Alois Schicklgruber, als er im Juni 1837 das Licht der Welt erblickte, schlecht, aber nicht hoffnungslos. Seine Mutter Anna Maria stammte aus wohlhabenden Verhältnissen. Der elterliche Hof wurde von ihrem Bruder bewirtschaftet, sie selbst führte ihrem verwitweten Vater Johann Schicklgruber den Haushalt. Als die unverheiratete Frau 1837 im Alter von immerhin 42 Jahren ihr erstes Kind gebar, mochte dies für ihre Umgebung überraschend sein. Ein Grund, sie und ihren Sohn Alois zu verstoßen, war es nicht. Über den Namen des Vaters wurde Stillschweigen bewahrt und das Kind im großväterlichen „Ausnahmshaus" mit aufgezogen. Einen Stiefvater erhielt der kleine Alois erst fünf Jahre später. Seine Mutter heiratete den umherwandernden Müllergesellen Johann Georg Hiedler. Das karge Häuslein des Großvaters wurde nun von vier Personen bewohnt und langsam zu eng. Man zog gemeinsam in eine Mietwohnung um. Alois wuchs damit nach wie vor in stabilen Verhältnissen auf. Dass er ein uneheliches Kind war, dürfte in einem Landstrich, in dem etwa 40 % der Geburten ebenfalls von unverheirateten Müttern gemeldet wurden, kaum zu nennenswerten Problemen geführt haben. Ein wirklicher Bruch im Leben des Kindes trat erst im Jahre 1847 ein. Mutter und Großvater des Zehnjährigen starben kurz nacheinander. Johann Georg

Hiedler sah sich offenbar außerstande, die Erziehung allein zu übernehmen, und übergab diese Aufgabe an seinen Bruder Johann Nepomuk. Es schien eine logische Entscheidung zu sein. Immerhin war der künftige Ziehvater des Jungen ein wohlhabender Gastwirt und Hofbesitzer, der selbst drei Töchter, aber keinen männlichen Erben hatte. Da lag der Gedanke nahe, Alois könnte in diese Stellung hineinrücken. Tatsächlich machte Johann Nepomuk Hüttler jedoch keine Anstalten, den Jungen zum Landwirt heranzubilden. Stattdessen schickte er den 14-Jährigen 1851 nach Wien, um dort bei einem Verwandten das Schuhmacherhandwerk zu erlernen.

Das Rückgrat des Staates

Schicklgruber kam in das pulsierende Zentrum eines Staates, der von einer Krise in die nächste stolperte. Seine prosperierendsten Regionen waren zugleich seine größten Sorgenkinder, denn dort – in Oberitalien, Prag und Wien – begünstigten der schleichende Zerfall der Ständeordnung, die forcierte Industrialisierung und die verstärkte Migration die Geburt nationaler Erweckungsbewegungen.

Das Nebeneinander kleinräumiger, relativ stabiler Nischengesellschaften verwandelte sich in ein Gegeneinander dynamischer Nationen und ihrer neuen Eliten.

Die Regierung zeigte sich bemüht, diesen Tendenzen durch den Ausbau der Bürokratie entgegenzuwirken. Schon seit den Zeiten Josefs II. war die Beamtenschaft immer stärker zum Rückgrat der Monarchie geworden. Ab Mitte des 19. Jahrhunderts wurde sie mit Besoldungserhöhungen, Beförderungsordnungen und Pensionsgarantien geradezu väterlich umsorgt.

Für einen jungen Mann vom Lande, wie Alois Schicklgruber, musste die Aussicht auf eine Beamtenlaufbahn daher ungemein verlockend sein. Sie verhieß Statuserhöhung, soziale Sicherheit und ein gesichertes Auskommen. 1855, im Alter von 19 Jahren, trat er in den Dienst der Finanzdirektion Linz ein. Nur neun Jahre später hatte er die höchste Rangstufe eines subalternen Beamten erklommen. 1871 wurde er in den gehobenen Dienst übernommen und stieg bis 1892 in den Rang eines Zollamtsoberoffizial auf. Braunau, Groß-Schönau, Passau und Linz markierten die wichtigsten Stationen, die er auf diesem Wege durchlief.

"Seit Du mich vor 16 Jahren zuletzt gesehen hast, bin ich sehr hoch aufgestiegen", teilte der strebsame Staatsdiener auf dem Höhepunkt seiner Karriere einer Verwandten seiner Mutter mit. In Amtsuniform hinterließ er einen imposanten, einen respektablen Eindruck, und auch seine Besoldung war durchaus ansehnlich. Das Verhältnis zur Heimat veränderte sich damit grundlegend. Aus dem Bedürftigen war ein Mann geworden, zu dem man aufschaute. Nun waren es die anderen, die ihn um etwas baten und seine Nähe suchten. Johann Nepomuk Hüttler meinte sich plötzlich daran zu erinnern, dass sein Bruder Johann Georg wiederholt erklärt habe, er sei der leibliche Vater des jungen Alois. Der schneidige Zollbeamte, der zu diesem Zeitpunkt bereits achtunddreißig Jahre alt war, sollte – so der Wille seines vermeintlichen Onkels – endlich als vollgültiges Mitglied der Familie aufgenommen werden. Gemeinsam mit drei Zeugen wurde man bei einem Notar und kurz darauf beim Pfarrer des Ortes vorstellig, um die rechtlichen Voraussetzungen einer Legitimierung zu erfüllen. Mit einem Federstrich im Taufbuch wurde aus Alois Schicklgruber Alois Hitler. Die neue Schreibweise verdankte er dem Notar, der den unendlichen Varianten dieses Nachnamens eine weitere hinzufügte. Der frisch gebackene Hitler beeilte sich, die Änderung so rasch wie möglich seinem Dienstherrn bekannt zu geben. Sein Nachname hatte die letzte Verbindung zur Familie der Mutter gebildet, die sich nach deren Tod offenbar kaum noch um ihn gekümmert hatte. Von ihr löste Alois sich ohne Bedauern. Er suchte die eigenen Wurzeln lieber bei der Sippe seines neuen, wohlhabenden Onkels, als dessen Erbe er sich nun betrachten durfte.

Ob er tatsächlich der Sohn Johann Georg Hitlers war, darüber wurde erst ab 1932 heftig gestritten. Dem findigen Journalisten und künftigen Emigranten János Békessy (alias Hans Habe) gelang es, die eigenwilligen Begleitumstände der Legitimierung des Alois Hitler dem Vergessen zu entreißen. Genüsslich wurden sie nun vor einem interessierten Zeitungspublikum ausgebreitet. Der Gedanke, der Lobredner der Rassereinheit wisse selbst nicht, wer sein Großvater war, und der Gruß „Heil Hitler" müsse eigentlich in „Heil Schicklgruber" umgewandelt werden, ließ die Kritiker an dem selbsternannten „Führer" nicht ruhen. Klaus Mann wusste von einer Begegnung mit Adolf Schicklgruber im Café Kranzler zu berichten. Erdbeerkuchen um Erdbeerkuchen seien im gefräßigen Schlund dieses groben Menschen verschwunden. Ein solcher Mann wollte Herr des Reiches werden? Diese gewöhnlichen

Gesichtszüge sollten in Zukunft Standbilder, Porträts und Briefmarken zieren? Undenkbar! Dergleichen Anspielungen auf die dubiosen Wurzeln des „Führers" wurden vor, nach und während des Krieges immer wieder geäußert. Um eine ebenso eigenwillige wie nachweislich falsche Variante bereicherte sie der ehemalige Generalgouverneur von Polen, Hans Frank. Hitlers Großvater, so Frank, sei in Wirklichkeit Jude gewesen. Zeit seines Lebens habe „der Führer" unter diesem Wissen gelitten und das Faktum wie ein Staatsgeheimnis gehütet.

Tatsächlich gibt es kaum Hinweise darauf, dass Hitler den Versuch gemacht hätte, seine Herkunft – aus welchen Gründen auch immer – aktiv zu verschleiern. Warum sollte er auch? Polemiken, die die uneheliche Geburt des Vaters in den Vordergrund rückten, gaben ihm die Möglichkeit, sich als Opfer einer Rufmordkampagne zu stilisieren. Dem einfachen Sohn des Volkes wurde, so suggerierte man der Öffentlichkeit, von Vertretern der alten Standesordnung übel mitgespielt, da er nur Leistung, aber keine edle Abkunft vorzuweisen habe. Im Jahre 1876 lagen dergleichen Debatten noch in weiter Ferne. Ein Zollbeamter hatte mit seiner Namensänderung schlicht den alten Schicklgruber hinter sich gelassen und sich – möglicherweise im Hinblick auf eine künftige Karriere seines Sohnes – einen respektableren Stammbaum zugelegt, der auch im bürgerlichen Milieu keinerlei Anstoß erregte. Die Bindungen zum Waldviertel hatte er damit nur oberflächlich erneuert. Zwar sollte er im vorgerückten Alter noch einmal den Versuch machen, sich als Besitzer eines kleinen Landguts in Oberösterreich zu etablieren, doch blieb diese wenig erfolgreiche Unternehmung eine Episode. Die Rückkehr ins bäuerliche Leben war für den ausgebildeten Bürokraten, wie er selbst einsehen musste, ein Ding der Unmöglichkeit. Sein Dasein wurde nicht von einer Großfamilie bestimmt, die gemeinsam das Feld bestellte und einander in der Not half, sondern von den Anforderungen eines strengen, aber fürsorglichen Dienstherrn – des Staates.

Vater und Sohn

„Wir haben einen guten Mann begraben – dies können wir mit Recht sagen von Alois Hitler [...] [Er] war ein durch und durch fortschrittlich gesinnter Mann und als solcher ein warmer Freund der freien Schule. In der Gesellschaft war er stets heiter, ja von geradezu jugendlichem Frohsinn. Fiel auch ab und zu ein schroffes Wort

aus seinem Munde, unter einer rauen Hülle barg sich ein gutes Herz. Für Recht und Rechtlichkeit trat er jederzeit mit aller Energie ein. In allen Dingen unterrichtet, konnte er überall ein entscheidendes Wort mitsprechen. [...] Nicht zum wenigsten zeichneten ihn große Genügsamkeit und ein sparsamer, haushälterischer Sinn aus."

Es war ein wenig schmeichelhafter Nachruf, der am 8. Januar 1903 in der Linzer *Tagespost* erschien. Er zeichnet das Bild eines Geizhalses, Pedanten und Rechthabers, eines Stammtischstrategen, der kaum Freunde, aber viele Feinde hatte. Tatsächlich, darüber waren sich die Zeitzeugen, die später befragt wurden, einig, verbrachte Alois einen Großteil seines Lebens im Gasthaus. Eingehüllt in dichten Tabakrauch und eifrig Bier trinkend, liebte er die heftige Debatte, polemisierte gegen die Konfessionsschule und belehrte seine Tischnachbarn über die Vorzüge der Bienenzucht.

Der Ehefrau blieb da nur das Warten. „Onkel" hatte sie ihren dreiundzwanzig Jahre älteren Mann genannt, als sie ihn kennen lernte. Dies dokumentierte den Altersunterschied, aber auch die familiäre Beziehung zwischen den beiden, denn Klara Pölzl war – zumindest de jure – Tochter seiner Cousine und Enkelkind seines Onkels Johann Nepomuk Hüttler. Sie war seine dritte Frau. Von der ersten Gattin hatte er sich nach heftigen Streitereien scheiden lassen, die zweite war an Tuberkulose verstorben. Ihre Stelle nahm nun die bisherige Haushaltshilfe und entfernte Verwandte Klara Pölzl ein, die Alois nur neun Monate nach der Beerdigung ihrer Vorgängerin ein Kind schenkte.

Für die Eheschließung war, aufgrund der bestehenden Blutsverwandtschaft, ein Dispens erforderlich. Alois und Klara Hitler erhielten ihn, nicht nur wegen der Schwangerschaft der Braut, sondern auch eingedenk der Tatsache, dass die beiden minderjährigen Kinder des Witwers aus zweiter Ehe versorgt werden mussten. Tatsächlich war die Aufgabe, vor der die stille, adrette Hausfrau stand, alles andere als einfach. Der Gatte musste abgeschirmt, die Kinder erzogen und der Haushalt in Ordnung gehalten werden – dies alles bei einem bescheidenen Einkommen und unter der Belastung von sechs Schwangerschaften in elf Jahren. Auch der seelische Druck, unter dem sie stand, war erheblich – neben den permanenten Streitereien mit ihrem Ehemann hinterließ zweifellos auch der Tod von vier ihrer sechs Kinder seine Spuren. Ihre ganze Liebe und alle ihre Hoffnung konzentrierten sich offenbar auf ihren einzigen noch verbliebenen Sohn Adolf, der 1889 zur Welt gekommen war.

„Wenn man unbestritten Liebling der Mutter gewesen ist, so behält man fürs Leben jenes Eroberergefühl" – wenn dieser Satz Sigmund Freuds je auf einen Sohn zutraf, dann war es vermutlich Adolf Hitler. Seine Beziehung zur Mutter, in diesem Punkte sind sich die vielen, ansonsten widersprüchlichen Aussagen der Zeitzeugen einig, war von seltener Innigkeit geprägt. Der renitente Sohn, dessen schulische Leistungen vor allem in der weiterführenden Schule zu wünschen übrig ließen, durfte bei ihr stets auf Verständnis hoffen, während die anderen Kinder im Hause Hitler voller Neid auf den Liebling der Mutter schauten.

Das Verhältnis zum Vater war demgegenüber spannungsgeladen. Was Alois von ihm erwartete, entsprach den üblichen Wunschvorstellungen eines Beamten gegenüber seinem Sohn. Adolf sollte die Realschule besuchen und sich für den höheren Beamtendienst bewerben. Die Erfolgsgeschichte der Familie hatte weiterzugehen. Doch der Filius dachte gar nicht daran, dem väterlichen Wunsch zu folgen. Dabei mag eine emotionale Distanz gegenüber dem ruppigen Hausherrn, dem er in keiner Hinsicht nachzueifern gedachte, eine gewisse Rolle gespielt haben. Die Promiskuität Alois Hitlers, seine Vorliebe für Alkohol, Tabak und deftiges Essen, seine Bewunderung für die Bürokratie – all dies wendete sich bei seinem Sohn auffällig ins Gegenteil.

Abgesehen von der häuslichen Situation sprach auch das sinkende Prestige der k. u. k. Bürokratie am Ende des 19. Jahrhunderts gegen eine Karriere im Staatsdienst. Der kaiserliche Beamte war zum Synonym der Unbeweglichkeit geworden, er symbolisierte in den Augen der Kritiker der Monarchie all deren negative Seiten. Voller Sehnsucht richteten sich die Blicke der Deutschnationalen auf das Reich, das als jung, dynamisch und effizient wahrgenommen wurde. Ungarn, Böhmen und Galizien – das waren in ihren Augen Fesseln am Leibe „Deutschösterreichs". Ansichten wie diese waren, wie Hitlers Freund Kubicek berichtete, unter seinen Klassenkameraden gängig. Auch Hitler selbst habe sich schon früh für sie begeistert. Warum sollte er, der selbstbewusste, kämpferische junge Mann, sich also für den Dienst an einem Staat entscheiden, dessen Untergang er herbeisehnte?

Die Schule des Demagogen

„[Der Redner] *wird sich von der breiten Masse immer so tragen lassen, dass ihm daraus gefühlsmäßig gerade die Worte flüssig werden, die er braucht, um seinen jeweiligen Zuhörern zu Herzen zu sprechen. Irrt er aber noch so leise, so hat er die lebendige Korrektur stets vor sich. Wie schon gesagt, vermag er [...] [das] Mienenspiel seiner Zuhörer"* zu lesen.

Im Bruchteil einer Sekunde, so führte Hitler in seiner Schrift „Mein Kampf" aus, müsse er erspüren, ob sein Publikum ihn verstehe. Sei dies nicht der Fall, so erfolge die Korrektur ohne jede Umschweife. In der Rede gelte es, die Psychologie der Massen zu erfassen, ihre Ängste, ihre Sorgen, ihre Sprache und ihre Hoffnungen.

Ausbilder und Lernende waren gleichermaßen sprachlos, als Adolf Hitler all diese Fähigkeiten im August 1919 erstmals unter Beweis stellte. Das Heer hatte politisch interessierte und begabte junge Soldaten zu einer propagandistischen Talentsichtung bestellt. Man wollte den roten Rednern Paroli bieten, sie mit ihren eigenen Waffen schlagen und die Gefahr der Soldatenräte damit endgültig bannen. Hitler war nur einer von vielen in dieser bunt zusammengewürfelten Schar, doch dies blieb nicht lange so. Wenn er sprach, so hingen seine Kameraden förmlich an seinen Lippen.

Was sie bewegte, war unschwer zu erraten. Das Reich, das im Juli 1914 so stürmisch in den Krieg gezogen war, voller Optimismus und Elan – es lag am Boden. Zorn auf die alten Eliten und Verachtung für die neuen Machthaber, Angst vor der Zukunft und Hass auf den Kriegsgegner, vor allem aber das Gefühl, zu Unrecht zurückgesetzt worden zu sein, prägte die jungen Soldaten. Wer konnte dies besser verstehen als der junge Österreicher, der mit rollenden Konsonanten ihrer ohnmächtigen Wut Ausdruck verlieh? Das Ende hochfliegender Pläne, demütigende Ablehnungen und berufliche Perspektivlosigkeit hatten sein bisheriges Leben geprägt. Die Schule hatte er abgebrochen, um in Wien Kunst zu studieren. Nach dem Tode des Vaters boten eine halbe Waisenrente und ein großzügiger Kredit seiner Tante dem aufgehenden Stern am Künstlerhimmel die materiellen Grundlagen für seine Ausbildung. Nach Jahren des Wartens und der schulischen Langeweile fieberte er dem Tag entgegen, an dem sich für ihn die Tore der Kunstakademie öffnen würde. Zweimal bewarb er sich, beide Male wurde er von den Professoren abgelehnt – ein

Faktum, das ihm diesen Berufsstand ein Leben lang verhasst machen sollte. Es folgte ein Fall ins Bodenlose. Ziellos streifte der verhinderte Künstler durch die Straßen der Großstadt. Das Geld wurde knapper, die Unterkünfte wurden bescheidener, ob er allerdings je in einem Obdachlosenasyl nächtigte, ist zweifelhaft. Sein Brot verdiente er nun als Maler von Kunstpostkarten.

In dieser Phase seines Lebens, so Hitler später, wandelte er sich zum Antisemiten. Alles habe mit einer Begegnung auf den Straßen Wiens begonnen. Eine düstere Erscheinung mit schwarzen Locken und langem Kaftan kreuzte seinen Weg und löste angeblich zahllose Fragen in ihm aus. *„Ist dies auch ein Jude"? war mein erster Gedanke [...] ich beobachtete den Mann verstohlen und vorsichtig, allein je länger ich in dieses fremde Gesicht starrte und forschend Zug um Zug prüfte, um so mehr wandelte sich in meinem Gehirn die erste Frage zu einer anderen Fassung: Ist dies auch ein Deutscher?"* Um sie zu lösen, habe er für einige Heller antijüdische Schriften gekauft und sich von diesen überzeugen lassen.

Ob die hier erzählte Episode je stattgefunden hat, ist mehr als zweifelhaft. Immerhin ist Hitlers rassistisch-antisemitisches Weltbild, von dem er seine Leser zu überzeugen versuchte, erst ab 1919 zweifelsfrei dokumentiert. Dass seine Wiener Erfahrungen bei dessen Entwicklung eine wichtige Rolle spielten, ist indes unbestritten.

In einem Punkt unterschied er sich nur wenig von seinen Mitbürgern in der wachsenden, geradezu gigantische Ausmaße annehmenden Großstadt. Er war Einwanderer und verfügte kaum noch über Bindungen an die eigene Heimat. Nach dem schmerzlichen Verlust der Mutter kehrt er Linz den Rücken, zum Waldviertel hatten schon seine Eltern nur noch sporadisch Kontakt gepflegt. Hitler war der Extremfall eines Mannes ohne soziale Netzwerke und ohne Orientierung. Er suchte sie wie viele andere, die aus alten Gewissheiten gerissen worden waren und deren Lebensträume zerstört schienen, im Nationalismus. Die Größe der Nation, sie strahlte auch auf den Außenseiter aus, ließ ihn teilhaben an einer exklusiven Gemeinschaft, die seinem Leben Sinn gab. Im Land an der Donau war die deutsche Nation allerdings allem Anschein nach im Rückzug begriffen. Bedrängt von außen und innen verloren die Deutschen der k. u. k. Monarchie an Einfluss. Wann wird Wien eine tschechische Stadt? – So lautet nur eine der hysterischen Fragen, die durch die Zeitungen geisterten. Die Deutschen – im Denken gläubiger Nationalisten bildeten sie die vornehmste aller Nationen. Ihre Reinheit, ihre Tugend, ihre Stärke garantierten ihnen einen uneinholbaren Vorsprung vor der Konkurrenz. Niederlagen waren in diesem Konzept schlicht nicht vorgesehen. Geriet die Nation in die Defensive, so konnten die Gründe unmöglich in der eigenen Schwäche liegen. Verantwortlich war vielmehr ein heimtückischer Feind, der ihre Söhne und Töchter von den Wurzeln ihrer nationalen Stärke abgeschnitten hatte.

Der von Hitler glühend bewunderte und von Kaiser Franz Josef nicht minder inbrünstig verachtete Bürgermeister Lueger war ein Meister im Beschwören von Feindbildern. Seine These war von erschreckender Simplizität: Schuld an der vorgeblichen Krise des Deutschtums in Österreich waren die Juden. Nicht dass Lueger diese These wirklich glaubte, aber er wusste, dass seine Anhänger sie begeistert aufnehmen würden, denn sie war überaus praktisch. Aus der deprimierenden Vielzahl der Gegner wurde mit einem Schlage ein einzelner Feind, dessen Erfolg sich durch seine Heimtücke erklären ließ. Wenngleich Hitler von den christlich-sozialen Ideen Luegers ansonsten wenig hielt, zeigte er sich von dessen demagogischen Fähigkeiten beeindruckt.

Es sei bedauerlich, dass diese Eigenschaft, so meinte er später, seinem damaligen ideologischen Leitstern Georg Ritter von Schönerer abgegangen sei. Dessen Bekenntnis zum Deutschen Reich, sein Antisemitismus, seine Thesen vom Kampf der Rassen, seine Begeisterung für eine neue nationale Symbolsprache, die von Hakenkreuzen und „Heil"-Rufen durchdrungen waren, hinterließen beim späteren „Führer" eindeutig ihre Spuren. Lehrreicher noch als Schönerers Erfolge war allerdings sein langsamer, aber unaufhaltsamer Niedergang. Sein Fehler, so gab Hitler später in „Mein Kampf" zu Protokoll, habe darin bestanden, dass er neben den Juden auch die katholische Kirche als Feind der deutschen Nation benannt habe. Das Volk aber brauche einen einzelnen Feind, auf den es seinen ganzen Hass konzentrieren könne.

Der junge Mann aus Linz hatte sich als aufmerksamer Beobachter erwiesen. Den Drang, mehr zu tun und sich ebenfalls in das Getümmel des politischen Lebens der k. u. k. Monarchie zu stürzen, verspürte er allerdings nicht. Im Gegenteil, je glühender sein Glaube an die Nation wurde, um so mehr bewunderte er das Deutsche Reich, das all jenes verkörperte, was er ersehnte. Schon vor 1914 siedelte der gescheiterte Künstler daher nach München um. Der Ausbruch des Krieges wurde für ihn, der sich nach Kräften um eine

Einberufung in das k. u. k. Heer herumgemogelt hatte, zum Glücksfall. Inmitten des obwaltenden Chaos gelang ihm die Aufnahme in das deutsche Heer, das in den folgenden vier Jahren zu seiner neuen Familie wurde. Hitler hatte seinen Platz gefunden.

Um so erschütternder wirkten Niederlage und Revolution. Das Elend Österreichs schien den mit einem Eisernen Kreuz ausgezeichneten Soldaten eingeholt zu haben. Mit einem Male befand sich das Reich in jener depressiven Grundstimmung, die er nur zu gut kannte. Da war es nur stimmig, die massenpsychologischen Techniken und rassistischen Ideologien, die er in Wien kennen gelernt hatte, nun auf der Rednerschule in Lechfeld zur Anwendung zu bringen. Was er seinen Kameraden hier bot, war allerdings weit mehr als ein Aufguss alter Wiener Rezepte. Hitlers beißender Spott, sein unbändiger Zorn, sein selbstgewisses Auftreten und vor allem sein Gespür für die Zuhörer, deren tiefstes Innerstes er zum Ausdruck brachte, übertrafen seine Vorgänger bei weitem. Hier sprach kein Zyniker, sondern ein Glaubender. Die Ideen vom Kampf der Rassen, von der Überlegenheit der Arier, der Heimtücke der Juden, sie waren abstrus und irreal, doch Hitler glaubte sie und in einer wahnsinnig gewordenen Welt wuchs die Zahl derer, die er zu diesem Glauben bekehren konnte.

Der Wolf

„Erlebtes Genie" hieß die Schrift, die die Generalität ihrem „Führer" 1942 zum Geburtstag schenkte. Die Gabe fand allseitigen Beifall. Ja, jener Mann, der seine Umgebung mit langatmigen, zum Teil äußerst skurrilen Monologen plagte, betrachtete sich als einen der größten Geister, den die Geschichte je hervorgebracht hatte, und sein Auditorium stimmte ihm begeistert zu.

Genie, auch das hatte Hitler in Wien gelernt, ließ sich inszenieren, es war herstellbar. Wichtig war allerdings auch in diesem Zusammenhang ein feines Gespür für das Publikum. Nach der schmählichen Niederlage von 1918 war der Bedarf der Deutschen an aristokratischem Dünkel, das erkannte er mit untrüglichem Instinkt, auf unabsehbare Zeit gedeckt. Wenn auch der Hindenburgkult blühte, so galt doch die eigentliche Verehrung dem namenlosen Soldaten, dem stillen, in „Stahlgewittern" gehärteten Krieger. Das sinnlose Gemetzel, längst war es zum kühnen Opfergang der Millionen Ungenannten hochstilisiert worden. Der Krieg hatte in den Augen vieler die Nation für einen kurzen, aber intensiven Moment zusammengeschmiedet und zugleich alte ständische Schranken ad absurdum geführt. Der Gedanke an eine nationale Revolution lag in der Luft, und wer wäre als deren Führer besser geeignet gewesen als ein einfacher Frontsoldat. Hitler erfasste instinktiv, dass alle jene Punkte, die seinen Aufstieg vor 1914 außerordentlich erschwert hätten, ihm nun zum Vorteil gereichten. Seine Herkunft, sein bescheidener militärischer Rang, seine mangelhafte Schulbildung – Hitler war ein Jedermann in seiner extremsten Form. Der Mann ohne Familie, ohne Heimatort, ohne Freunde diente als eine perfekte feldgraue Projektionsfläche für Hoffnungen jeder Art. Wollte der Prophet des Zorns die Aura des Heilsbringers um sich verbreiten, so war dies allein nicht ausreichend. Hitler musste darüber hinaus den Glauben in seine außerordentlichen Fähigkeiten wecken. Zur Rede trat die Aktion. Diese, das zeigte sich spätestens 1923, musste nicht zwangsläufig von Erfolg gekrönt sein. Wichtig war nur ihr spektakulärer Charakter. Auch eine Niederlage ließ sich in einen Sieg umdeuten, wenn sie nur außergewöhnlicher, Aufsehen erregender Natur war und als Fanal interpretiert werden konnte.

Es galt, Anhänger zu werben, sie zum neuen Glauben ihres Führers zu bekehren und sie an die nationalsozialistische Partei zu binden. Ein ausgeklügeltes System abgestufter Teilhabe, das eng an die Bereitschaft zum Komplizentum gebunden war, entwickelte sich damit schon früh. Zunächst gab Hitler nur wenig – etwas Suppe, etwas Selbstbewusstsein, etwas Ablenkung – und forderte nicht viel mehr als die Bereitschaft zur permanenten Prügelei. Je größer und mächtiger die nationalsozialistische Partei wurde, desto reichhaltiger fielen die Belohnungen aus, die sie verteilte, und um so monströser die Verbrechen, die sie einfordern konnte. Über allem thronte der mittlerweile mythisch verklärte Führer. Sein Genie schien offenkundig, hatte er doch die NSDAP aus einer Münchner Hinterstubenpartei in eine Bewegung verwandelt, die Millionen von Anhängern begeisterte. Sie lebte von ihrer Dynamik, von ihrem beständigen Wachstum, das neue Mitglieder anlockte und zu immer intensiverem Engagement trieb. Wie konnte man dem Führer entgegenarbeiten? Diese Frage beschäftigte, wie Ian Kershaw zu Recht betonte, ab 1933 ein ganzes Volk. Wer der neuen Moral der Unmoral, dem Ziel der unbegrenzten Expansion und dem Mittel der skrupellosen Ausschaltung aller vermeintlichen Gegner anhing, dem versprach das Regime einen märchenhaften Aufstieg. Die alten wirtschaftlichen, militärischen und administrativen Eliten ließ man nach 1933 zunächst weitgehend unbehelligt. Mit anschwellender Machtfülle erhöhte sich jedoch das Maß an Kooperation, das die Partei als Preis für diese relative Unabhängigkeit einforderte. Hitler wusste neue Ideen und Köpfe in die Bastionen der alten Ordnung wie schleichendes Gift zu platzieren. Immer stärker wurde der moderne Staat von einem neofeudalen System überwuchert. Es war die Stunde der Beutemacher – Göring, Himmler oder Goebbels bauten eigene Machtzentren auf. Ihr Einfluss wuchs und ihre Rivalitäten verschärften sich.

Das Leben in diesem Wolfsrudel war von beständigen Rangkämpfen geprägt, und Hitler dachte gar nicht daran, sie zu beenden. Im Gegenteil, sein beständiges Schwanken zwischen Aktionismus und Lethargie sowie der rasche Wechsel seiner politischen Hauptinteressen hielten seine Umgebung beständig in Atem. Im Kampf um seine Gunst waren ein Gespür für seine Begeisterungsfähigkeit, der Beweis absoluter Loyalität und grenzenlose Skrupellosigkeit von Nutzen. Hitler liebte ebenso kühne wie amoralische Lösungsvorschläge für Fragen, die er formuliert hatte, und er schätzte jene, die bereit waren, sie umzusetzen. Bezeichnend für seinen Regierungsstil war die unklare Rolle, die er bei der Entfesselung der so genannten „Endlösung der Judenfrage" spielte. Die Denkmöglichkeit der industriellen Ermordung eines ganzen Volkes war bereits in den frühen antisemitischen Schriften Hitlers enthalten. Der konkrete Plan dazu nahm aber erst im Verlaufe des Jahres 1941 langsam Gestalt an, nachdem andere Optionen wie Massenvertreibungen oder Reservatsbildungen sich in den Augen der SS als unmöglich erwiesen. Ob er diesen Prozess mit einem Führerbefehl beschleunigte oder ob er ihn nur mit einem Kopfnicken absegnete, lässt sich nur schwer eruieren.

Das System Hitler funktionierte nicht durch die permanente Kontrolle des Dienstherrn, sondern den vorauseilenden Gehorsam seiner Getreuen. Die durften sich nie sicher sein, auf welcher Seite ihr „Führer" stand, wem er sein Ohr lieh und wem nicht. Der „Kampf ums Dasein", er fand auch unter Hitlers Getreuen statt, denn nur so meinte er die Dynamik seiner Bewegung aufrechterhalten zu können. Nichts war in den Augen Hitlers unerwünschter als wettbewerbsverzerrende, familiäre Beziehungen zwischen ihm und Teilen der Führungselite. Nur Verachtung hatte er etwa für Napoleons Neigung übrig, seine minderbegabten Verwandten auf die Throne Europas zu setzen. Nein, die Familie war aus dem Kreis der Privilegienträger fernzuhalten.

Seine Schwester Paula erhielt außer einer bescheidenen finanziellen Zuwendung daher vor allem die Anweisung, ihren Familiennamen abzulegen und sich künftig Wolf zu nennen. Engere Beziehungen pflegte Hitler lediglich zu seiner Halbschwester Angela Raubal sowie zu deren Tochter Geli Raubal. Während Angela zeitweilig seinen Haushalt führte, empfand er für Geli offenbar echte Sympathie, möglicherweise sogar Liebe. Seine Angst, das Benehmen der Verwandtschaft könne ihn lächerlich machen, das Profil des einsamen dunklen Genies beschädigen und ihn auf Normalgröße schrumpfen lassen, beherrschte allerdings auch diese Beziehungen. Geli bewachte er bis zu deren ungeklärtem Selbstmord mit Argusaugen, seine Halbschwester wurde 1935 vor die Tür gesetzt, als sie es wagte, einen Konflikt mit Eva Braun vom Zaun zu brechen.

Angesichts der Distanz, die Hitler zu seinen Schwestern hielt, durfte sein Halbbruder kaum auf Protektion hoffen. Alois hatte das Haus des Vaters früh im Streit verlassen und war Adolf Hitler ohnehin in schlechter Erinnerung geblieben. Als Besitzer eines Berliner Lokals vollführte er daher über Jahre einen mühsamen Drahtseilakt zwischen den Vorzügen der Halbprominenz und der berechtigten Angst, den Bruder zu verärgern.

Wie wenig von dem mächtigen Familienangehörigen in der Reichskanzlei zu erhoffen war, erfuhr auch dessen Sohn William Patrick Hitler. Ihm ebnete sein Onkel nur widerwillig den Weg zu einer kleineren Position beim Autobauer Opel. Mehr war er nicht bereit für ihn zu tun. Die Verwandtschaft hatte im Hintergrund zu bleiben. Sie hatte zu dienen und nicht zu fordern. So wurde Patricks Halbbruder Heinz an die Ostfront geschickt, ohne dass sein Onkel auch nur einen Finger für ihn rührte. Der Tod ereilte ihn bereits 1942 in einem Moskauer Gefängnis. Schutz oder Schonung hatte keiner von Hitlers Familienangehörigen zu erwarten – weder vom Kriegsgegner noch vom eigenen Regime. Eine seiner Großcousinen, Aloisia Veit, wurde gar als geistig Behinderte im Rahmen des Euthanasieprogramms ermordet.

Dergleichen Vorgänge scheinen die These zu stützen, Hitler habe seine Verwandten nicht nur vernachlässigt, sondern seine Wurzeln systematisch kaschiert, verschleiert und zerstört. Vor allem seine Zustimmung zu dem Plan, die Heimat seiner Eltern zu einem gigantischen Truppenübungsplatz umzugestalten, scheint diesen Schluss nahe zu legen. Die Inzucht seiner Ahnen und die erhöhte Zahl von Erbkrankheiten innerhalb seiner Familie hätten ihn, so wird von einigen Historikern vermutet, zu einem solchen Vorgehen veranlasst.

Gutachten der SS, die entsprechende Informationen unter der Hand zusammentrugen, scheinen diese These zu stützen. Eine nähere Analyse der einzelnen Zusammenhänge lässt indes Zweifel aufkommen. So war Hitler weder aktiv an den Plänen zum Bau des Truppenübungsplatzes bei Döllersheim beteiligt noch trachtete er seinen Verwandten aktiv nach dem Leben. Auch dass er selbst sich über die Erbgesundheit innerhalb seiner Familie je ernsthafte Gedanken gemacht hätte, lässt sich nach heutigem Wissensstand nicht nachweisen.

Sorgen bereitete ihm indes der Gedanke, private Bindungen könnten seine Autorität untergraben. Nichts verdeutlichte dies so augenfällig wie Hitlers Beziehung zu Eva Braun. Seine geheime Mätresse, deren Status nur einer kleinen Zahl Eingeweihter bekannt war, heiratete er erst, als russische Granaten bereits den Führerbunker erschütterten. Gemeinsamer Nachwuchs – der dem Vater womöglich politisch gefährlich werden konnte – kam ohnehin nicht in Frage. Söhne, so ließ er gegenüber seiner engsten Umgebung verlautbaren, erbten in den wenigsten Fällen das Genie des Vaters; er habe sich daher entschlossen, kinderlos zu bleiben.

Im Schatten des Massenmörders

„Ich habe Patty beim Rasenmähen gesehen. Als er sich zu mir herumdrehte, dachte ich, mein Gott, er sieht genau so aus wie Hitler", erinnert sich die ehemalige Nachbarin Teresa Ryther. Sie hatte Recht, eine Familienähnlichkeit zwischen dem in seinen letzten Lebensjahren in Long Island ansässigen William Patrick Hitler und seinem Onkel war kaum zu verleugnen. Zeitweise hatte er gehofft, die Blutbande zum „Führer" könnten ihm eine brillante Karriere in Deutschland ebnen. Als er den Irrtum einsah, erlosch auch seine zeitweilige Sympathie für das Regime, und er wandte sich der Gegenseite zu. In seiner neuen Heimat, den USA, avancierte er zum Berufsneffen, der in immer eigenwilligeren Reden ein zahlungskräftiges Publikum vor dem Familienungeheuer warnte. Als der Krieg ausbrach, stand er – wie selbstverständlich – an der Seite Amerikas, meldete sich mehrfach freiwillig und wurde nach einer sorgfältigen Überprüfung durch das FBI auch tatsächlich angenommen. Der Neffe wurde zum Kriegshelden auf alliierter Seite. All dies schienen Gründe genug zu sein, um ohne Scham in der Öffentlichkeit auftreten zu können. Doch das Gegenteil war der

Adolf Hitler mit seiner Nichte Angela („Geli") Raubal.

Fall. Kaum war der Krieg vorbei, da bemühte William Patrick sich bereits um eine Namensänderung, eine neue Identität. Nichts sollte seine Umgebung an die Nähe zum Massenmörder erinnern, ihn, seine Frau und seine vier Söhne in Verbindung mit einem Gehirn bringen, das die monströsesten Verbrechen des 20. Jahrhunderts ersonnen hatte. Nichts? Immerhin zeigte er bei der Namenswahl für seinen ältesten Sohn Traditionsbewusstsein – er nannte ihn Alexander Adolf.

Wie geht man mit dem Familienerbe Adolf Hitlers um? Diese Frage hatte sich nicht nur William Patrick zu stellen. Auch für Hitlers Schwester Paula, seinen Halbbruder Alois (Angela Raubal starb bereits 1947) und selbst die entfernteren Verwandten im Waldviertel wurde die Verbindung mit dem Massenmörder zu einem Problem. Noch am offensivsten ging Paula Wolf damit um, die zeitweise daran dachte, ihre Memoiren zu schreiben. Obwohl auch sie ihren Decknamen beibehielt, offenbarte die jüngere Schwester Hitlers in ihrer Korrespondenz mit dem Verleger doch die Überzeugung, ihr Bruder sei ein großer Mann gewesen und das letzte Wort über sein Werk noch nicht gesprochen. Die

Absicht der Schwester, den Namen ihres Bruders zu reinigen, sein menschliches Antlitz in den Vordergrund zu stellen und sein Genie zu preisen, wurde jedoch nie in die Tat umgesetzt. Abgesehen von einigen Presseinterviews, in denen sie Anekdoten aus dem Familienleben zum Besten gab, verharrte sie aus ungeklärten Gründen schließlich doch in einer selbst gewählten Anonymität.

Nahezu unsichtbar blieb auch die übrige Verwandtschaft – so etwa Alois, der sich in Hamburg niederließ und den Nachnamen in Hiller umbenannte. Man ging Fragen aus dem Wege. Interesse für die Familiengeschichte erwachte bei den diversen Nachfahren der Geschwister und Cousinen Hitlers lediglich, wenn sich – wie etwa auf der Grundlage der Urheberrechte für das Buch „Mein Kampf" – daraus Kapital schlagen ließ.

Sie alle litten und leiden noch immer unter einem Trauma. Sie fühlen sich in Haft genommen für Taten, die sie nicht begangen haben. In ihren Gesichtern und Geschichten will das Publikum die Spuren des Pathologischen erkennen. Die Konzentration auf den Diktator und seine Familie, sie lenkt von peinlichen Tatsachen und unangenehmen Fragen ab. Geschichten über Dämonen, ihre Helfer und ihre Geschwister kaschieren die eigene Lebens- und Familienhistorie. Die Leichtigkeit, mit der sich die Großeltern vom braunen Regime vereinnahmen ließen, die Gier, mit der sie nach Privilegien griffen und dafür Verbrechen begingen oder zuließen, rücken angesichts der Faszination gegenüber dem großen Verführer in den Hintergrund. Dies wirkt beruhigend. Immerhin sind Fragen nach der eigenen Käuflichkeit, nach der Instabilität des Selbstverständlichen und der Beliebigkeit öffentlicher Moral in Zeiten der Wirtschaftskrise zu lästig, als dass man sich ihnen kühlen Blutes stellen mag. Weit bequemer ist da die Suche nach jenen diabolischen Feinden, die das Damals verschuldeten und das Heute gefährden.

Literatur

Kershaw, Ian: Hitler, 2 Bde. Stuttgart 1998–2000. Browning, Christopher: Die Entfesselung der „Endlösung". Nationalsozialistische Judenpolitik 1939–1942, München 2003. Frei, Norbert: Der Führerstaat, München (6) 2001. Der Führerstaat. Mythos und Realität, hg. v. Gerhard Hirschfeld und Lothar Kettenacker, Stuttgart 1981. Sigmund, Anna Maria: Diktator, Dämon, Demagoge. Fragen und Antworten zu Hitler, München 2006. Hamann, Brigitte: Hitlers Wien. Lehrjahre eines Diktators, München 1966.

Attila Hörbiger und Paula Wessely in Eugene O'Neills „Fast ein Poet" am Wiener Akademietheater, 1958.

Paul Hörbiger an seinem 75. Geburtstag, 1969.

Die Hörbigers

Das Stück „Burgtheater" trug Elfriede Jelinek den Bannstrahl der Wiener Kulturelite ein. Aus einer hoffnungsvollen Literatin wurde mit einem Schlage eine Nestbeschmutzerin. Selbst Claus Peymann, sonst um keinen Skandal verlegen, ging auf Distanz. Die spätere Literaturnobelpreisträgerin hatte ein Tabu gebrochen und die österreichische Seele in ihrem tiefsten Innersten verletzt. Hauptursache dieses lang nachwirkenden Theaterbebens von 1985 war die Dekonstruktion eines Mythos – jenem der Familie Hörbiger.

Jelinek brachte sie als eine brutal gemütliche Sippschaft auf die Bühne, die Hitler in einer Mischung aus Neigung und Opportunismus ihren Dienst antrug. Spiritus rector des Clans war Schorsch, alias Paul Hörbiger, der stets die richtige Nase für das politische Wechselspiel bewies. Schorsch wusste, wann man deutschtümeln und wann man sich (sicherheitshalber) dem Widerstand anzunähern hatte. Er schützte die Seinen und unterwies sie in den jeweils neuen Verhaltensregeln. Sein Pendant war die unberechenbare „Käthe" – alias Paula Wessely. Durchdrungen von ihrem Genie, verkörperte sie eine blonde Bestie, die Natur über Modernität, Land über Stadt stellte und doch nichts anderes tat, als die Barbarei mit wohltönenden Sätzen zu legitimieren. An ihrer Seite stand der nicht weniger gefährliche, aber stets joviale „Istvan" – Attila Hörbiger. Der Weg dieser Familie durch den Wandel der Zeiten dokumentiert ihre Unwandelbarkeit. Mit drohendem Kriegsende ziehen ihre Mitglieder geschickt den jüdischen „Theaterzwerg" auf ihre Seite. Sie locken, fesseln und prügeln ihn, bis er ihre Unschuld anerkennt. Besiegelt wird das neue Bündnis schließlich, indem man ihm die älteste der drei Töchter zubilligt.

Jelineks Posse war eine schonungslose Abrechnung – nicht nur mit den angeblichen oder tatsächlichen Lebenslügen der Familie Hörbiger. Die Reaktion des Publikums zeigte es: Die Hörbigers waren zu Identifikationsfiguren der Zweiten Republik geworden. Sie glichen, wie Umfragen bestätigten, fleischgewordenen Sinnbildern eines neuen Österreich-Bewusstseins. In ihnen schien die Symbiose des alten k. u. k. Erbes mit der republikanischen Nation greifbar zu werden. Neutraler Kleinstaat und internationale Offenheit, krachlederne

Traditionspflege und schöngeistige Weltläufigkeit waren hier harmonisch vereint, garniert mit einer Spur von antifaschistischem Widerstand. Die Hörbigers standen für ein selbstzufriedenes Österreich und wurden damit zugleich Zielscheibe für all jene, die den Finger auf unverheilte Wunden legten. Wie konnte es einer Schauspielerfamilie gelingen, eine derart prominente Rolle im Leben der jungen österreichischen Nation zu spielen?

Der Prophet

Am Anfang stand ein Prophet, der Verkünder eines Weltbildes, der sich selbst für einen Kopernikus seiner Zeit hielt. Als Hanns Hörbiger an einem Septemberabend des Jahres 1894 durch sein Teleskop blickte, habe er ein Gesicht empfangen. Mit einem Schlage hätte sich alles zusammengefügt. Seine Fragen an den Kosmos erfuhren eine ebenso klare wie einfache Antwort, als er erkannte, dass die Oberfläche des Mondes aus kilometerdickem Eis bestünde.

Der Mond, die Planeten und selbst unsere Sonne seien das Ergebnis eines gigantischen Zusammenstoßes zwischen einem glühenden Riesenstern und einem Eisbrocken. Im Zuge der Riesenexplosion, die darauf folgte, seien die Reste des Eisgiganten und Materieteile des Sternes garbenförmig ins All geschleudert worden. Aus ihnen hätten sich nicht nur unsere Sonne und die Planeten gebildet, sondern auch die Milchstraße. Ihr Leuchten stamme nicht etwa von den Nachbarsternen unserer Galaxie, vielmehr entstünde es durch das Funkeln von Millionen kleinerer Eisteilchen, in denen sich das Licht der Sonne widerspiegelte.

Feuer und Eis, Neptunismus und Plutonismus beherrschen das All. Begreife man dies – so seien die großen Rätsel der Wissenschaft zu lösen. Ob Sonnenflecken, Eiszeiten, Hagelkatastrophen oder Menschheitsentwicklung, Hanns Hörbiger bot mit seiner „Glazialkosmogonie" auf jede Frage eine – scheinbar einleuchtende – Antwort.

„Wenn diese Gedanken einmal in weiteren Kreisen bekannt werden, werden sie mehr Staub aufwirbeln, als es Wagners Zukunftsmusik oder die Haeckelsche Entwicklungslehre seit 50 Jahren fertiggebracht haben."

Soweit das Urteil eines Bewunderers. Die Fachwelt zeigte sich demgegenüber weniger begeistert, als Hörbiger 1912 mit seiner „Welteislehre" an die

Öffentlichkeit trat. Kopfschüttelnd machte man den ausgebildeten Ingenieur und seinen Koautor Fauth auf zahlreiche Denkfehler aufmerksam. So scharf auch der Sturm der Kritik dem Autor entgegenblies – das selbsternannte Genie zeigte sich unbeeindruckt und scharte rasch eine gläubige Anhängerschaft um sich. Vereine wurden gegründet, Publikationen erschienen. Hörbiger wurde, wenn auch von der Fachwelt ignoriert, zu einem Mann von einiger Bekanntheit.

Was seine Anhänger anzog, war weniger die naturwissenschaftliche Gelehrsamkeit des Denkers. Nicht der sechzigseitige Literaturapparat zog das Publikum in seinen Bann, sondern die mitreißende Sprache des Autors, sein missionarischer Eifer, sein Bemühen, nicht nur den Verstand, sondern auch das Herz seiner Leser in den Bann zu ziehen. Begeisterung rief das Genie hervor, weniger seine Lehre. Es versprach Orientierung in einer Welt, die nicht mehr vom unerforschlichen Ratschluss Gottes, sondern von den Gewalten der Technik geprägt wurde. Naturwissenschaften veränderten mit ihren Erkenntnissen nicht nur – für jedermann offenkundig – die Welt, sondern schickten sich auch an, sie immer präziser erklären zu können. Seriöse Naturwissenschaftler, jene neuen Verkündiger der Wahrheit, wirkten verglichen mit der alten Priesterschaft, jedoch kalt und unverständlich.

Nun war einer angetreten, der Licht in das Dunkel brachte, der mit gelehrten Worten bewies, was auch dem Laien einleuchtete. Hörbiger schien die Fachgrenzen zu überbrücken und die gerade bei Akademikern verbreitete Sehnsucht nach einem allumfassenden Weltbild zu erfüllen. Wie Wagner das Gesamtkunstwerk anstrebte, so Hörbiger eine Gesamtdeutung der Natur. In dieses allumfassende Begreifen ihres Wesens floss auch das Immaterielle, das Gefühl mit ein. Hörbiger ließ sich nicht nur als Entdecker, als großer Denker feiern, er stilisierte sich zugleich zu einem Propheten, einem Gläubigen, der die Wahrheit geschaut hatte, bevor er sie auch mit Verstandeskräften erfasste. Er gab der Natur das Mystische zurück und versöhnte die Schöpfungsgeschichte der Edda, in der das Leben gleichfalls aus dem Zusammenwirken von Feuer und Eis entstand, mit der modernen Wissenschaft.

Hörbigers Schwanken zwischen Wissenschaft und Irrationalität, zwischen Technik und Natur spiegelte den gebrochenen Lebensweg des Außenseiters wider. Die Familiengeschichte war geprägt durch Abstieg und Skandal. Die Hörbigers – der Name stammte vermutlich von ihrer Tätigkeit als Herbergsleute – waren seit Mitte des 18. Jahrhunderts als Großbauern in Nordtirol nachweisbar. Ihre feste soziale Position begann Anfang des 19. Jahrhunderts ins Schwanken zu geraten. Die Söhne verließen den Hof und versuchten, sich als Handwerker zu verdingen. Als relativ erfolgreich erwies sich Alois Hörbiger, der zum bekannten Orgelbauer avancierte und erstmals den Sprung vom ländlichen in das städtische Milieu wagte. Außer dem harten Konkurrenzdruck, unter dem er stand, machte ihm allerdings ein Familienskandal zu schaffen. Seine zweitjüngste Tochter hatte 1860 ein uneheliches Kind zur Welt gebracht. Der Vater war möglicherweise ein französischer Holzschnitzer, der sich seiner Verantwortung allerdings entzog. Die Mutter und ihr kleiner Sohn Hanns wurden fortan von der weitläufigen Verwandtschaft notdürftig versorgt. Als dies zunehmend schwieriger wurde, entschloss sich die noch junge Frau zu einer Eheschließung und tauschte das soziale Elend mit einer Ehehölle, die ihresgleichen suchte.

Hanns, dessen Kindheit von einer wahren Odyssee zwischen Niederösterreich, Kärnten und Ungarn geprägt war, versuchte früh, diesem Umfeld zu entkommen und nutzte dabei die Chancen der Industrialisierung. Gute Facharbeiter und Ingenieure waren gefragt in der k.u.k Monarchie des späten 19. Jahrhunderts. Man musste gegenüber der Konkurrenz aufholen und niemand fragte, woher die Begabungen stammten, die dies bewerkstelligen konnten. So begann der Aufstieg des unehelichen Sohnes, der nach erfolgreicher Schmiedelehre eine Maschinenbauschule besuchte, sich der Konstruktion von Kesseln zuwandte und schließlich eigene Lösungen für technische Probleme zu entwickeln begann. 1894 konstruierte er ein massearmes Ventil für das Hochofengebläse und meldete es zum Patent an. Die Erfindung – das noch heute gängige Hörbigerventil – wurde ein Erfolg, und Hörbiger war mit einem Schlage ein gemachter Mann.

Doch der Aufsteiger wollte mehr. Er strebte nach gesellschaftlicher Anerkennung. Zu erreichen war sie für einen Mann ohne Namen, ohne wirkliche Familie, nur unter großen Schwierigkeiten, wenn er nicht gerade den Status eines Genies für sich beanspruchen konnte. Eben diese Rolle aber wusste der theaterbegeisterte Mann geradezu perfekt zu spielen. Zwar fehlte ihm die exzeptionelle Begabung jener anderen großen Außenseiter seiner Zeit – Einstein, Freud, Wegener –, dafür besaß er ein untrügliches Gespür für die Erwartungen seines Publikums. Der ältere bärtige Herr, halb Alpbauer, halb kaiserliche Autorität, passte bis ins Detail in das Bild des großen weltabgewandten Geistes, der – Jean Paul ließ von Ferne grüßen – als Kind der Alpen, im Dialog mit der Natur, die Grenzen des Sterblichen überschritten hatte und zu neuen Ufern vorgestoßen war. Geweiht durch die reinigende Bergluft, konnte dieses Genie dem Vorwurf der Wahnhaftigkeit und des Dunklen begegnen. Obwohl auch ein Hanns Hörbiger bisweilen schroff und unnahbar erscheinen konnte, brauchte er seine Seele nicht dem Teufel zu verkaufen, um zur letzten Erkenntnis zu gelangen. Die Götter hatten diesen Mann an ihrer Tafel Platz nehmen lassen, weil er durch einen freien und ungebundenen Geist seine Überlegenheit gegenüber der dumpfen Masse unter Beweis gestellt hatte. Seine dubiose Herkunft hatte er auf diesem Wege nicht nur vergessen gemacht, er hatte sie gleichsam gerechtfertigt. Denn nur wer aus dem Dunkel kam, wer nicht durch die hohlen Phrasen der Kultur verbildet wurde und die Kindheit in natürlicher Ärmlichkeit verbracht hatte, nur der konnte in jene Höhen emporsteigen, in denen Hanns Hörbigers Geist jetzt wohnte. Das Instrument der göttlichen Natur war einmal mehr der geringste unter ihren Knechten, der durch die Tat seinen Geistesadel offenbarte.

Dass es gerade die Nationalsozialisten waren, die diesem meisterhaften Spiel auf der Klaviatur des Geniekultes mit besonderer Inbrunst lauschten, war wenig erstaunlich. Nach 1933 setzte sich Heinrich Himmler nachdrücklich für die Welteislehre und ihren (mittlerweile verstorbenen) Begründer ein. Aus seiner Feder stammte auch der Vorschlag, Heisenberg so weit unter Druck zu setzen, dass er ein öffentliches Bekenntnis im Sinne der Glazialkosmogonie abgab. Widerstände innerhalb der SS sowie der so genannten „Deutschen Physik" ließen das Vorhaben allerdings scheitern. Nach 1945 geriet die Welteislehre zunehmend in Vergessenheit und wurde nur noch sporadisch von esoterischen Zirkeln wiederbelebt.

1931, im Todesjahr Hanns Hörbigers, lag diese Entwicklung aber noch in weiter Ferne. Das Erbe des Ingenieurs schien ungetrübt. Seine Welteislehre hatte ihm Bekanntheit, ein gewisses Renommee und einflussreiche Kontakte beschert. Der Name Hörbiger hatte in Wien also keinen schlechten Klang. Auch wirtschaftlich war die Situation der Familie zufriedenstellend. Zwar hatte auch Hanns Hörbiger, der seine Patentrechte ungeschickt vermarktet hatte, unter der Wirtschaftskrise der Nachkriegszeit gelitten. Dem Schicksal des erneuten sozialen Abstiegs entging er aber, indem er sich zu einer erfolgreichen Unternehmensgründung entschloss. Die Firma, die von seinen beiden älteren der insgesamt vier Söhne weiter ausgebaut wurde, existiert bis heute. 2003 waren 4500 Angestellte in 42 Ländern bei der Hörbiger-Gruppe beschäftigt. Der Umsatz betrug 519 Millionen Euro. Des Ingenieurs Erfindungsgeist ließ sich – die Zahlen deuten es an – weit über seinen Tod hinaus in klingende Münze verwandeln. Dennoch verzichteten die beiden jüngeren Söhne auf jene Technikerkarriere, die den Brüdern Wohlstand und Anerkennung sicherte. Das Erbe, das sie antraten, war nicht das des Ingenieurs Hanns Hörbiger, sondern jenes des brillanten Darstellers und Selbstverkäufers.

Der ewige Österreicher

„Élje a király" – *„Es lebe der König"* riefen die beiden Jungen der Kutsche hinterher. Kaiser Franz Josef drehte sich dem Fenster zu, aus dem der Jubel erschallte und winkte ihnen holdselig zu. *„Da waren wir"*, so berichtet Paul Hörbiger später, *„wochenlang die seligsten Buben von Budapest"*.

Das Schicksal der Familie, in der er und sein Bruder Attila zu Beginn des 20. Jahrhunderts aufwuchsen, war zutiefst mit jenem der k. u. k. Monarchie verbunden. Als aufstrebendes Mitglied des Wirtschaftsbürgertums profitierte der Vater vom freien Waren- und Dienstleistungsverkehr innerhalb des Vielvölkerstaates, vor allem von der Möglichkeit des beruflichen Wechsels von Ungarn nach Österreich und umgekehrt. Wohnhaft in Budapest, hatte der deutschsprachige Ingenieur eine tschechische Frau geheiratet. Mit den Söhnen sprach man fast ausschließlich ungarisch – was sich auch in den folgenden Jahrzehnten nicht ändern sollte. Als der Vater, nunmehr zu Wohlstand gelangt, vom geliebten Budapest in das riesige Wien zog, verging der spätere „Muster-Wiener" Paul Hörbiger fast vor Heimweh.

Man war mehrsprachig und kaisertreu aus wohlfundierter Überzeugung. Als 1914 der Ruf zu den Waffen, zur Verteidigung der Monarchie ertönte, wurde er von den Hörbiger-Brüdern daher mit überschwänglicher Begeisterung beantwortet. Sie sollte sich erst im Laufe des Krieges legen. Paul Hörbiger wurde als Leutnant der Artillerie an der Italienfront eingesetzt, erlebte die Fehler der Heeresleitung, den Hunger und die Brutalität der Gefechte. Er sah, wie die Monarchie Stück für Stück aus Erschöpfung zusammenbrach. Als die Niederlage schließlich besiegelt war, überwog, so Hörbiger später, Erleichterung die Trauer.

Der junge Mann stand nunmehr vor einem neuen Anfang unter völlig veränderten Bedingungen. Das Studium der Chemie, das er vor dem Kriege begonnen hatte, wiederaufzunehmen, erschien ihm sinnlos, als Offizier brauchte man ihn nicht mehr. Alle Koordinaten des Lebens waren durcheinandergeraten, und Hörbiger trieb mit den übrigen Veteranen im Strom der Zeit dahin.

Die Idee, Schauspieler zu werden, war daher eher eine Verlegenheitslösung. Er hatte in seiner Kindheit am Burgtheater als Claqueur gearbeitet und auch in verschiedenen Schultheaterstücken mitgewirkt. Die Annoncen einer Schauspielschule übten daher einigen Reiz auf ihn aus und er entschloss sich zur Teilnahme an einem Ausbildungskurs. Mit Glück und Talent gelang ihm das Unwahrscheinliche: Er erhielt ein Engagement am Theater in Reichenberg. Obwohl er die Klassiker hasste und seinen Text oft nur unsicher beherrschte, fiel der junge Schauspieler rasch auf. Hörbiger besaß eine eindringliche Bühnenpräsenz, ein unverkennbares Gespür für den richtigen Augenblick und eine urtümliche Musikalität. Man wurde in Prag auf ihn aufmerksam und engagierte ihn am Deutschen Theater. Das neue Umfeld, geprägt unter anderem vom Geschmack des jüdischen Großbürgertums, begann den jungen Schauspieler zu beflügeln. Hörbiger gewann an Profil und schlüpfte sukzessive in die Rolle des Charakterkomikers und Volksschauspielers, wie sie einst Girardi am Burgtheater geprägt hatte. Zum ersten, aber keineswegs zum letzten Mal spielte er den Liliom – Hörbiger begann sich zaghaft an die Rolle des Wiener Originals heranzutasten.

Immer hymnischer wurden die Kritiken in den Prager Zeitungen, und so war es nur eine Frage der Zeit, bis man auch in Berlin auf ihn aufmerksam wurde. Max Reinhardt rief, und die künstlerisch bedeutendste Zeit des Schauspielers Paul Hörbiger konnte beginnen. Er lernte expressionistische Verfremdungseffekte, die Möglichkeiten des Bühnenraums, das fein abgestimmte Ensemblespiel und die intensive Zusammenarbeit zwischen Regisseur und Schauspieler kennen. Der Magier der Bühne zog den Wiener in seinen Bann. Geschickt vermochte Hörbiger den verehrten Meister auf sich aufmerksam zu machen. Mit seiner Hilfe gelang es ihm, das Profil des Charakterkomikers weiter zu vervollkommnen. Hörbiger wurde in Berlin populär. Erstmals reichte das Einkommen des Schauspielers, um seiner noch jungen Familie einen bescheidenen Wohlstand zu sichern.

Die Nachkriegszeit, so bitter sie begonnen hatte, war für Hörbiger damit

Szenenfoto mit Paul Hörbiger (rechts).

zu einer Erfolgsgeschichte geworden. Die neuen Grenzen – etwa zwischen der Tschechoslowakei und Österreich – hatten für ihn nichts Trennendes. Das kulturelle Leben hatte an Innovationskraft gewonnen, und er fand inmitten dieses Trubels seine Position.

Als die Nationalsozialisten die Macht ergriffen, hatte Hörbiger daher kaum einen Grund, die neuen Herren zu begrüßen. Nationale Ressentiments waren ihm angesichts seines familiären Hintergrundes und seines persönlichen Lebensweges ohnehin ebenso fremd wie eine antisemitische Haltung. Vor allem aber hatte er das Ende der Ära Reinhardt und seines Theaterimperiums zu beklagen – für Hörbiger eine überaus bedauerliche Entwicklung.

Immerhin, die neuen Machthaber hatten auch ihre Vorzüge, zu denen eine intensive Filmförderung gehörte. Hörbiger schätzte dieses Medium vor allem wegen der beeindruckenden Verdienstmöglichkeiten, die es bot. Schon 1928 hatte er daher wiederholt vor der Kamera gestanden. Seitdem wurden seine Auftritte immer häufiger. Der freundliche Wiener mit komischem Talent gefiel dem Publikum, und Hörbiger besaß damit beste Voraussetzungen, am neuen

Filmboom, der nach 1933 einsetzte, teilzuhaben. Zwar hielt er zu den neuen Machthabern Distanz, doch entwickelte sich allmählich bei allem gegenseitigen Misstrauen eine eigenwillige Form der Symbiose. Der freundliche Hörbiger und seine leichten Filme – die Mitte der 1930-er Jahre in eigener Produktion erschienen – standen für eine Form der Unterhaltung, die dem Regime genehm war. Die Schergen des Terrors schätzten das heitere Fach und ließen Hörbiger gewähren. Dieser wiederum war zu symbolischen Unterwerfungsgesten bereit – so etwa 1938, als er sich an einem öffentlichen Aufruf österreichischer Künstler an ihre Landsleute beteiligte, die vollzogene Annektion der Republik durch ihre Stimme zu legitimieren. Er habe, so wird er später berichten, den Nutzen, den er dem Regime erbrachte, nie begriffen, ebenso wenig wie er geahnt habe, was mit den verfolgten Juden geschehen sei. Angesichts der zahlreichen verhafteten Kollegen in seiner Umgebung und der privilegierten Stellung, die er genoss, kann diese Aussage Zweifel wecken. Auch ihm entging nicht, dass er sich gegenüber Goebbels Freiheiten herausnehmen konnte, die anderen die Karriere kosteten. Spätestens als er sich, eigenen Angaben zufolge, gegenüber dem Propagandaminister zu seinem Vorbild Max Reinhardt bekannte, ohne dass dies Folgen für ihn hatte, musste ihm klar sein, wie hoch die Nationalsozialisten den Wert seiner Komödien einschätzten.

Das Lustspiel lebt von der Überzeichnung, von der Typisierung. Der komische Charakter muss wiedererkennbar sein und doch die Realität in einem Zerrspiegel darstellen. Hörbigers Typus war der des sympathischen, sinnenfrohen Mannes, der nicht immer den Regeln folgt. Das besondere Markenzeichen, das er dieser Figur aufdrückte, bestand in ihrer landsmannschaftlichen Färbung. Hörbiger bediente eifrig österreichische Klischees, die er adaptierte, variierte und zum Teil auch neu erschuf, wobei er sich in nicht geringem Maße der Vorarbeiten Girardis bediente. Tauchte Hörbiger in einem Film auf, so war es automatisch ein Österreich-Film. Unabhängig davon, welche Rolle er spielte, ob als Familienvater, Fiakerfahrer, Gastwirt oder Komponist, stets trat dem Zuschauer das unwandelbare Bild des Österreichers vor Augen, der von Natur aus anders zu sein schien als sein deutscher Nachbar. Österreich stand für Individualität statt Masse, Gemütlichkeit statt Effizienz, Herzlichkeit statt Korrektheit, Wärme statt Ehrlichkeit.

Es war eine Traumwelt, die den Zuschauer die Gegenwart für wenige Stunden vergessen ließ, und zugleich ein Stück Unterhaltung mit subversivem Gehalt. Abgesehen davon, dass ein Schauspieler mit einem solchen Profil sich unmöglich in Propagandafilmen einsetzen ließ, beschwor er auch noch einen Mythos, den die Partei zu beerdigen trachtete. Österreich war schon vor 1938 ein Unwort und sollte nach dem „Anschluss" völlig aus dem Sprachgebrauch getilgt werden. Die „Ostmark" bzw. die „Alpen- und Donau-Gaue" hatten sich als Teil des Großdeutschen Reiches zu begreifen und ihre Identität gefälligst im Schoße der nationalen Schicksalsgemeinschaft zu finden.

Dies sah man in Österreich zunehmend anders. Die Integration in das Reich, die von den meisten demokratischen Parteien schon seit 1918 betrieben worden war, hatte sich als gigantischer Fehlschlag erwiesen. Als Elite, die sich einst an der Zivilisierung des Balkans abgearbeitet hatte, dachte man nunmehr, dem geeinten Deutschland seinen Stempel aufdrücken zu können. Das Gegenteil war der Fall. Hitler degradierte Österreich zur Provinz und sandte seine Söhne in einen mörderischen Krieg. Angesichts dieser Situation bildeten die harmlosen Unterhaltungsfilme Hörbigers einen Anknüpfungspunkt, die eigene Identität in Abgrenzung zum deutschen Nachbarn neu zu definieren. Kulturelle, historische und mentale Unterschiede wurden hier postuliert, die einer wachsenden Sehnsucht nach Eigenständigkeit entgegenkamen.

Ihr fieberte auch Hörbiger entgegen, der die politischen Veränderungen aufmerksam verfolgte und dessen Freundeskreis ebenfalls nur wenige Sympathien für den Diktator aufbrachte. 1940 übersiedelte der nun selbst von Goebbels mit Misstrauen beäugte Schauspieler nach Wien. Als die Alliierten 1943 in der Moskauer Deklaration die Wiederherstellung der Alpenrepublik in Aussicht stellten, suchte er den Kontakt zum Widerstand. Es kam zu einer höchst unvorsichtig organisierten Geldzahlung. Die ohnehin schon misstrauische Gestapo wurde hellhörig, ließ ihn aber erneut in Ruhe. Erst unmittelbar vor dem Zusammenbruch des Regimes, im Januar 1945, wurde Hörbiger doch noch inhaftiert, verhielt sich im Gefängnis offenbar auffällig couragiert und gehörte mit Kriegsende zu den wenigen Identifikationsfiguren der sich langsam formierenden Zweiten Republik, die als unbelastet galten.

Das Paar Moser – Hörbiger, das schon während der Diktatur wiederholt zusammengespielt hatte, lief nun zur Höchstform auf. Gemeinsam verkörperten sie die Unwandelbarkeit im Wandel. Ob als Taxifahrer, Dienstmann oder Kellner – stets war der eine (Hörbiger) ein vorsichtiger Modernisierer, während der andere (Moser) jede Veränderung ablehnte. Schließlich kann jedoch auch der Zauderer überzeugt werden, und die Botschaft, dass sich der Österreicher trotz aller Veränderungen doch treu bleibe, wird dem Publikum geradezu eingehämmert. Eine der Paraderollen Paul Hörbigers, der Kaiser Franz Josef, versinnbildlichte die Kontinuität in besonderer Weise. Hörbiger gab dem polyglotten Monarchen einen unverwechselbar volkstümlich österreichischen Charakter und machte ihn damit für das historische Selbstbewusstsein der Republik nutzbar. Dasselbe galt für die imposante Szenerie der Alpen, die in den äußerst populären Heimatfilmen der 1940-er und 1950-er Jahre – wie dem Streifen „Der Hofrat Geiger" von 1947 – in den Mittelpunkt des Geschehens rückten und gleichsam als Garanten ewiger Kontinuität galten.

Denkmäler der Kulturnation

„Sie wissen ja, wir kaufen nicht bei Juden". Bestimmt und klar im Tone wandte sich die attraktive blonde Dame von der widerlichen Figur ab, die ihr Waren angeboten hatte.

Dieses Aufeinandertreffen der edlen Arierin und der Karikatur eines Juden war bezeichnend für einen der radikalsten Propagandafilme des Dritten Reiches. In „Heimkehr" von 1941 sollte die Invasion Polens nachträglich als Befreiungsakt für die deutsche Minderheit legitimiert werden. Es war eine seltsame Geschichte: Erzählt wurde das Schicksal einer Familie, der elementare Menschenrechte vorenthalten wurden, der Polen und Juden nach dem Leben trachteten und die nur durch das Eingreifen der Wehrmacht gerettet werden konnte. Die Aggressoren wurden zu Opfern, die Opfer zu Schuldigen.

Geadelt wurde diese abstruse Handlung durch das Beste, was die deutsche Schauspielkunst der 1940-er Jahre zu bieten hatte: Neben Carl Raddatz waren Berta Drews, Ruth Hellberg, Hermann Erhardt, Attila Hörbiger und natürlich die Hauptdarstellerin Paula Wessely hier geschickt in Szene gesetzt worden.

Wessely, schon damals eine lebende Legende, hatte sich vom Liebling Max Reinhardts und Star der experimentierfreudigen Berliner Bühnen zum Liebling der Nationalsozialisten gewandelt. So erstaunlich diese Veränderung war, so erstaunlich war auch das Stillschweigen, mit dem über dieses Kapitel im Leben von Paula Wessely und ihrem Mann Attila Hörbiger hinweggegangen wurde. Es war ein Schweigen, das provozierte. Es spiegelte, nicht nur in den Augen

Elfriede Jelineks, die Lebenslüge einer ganzen Nation wider, die sich als Hitlers erstes Opfer stilisierte und doch zu seinen Mittätern gehörte.

Das Paar, das soviel Emotionen wachrief, das glühende Bewunderung ebenso wie abgrundtiefen Hass auslöste, hatte sich erst spät gefunden. Ihre Karriere hätte auch unterschiedlicher nicht sein können.

Paula Wessely war eine Theaterdiva, wie sie im Buche stand, die ihre Karriere mit Zähigkeit, Ehrgeiz und Begabung vorangetrieben hatte. Nicht die mondäne Welt großbürgerlicher Behaglichkeit hatte sie geprägt, sondern das Milieu des Wiener Handwerks. Ihre Wurzeln waren böhmisch, ihre Konfession altkatholisch. Schon früh hatte sie ethnische und religiöse Vielfalt, räumliche Enge, bescheidenen Wohlstand und die beständige Angst vor dem sozialen Abstieg kennen gelernt. Es war ein Mikrokosmos, der des Ventils, der Ablenkung bedurfte. Man fand sie im Theater. So unterschiedlich die Elternhäuser Attila Hörbigers und Paula Wesselys auch waren – in diesem Punkte war eine nicht untypische Gemeinsamkeit festzustellen. Beide Väter liebten das Theater mit Inbrunst. Getrennt in Volksbühne und Burgtheater, in Stehplatz und Loge lauschten Handwerker und Kaufleute doch denselben Theatergrößen. Girardi und Kainz waren über die sozialen Schranken hinweg gemeinsame Bezugspunkte, kulturelle Leitsterne der von Gegensätzen geschüttelten Großstadt. Paula Wessely fühlte sich früh schon zu den Brettern, die die Welt bedeuten, hingezogen und kannte doch ihre Unwägbarkeiten. Tante Josephine Wessely hatte den großen Sprung gewagt und es bis zur Burgschauspielerin gebracht. Das Schicksal der früh verstorbenen Geliebten eines Grafen barg nur wenige Verlockungen. Wenn schon die Theaterlaufbahn gewählt wurde, so sollte sie mit einer ehrbaren Ausbildung verbunden werden, die Sicherheit und Anerkennung verhieß. Während Attila Hörbiger in den Schauspielerberuf förmlich hineinstolperte und ihn ergriff, weil der Bruder dort leidlichen Erfolg hatte, ging Paula Wessely den Weg einer soliden Ausbildung. Schon als Elevin an der Staatsakademie für Musik und darstellende Kunst fiel sie durch Talent und Durchsetzungskraft auf. Die junge Wessely wollte nach oben. Noch vor ihrem Abschluss debütierte sie am Volkstheater und empfahl sich für weitere Aufgaben.

Mit schwindelerregender Geschwindigkeit nimmt sie die nächsten Sprossen der Karriereleiter. Mit 19 Jahren erhält sie ein Engagement am Deutschen Theater in Prag und wechselt nach einem Jahr zum Wiener Volkstheater. Binnen kurzem wird aus dem jungen Talent eine gefeierte Bühnengröße.

Filmplakat für den umstrittenen Propagandastreifen „Heimkehr" von 1941.

Edmund Reinhardt wird auf sie aufmerksam und engagiert sie 1929 mit 22 Jahren an das Theater in der Josefstadt, dem sie bis 1952 treu bleiben sollte. Es kommt zu einem ersten Zusammentreffen mit Max Reinhardt, der rasch das Potenzial der Wessely erkennt und entschlossen fördert. Nach gemeinsamen Arbeiten bei den Salzburger Festspielen weiß er, dass sie das Zeug hat, die Bühnen Berlins und die Herzen seiner erbarmungslosen Theaterkritiker zu erobern. Er sollte Recht behalten. Ihr Debüt als Rose Bernd reißt selbst einen Alfred Kerr zu überschwänglichen Lobeshymnen hin. Man schreibt das Jahr 1932 – der Stern der Wessely geht auf, während die Republik langsam untergeht. Der Zeitpunkt der Entscheidung rückte heran. Sollte sie dem Exodus des Geistes folgen und nach Amerika emigrieren, oder folgte sie den Lockrufen der neuen Herren, die auch Reinhardt 1933 den Status des ‚Ehren-Ariers' anboten? Sie schwankte, pendelte zwischen Deutschland und Österreich hin und her. Es war eine höchst fruchtbare Zeit des Zögerns, in die auch erste Filmengagements fielen. Mit „Maskerade" aus dem Jahre 1935 wurde die Bühnenschauspielerin über Nacht zu einem gefeierten internationalen Filmstar. Auch privat überschlugen sich die Ereignisse. Paula Wessely entschloss sich zur Eheschließung mit einem bislang noch weitgehend unbekannten Kollegen namens Attila Hörbiger. Man hatte sich bereits am Deutschen Theater in Prag kennen gelernt, dann jedoch aus den Augen verloren. Nun warf die Diva einen zweiten Blick auf den frisch geschiedenen Kollegen. Der war vor allem als Frauenheld und Sportler in Erscheinung getreten. Seine charismatische Ausstrahlung hatte ihn jedoch, trotz aller handwerklichen Mängel, vor schlechten Kritiken bewahrt.

Die kernige Art des Naturburschen und sein wilder Blick ließen vor allem die Herzen der Nationalsozialisten höher schlagen. Nicht zuletzt seine Darstellung als *„Tell ohne intellektuelle Belastung"* (ein Kritiker sprach gar vom *„SA-Tell"*) wusste sie zu begeistern.

Mit der Heirat war die Entscheidung zum Bleiben endgültig gefallen. Paula Wessely ließ sich mit ihrem Mann in Wien nieder und setzte ihre Karriere zum Entzücken des Propagandaministers auch unter veränderten politischen Rahmenumständen ungerührt fort. Das Regime zeigte sich großzügig. Die Wessely erhielt Traumgagen, spielte mit Regisseuren ihrer Wahl und wurde hofiert. Das Leben als kulturelles Aushängeschild des neuen Deutschland forderte von den Privilegierten allerdings seinen Tribut. Dies betraf nicht nur den obligatorischen Jubel über den so genannten Anschluss Österreichs 1938, sondern auch die Mitwirkung an der rassistischen Staatspropaganda und die Mitgliedschaft in der NSDAP. Zeichen offener Distanz oder gar Kontakte zum Widerstand blieben aus. Dass sie unter der Hand Verfolgte des Regimes unterstützt hatten, war kaum jemandem bekannt.

Der Tag der Befreiung war für sie daher zunächst ein Tag des Zorns. Paula Wessely erhielt Berufsverbot, und Attila Hörbiger wurde zum Aufräumen der Trümmer abkommandiert. Die Zeit der Sühne, in der Paula Wessely einen Zusammenbruch erlitt, dauerte nicht einmal ein Jahr. Zu verlockend war der Gedanke, die beiden Bühnenstars zu Symbolen alpenländischer Kulturtradition zu stilisieren, ihre Popularität in den Dienst der jungen Republik zu stellen.

Tatsächlich gelang der Imagewechsel. Bereits 1948 stand Paula Wessely gemeinsam mit Paul und Attila Hörbiger in dem Kassenschlager „Der Engel mit der Posaune" vor der Kamera. Der Film erzählt die Geschichte der Klavierbauerfamilie Alt, die Stürmen der Zeit hilflos zu trotzen versucht. Heroisch wird vor allem die Gestalt der Jüdin Henriette Alt gezeichnet, die vor der letzten der Naturgewalten, die über Österreich hereinbrechen – dem Nationalsozialismus –, kapituliert und sich aus dem Fenster stürzt. Die Rolle schien Paula Wessely geradezu auf den Leib geschrieben zu sein und leitete ihre volle Rehabilitierung ein.

Wie ihr Mann, der erst nach dem Krieg seine künstlerischen Möglichkeiten voll entfalten konnte und zu einer Theaterikone sondergleichen wurde, so blieb auch die Wessely ein Publikumsmagnet. Das Paar wusste die Kritik ebenso wie die Zuschauer zu begeistern. Wesselys unverwechselbare Diktion und Attila

Paula Wessely

Hörbigers nuancierte Gestik lösten geradezu grenzenlose Bewunderung aus. Vor allem aber pries man Genie und Natürlichkeit ihres Spiels. Beide wurden zu Kammerschauspielern ernannt und mit Preisen geradezu überhäuft. Am Vorabend des Fernsehzeitalters gehörten sie zu den letzten Leitsternen einer Theaterkultur, die einem breiten und überaus heterogenen Publikum zugänglich war. Stand Paul Hörbiger für den ewigen Österreicher, so verkörperten Attila Hörbiger und Paula Wessely die Kontinuität der österreichischen Kulturnation, deren natürliche Heimat das Burgtheater war.

Vergessen schien die Zeit des Nationalsozialismus, vergessen auch die Zeit der Krise in den Jahren 1945–46. *„In den meisten Märchen"*, so wertet ihre Tochter Elisabeth Orth später diese Lebensphase, *„kommen aber auch schwere Zeiten für Prinz und Prinzessin. Und am Ende geht dann alles gut aus. Auch diese schwere Zeit im Märchen des Lebens meiner Eltern ging ‚gut aus'."*

Es war ein glücklicher Stoßseufzer, in den viele, aber keineswegs alle Österreicher einstimmen konnten. Zu jenen, die abseits standen, gehörte Elfriede

Jelinek, deren Familie das Trauma des Antisemitismus niemals vergessen hatte. In ihren Ohren mussten die verklärten Lobeshymnen auf die Schauspielerdynastie wie Hohn, wie eine Provokation klingen, die nach einer Antwort verlangte. Jelinek gab sie 1982 mit ihrem bereits erwähnten Drama „Burgtheater", in dem sie dem positiven Hörbiger-Mythos einen negativen gegenüberstellte. Auch in ihren Augen ist die Familie ein Spiegelbild der Nation und ihrer Traditionen. Sie ist Ausdruck des Genies ohne Moral, einer ostentativen Natürlichkeit, die nur eine hintergründige Grausamkeit kaschiert. Nach dieser Interpretation stehen die Hörbigers für ein Österreich, das nicht erstes Opfer der Nationalsozialisten, sondern vielmehr deren Nährboden war.

Schuld und Sühne

Die Debatte um die Vergangenheit des Ehepaars Wessely – Hörbiger ging an der Familie nicht spurlos vorüber. Sie habe, so berichtete Christiane Hörbiger, mit ihrer 78-jährigen Mutter eine ganze Nacht *„durchgestritten"*. Die Tochter konnte nicht verstehen, warum Paula Wessely die Rolle in einem rassistischen Propagandafilm hatte annehmen können. Die Antwort war ernüchternd. Es war Angst – Angst vor dem Verlust ihrer Privilegien, Angst vor dem Berufsverbot. Die mittlere von drei Töchtern achtete ihre Mutter für die Bereitschaft, sich zu rechtfertigen, zufriedengestellt war sie jedoch kaum. Es blieb ein schaler Nachgeschmack. Das Genie der Eltern hatte eine düstere Komponente erhalten, der Nimbus des von der Natur Privilegierten war beschädigt. Neben dem ererbten Ruhm, der Türen öffnete und eine Jugend in Wohlstand ermöglichte, blieb ein ererbter Anteil der Schuld. Die Eltern hatten ihre Teilhabe an den Früchten der Diktatur mit einem Quäntchen Mitverantwortung erkauft.

Das Leben als Kind zweier Legenden war ohnehin für keine der drei Töchter ohne Probleme verlaufen. Die geliebten Eltern waren meist abwesend. Haus- und Erziehungsarbeit wurden vom Personal bewältigt, zu dem auch die Nichte Paula Wesselys gehörte. Es war das Schicksal von Kindern erfolgreicher, berufstätiger Eltern, und doch war es mehr als das, denn diese Eltern waren zugleich Personen des öffentlichen Interesses. Sie waren Stars, deren Glanz auch im eigenen Hause strahlte. Ihr Genie, ihr Können, ihr Erfolg ließen auch die Töchter nicht unberührt. Vater und Mutter schienen, dies legen zumindest

Äußerungen von Elisabeth Orth aus dem Jahre 1975 nahe, in ihrem Lebensweg, aber auch in ihrem Verhältnis zueinander unendlich nachahmenswert zu sein. So strebten sie alle drei – Elisabeth, Christiane und Maresa – die Bühnenlaufbahn an. Ein kurzer Versuch der Eltern, Christiane das Zuckerbäckerhandwerk schmackhaft zu machen, scheiterte.

Doch wie sollten sie je die künstlerischen Standards, die die Eltern gesetzt hatten, erreichen? Die Aufmerksamkeit des Publikums, das automatische Interesse, das der Name Hörbiger auslöste, konnte rasch zum Fluch werden, denn er provozierte den Vergleich. Jede der drei suchte daher nach einem eigenen Profil, einer Möglichkeit, als selbstständige Künstlerin wiedererkennbar zu sein. Während Elisabeth Orth und Maresa Hörbiger dies mit beachtlichem Erfolg in Wien taten und ihren Eltern als Burgschauspielerinnen nacheiferten, wählte Christiane Hörbiger einen anderen Weg.

Die designierte Zuckerbäckerin entsagte der bereits sicheren Laufbahn am Wiener Musentempel und wechselte an das Schauspielhaus nach Zürich. Der Aufenthalt an der Limmat wurde nicht nur ein künstlerischer Erfolg, er prägte auch ihren privaten Lebensweg. Verheiratet mit dem Publizisten Rolf Bigler, gewann sie eine zunehmend kritische Außensicht auf ihre Heimat und deren jüngste Vergangenheit.

Es war eine neue Haltung, an der auch die Rückkehr nach Wien und der Tod des geliebten Mannes nichts änderten. Die gepflegte Schönheit zeigte zunehmend das Bild einer emanzipierten und mit der Vergangenheit ringenden Frau. Ihr Bekenntnis zum künstlerischen Erbe der Eltern und ihre kritische Auseinandersetzung mit ihm, ihre Kombination aus freundlichem Äußeren und kritischem Verstand entsprachen einem neuen Zeitgefühl. Sahen die Nachwachsenden in ihr jene Elterngeneration, die sie vermissten, erfüllte sie für die Zweifler der eigenen Altersgruppe eine Vorbildfunktion. So begann 1985 für die Endvierzigerin nach der Bühnen- eine überaus erfolgreiche Film- und Fernsehkarriere, in der sie als zweifelnde Prinzipalin, borniete Göring-Nichte oder mordende Hausfrau auftrat. Die Rollen schwankten zwischen flach und tiefgründig, komödiantisch und bitterböse – wobei oft Letzteres überwog. Neben den beruflichen Erfolgen traten politische Aktivitäten. Wie ihre Schwester Elisabeth trat sie gegen Antisemitismus an und thematisierte offen die Vergangenheit der Eltern. Dass ihre amerikanische Schwiegertochter aus jüdischem Hause war, kommentierte sie schon früh voller Sympathie. Nach der Geburt ihres Enkels

Luca wurde sie noch deutlicher. *„Ich bin selig"*, so sagte sie in einem Interview des KURIERS, *„ein Enkelkind zu haben, das eine jüdische Mutter hat."*

Das Profil der Familie Hörbiger hatte sich geändert, man war politischer geworden und arbeitete sich am ambivalenten Erbe der Geniegeneration ab. Dies galt nicht nur für Christiane Hörbiger und Elisabeth Orth, sondern auch für deren Söhne, den Regisseur Sascha Bigler, der einen Film über Paula Wessely plante, und den Burgschauspieler Cornelius Obonya, der sich aktiv gegen Regierungsbeteiligung der FPÖ wandte. Aus dem Aushängeschild österreichischer Heiterkeit und kultureller Überlegenheit ist deshalb aber keineswegs ein Kärrnergeschlecht im Weinberg österreichischer Vergangenheitsbewältigung geworden.

Im Gegenteil, die äußerst zahlreiche Hörbiger-Schar veredelt die deutschösterreichische Fernsehunterhaltung nach Kräften. Christiane Hörbiger ist als verliebte Almbäuerin oder energische Rechtsanwältin zu bewundern, ihre Neffen Cornelius Obonya (*1969) und Manuel Witting (*1977), der Sohn Maresa Hörbigers, haben zur dicht besiedelten Krimilandschaft zwei weitere SOKO-Kommissare hinzufügt, und auch die Enkel ihres Onkels Paul sind aktiv: Mavie Hörbiger (*1979), Tochter des Schlagertexters Thomas Hörbiger, gilt als eine der schönsten und begabtesten Schauspielerinnen ihrer Generation, und Christian Tramitz (*1959) ist als Kompagnon Bully Herbigs aus dem deutschsprachigen Unterhaltungsbetrieb kaum noch wegzudenken.

Gemeinsam ist ihnen allen eine solide Ausbildung und eine starke Bühnenpräsenz. Wessen Eltern (bzw. Großeltern) auf einem künstlerisch hohen Niveau agierten, so Christiane Hörbiger, der versucht auch *„in einer nicht so künstlerisch hochwertigen Zeit"* seinen *„'Mann' zu stehen"* – Noblesse oblige. Inmitten des künstlerischen Mittelmaßes gibt es noch immer Fackelträger der Qualität, so die Botschaft. Die Tradition der Bühnengenies ist nach dieser Lesart eben nicht tot. Sie lebt in einer Familie weiter, die legitim aus dem Genie schöpfen kann, weil es seine dunkle Seite offenbart und überwunden hat.

Literatur

Hochholdinger-Reiterer, Beate: Burgtheater. Mythos, Eros, Imago. Wien 2004. Nagel, Brigitte: Die Welteislehre. Ihre Geschichte und ihre Rolle im Dritten Reich, Stuttgart 1991. Behm, Hans-Wolfgang: Hörbiger – ein Schicksal, Leipzig 1930. Ebert, Gerhard: Der Schauspieler. Geschichte eines Berufes, Berlin 1991. Hörbiger, Paul: Ich habe für euch gespielt, Frankfurt 1989. Steiner, Gertraud: Die Heimat-Macher. Kino in Österreich, 1946–1966, Wien 1987. Orth, Elisabeth: Märchen ihres Lebens. Meine Eltern Paula Wessely und Attila Hörbiger, München 1975. Steiner, Maria: Paula Wessely. Die verdrängten Jahre, Wien 1996.

Die Familie Zdenko Kinskys (von links nach rechts):
Gräfin Nora (Wilczek), Graf Zedenko Kinsky, Gräfin Sita, Gräfin Ilona (Hoyos),
Gräfin Margit (Coreth), Gräfin Alice (Thurn), Gräfin Hanna (Trauttmansdorff).
Gemälde von Reichmann.

Die Familie Kinsky

Va banque und Patriotismus

Image verpflichtet. Einmal kreiert, bindet es Generationen – und wird für den Einzelnen zu einer Lebensaufgabe. Durch historische und belletristische Texte fortgezeugt, wird es zum Mythos, vor dem vollends kein Entrinnen mehr ist. Im Falle der Kinskys ist dieses selbst geschaffene und zugleich zum Gesetz gewordene Geschick das der Kühnheit. Abenteuersuche, Wandern auf schmalen Graten, Jagen auf gefährlichen Schneisen, Wandeln auf unausgetretenen Pfaden – das lässt sich durchaus wörtlich verstehen. Jahrzehntelang sind die männlichen

Familienmitglieder für ihre riskanten Parforcejagden berühmt; dass sie auch das Leben kosten können wie jenen Kinsky, der als Mitsponsor Beethovens zu einer gewissen musikhistorischen Berühmtheit gelangte, mehrt diesen Ruhm des Schneidigen, in dem das britische Gentleman-Ideal des 19. Jahrhunderts eine originelle böhmisch-österreichische Variante findet. Zu diesem Mythos aber zählt von Anfang an auch das Doppelspiel, ja die Hasardpartie, in der es um Kopf und Kragen geht, und an der Spitze dieser Risikopyramide die große Verschwörung, zu gutem Teil um ihrer selbst willen eingefädelt oder doch aus reinem Zynismus, aus Freude an der Nähe zum Abgrund. Mit dem Untergang Alteuropas in den Stürmen der Französischen Revolution aber konnte diese standeskonforme Profilierung, die zugleich eine spezifisch aristokratische Form der Individualisierung bedeutet, ein weiteres Spektrum von Ausdrucksformen umfassen und, radikalste Innovation, auch von weiblichen Familienmitgliedern praktiziert werden. Mochten auf diese Weise adelige Kernnormen wie der Militärdienst zur radikalen ethischen Ächtung des Krieges umgewertet und die gängigen Verhaltensformen des europäischen Hochadels als sinnentleerte Konventionen der Lächerlichkeit preisgegeben werden, so profitiert diese Operation der moralischen Umkehrung doch vom Status, den die Geburt mit sich brachte, von den dadurch vermittelten Netzwerken und dem Sozialprestige, das auch eine solche Kehrtwendung selbst in den konservativsten Milieus nicht völlig auszulöschen vermag. Ja, letztendlich manifestiert sich in diesem entschiedenen Nonkonformismus die Suche nach einer neuen Rolle einer nicht mehr allein durch Geburt, sondern durch gemeinnütziges Weltwirken unanfechtbar legitimierten Rolle einer die Verpflichtungen der Tradition, der Aufklärung und des wissenschaftlichen 19. Jahrhunderts umgreifenden Aristokratie. Sie allein hat den selbstverständlichen Zugriff auf das Wort, auf die Öffentlichkeit, das Gehör der Menschheit, denn ihr Auftrag ist seit jeher der Ausgleich zwischen oben und unten und vor allem über den Nationen, diesen ebenso neuen wie aggressiven Gebilden. Den Krieg, den sie andauernd führen und in stetig verstärktem Maße neu erstreben, abzumahnen, zu delegitimieren, kann nur das Amt eines Adels sein, der Krieg so lange als Beruf betrieben hat, doch mit einem Ehrenkodex und einer Begrenzung, die im Zeitalter des Imperialismus und des Maschinengewehrs längst zunichte geworden sind. Einer geborenen Comtesse Kinsky verweigerte auch ein deutscher Kaiser und ehemaliger Kartätschenprinz nicht die Entgegennahme einer Friedenspetition, wie überspannt ihm deren Verfasserin auch erscheinen mochte.

Komplotte und Fabriken

Am Anfang aller Imagebildung aber steht der Ruf patriotischer Selbstaufopferung. Und zwar für das Land, nicht für die regierende Dynastie Habsburg oder gar einen blutleeren „Staat". Schon im 17. Jahrhundert steht die Familie für den böhmischen Adel schlechthin, für seine Hingabe an das Vaterland, seinen Willen zur Selbstbestimmung. Dass gerade die Kinskys diese Tugenden inkarnieren, entbehrt nicht historischer Ironie. Andere nämlich haben einen weit höheren Blutzoll entrichtet. Und vor allem klarere, eindeutigere Rollen gespielt. Die der Kinskys aber sind im entscheidenden Moment verteilt. Zuvor, in der Latenzphase des böhmischen Konflikts um 1600, agieren die vier Söhne Radslavs, Wenzel, Wilhelm, Radslav und Ulrich, jedoch noch an einem Strang. Und in einer Front mit der Mehrheit des protestantischen Adels, der die innerdynastischen Verwerfungen des Hauses Habsburg für immer mehr Freiheiten der Stände auszunutzen verstehen. Innerhalb des ersten, des Herrenstandes, sind die Kinskys zudem Newcomer, trotz alten, seit 1237 bezeugten Adels; die entsprechenden Rechte werden Radslav Kinsky vom Landesherrn erst 1596 verliehen, die künftigen Standesgenossen aber sind nicht so generös und erteilen ihr Plazet, widerwillig genug, erst volle 15 Jahre später.

Der mörderische Hass zwischen dem alternden, vorsichtig ausgedrückt, exzentrischen Kaiser Rudolf II. und seinem jüngeren Bruder Matthias bietet den führenden aristokratischen Familien Handlungschancen in Hülle und Fülle – so reichlich, dass am Ende ein Ständestaat Umrisse annimmt, in welchem das monarchische Oberhaupt nur noch als weisungsgebundene Exekutive fungieren sollte, die Geschäfte des Landes – und unter diesen nicht zuletzt die Kirche – aber in die Kompetenz der landsässigen Elite fallen würden. Im Hause Habsburg aber war ein solches Oberhaupt am Ende nicht verfügbar.

Spätestens mit der einseitig durchgesetzten Königserhebung Erzherzogs Ferdinands im Jahre 1617, noch zu Lebzeiten des behäbigen, von seinem Kardinalminister Melchior Khlesl, Sohn eines Bäckers, abhängigen Kaiser Matthias, zeichnet sich ein Konflikt um die Macht in Böhmen als unausweichlich ab. Zum einen, weil Ferdinand, von Jesuiten erzogen, einer neuen, konfessionalisierten Herrschergeneration angehörte, die Religion internalisierte und gleichzeitig in intensivierter Art und Weise als Herrschaftsmittel instrumentalisierte. Durch die vielen Zugeständnisse verwöhnt und selbstbewusst geworden,

Die Familie Kinsky

schritten die böhmischen Stände im Mai 1618 nach ergebnislosen Verhandlungen zur Tat. Im legendären Tumult landeten die kaiserlichen Kommissare, durch das Fenster herabgestürzt, auf den Misthaufen des Burggrabens. Unter denen, die da Hand anlegten, war auch Ulrich Kinsky. Sein Bruder Wilhelm gehörte zu den 30 Direktoren, die als ständische Exekutive in Ermangelung eines Königs jetzt die Regierungsgeschäfte übernahmen. Sie gestalteten sich in vieler Hinsicht mühsam. Denn die Stände erwiesen sich den neuen Machthabern, vor allem was die Gewährung von Steuern betraf, kaum weniger renitent bzw. zugeknöpft als gegenüber der ausführenden Gewalt des Monarchen: Eingeschliffene politische Rollenspiele enden nicht so schnell. Ziel Ulrichs und seiner Genossen musste es naturgemäß sein, eine breite Front der Abwehr gegen Habsburg zusammenzubringen. Zwar fehlte es auch in den habsburgischen Erblanden, wo die gleichfalls überwiegend protestantischen Stände ähnlich kleinräumige Entscheidungsautonomien anstrebten, nicht an Unzufriedenen, doch lag es im Wesen der Revolte, dass sie die Schatten der Kirchtürme bzw. die Grenzen der Provinzen mühsam genug zwecks entschlossenem gemeinsamen Vorgehen überwand.

Was die Wahl eines neuen Königs betraf, so setzten sich die Hardliner durch. Die böhmische Krone fiel am Ende nämlich einem Hochrisikopolitiker aus dem Kurfürstenkollegium zu, Friedrich V. von der Pfalz, calvinistischen Glaubens und damit, zumindest nach Auffassung der Katholiken, von den Duldungsbestimmungen des Augsburger Religionsfriedens von 1555 ausgenommen, mit anderen Worten: in ihren Augen Outlaw, Reichsdesperado. Für seine Kandidatur sprach seine englische Verschwägerung, die auf eine internationale reformierte Allianz hoffen ließ. Doch es kam anders, ganz anders. Ferdinand vermochte katholische Unterstützung inner- wie außerhalb des Reiches weitaus rascher und durchschlagender zu aktivieren als die Gegenseite ihre Verbündeten. Im Herbst 1620 rückte eine katholische Armee gegen Prag vor, die trotz günstiger strategischer Positionen der Gegner nur auf geringen Widerstand traf. So kurz die Schlacht am Weißen Berg auch war, so durchschlagend ihre Wirkung. Die Führer der Rebellion wurden mit dem zeitüblichen Zeremoniell des Schreckens enthauptet, ihre Güter beschlagnahmt und an die Getreuen der neuen Machthaber verscherbelt.

Erstaunlicherweise finden wir die Kinskys nicht unter den Opfern, sondern unter den Profiteuren. Nicht, dass sie zu den Großgewinnern wie der mit ihnen verschwägerte Albrecht von Wallenstein gehörten, der jetzt ein regelrechtes Güterimperium erwirbt und damit den Grundstein für seinen kometenhaften Aufstieg legt, doch immerhin, so manches Lehen und Schloss lässt sich gleichwohl akquirieren. Dabei schlug zum Vorteil aus, dass Ulrich Kinsky bei den kriegerischen Verwicklungen ums Leben gekommen war; sein Tod für Böhmen war ein doppelter Vorteil, Trumpfkarte im Spiel mit den Standesgenossen und gut dazu, peinliche Erinnerungen zu tilgen. Der – rein funktional betrachtet – kaum minder belastete Wilhelm aber wird mitnichten zur Rechenschaft gezogen, ebenso wenig wie sein noch umtriebigerer Bruder Wenzel. Die Kinskys waren in die dichten Netzwerke des böhmischen Adels so solide und prominent integriert, dass es sich in ihrem Falle – und nicht nur in diesem – anbot, beide Augen zuzudrücken. Auch wenn die Zuständigkeiten des Adels unter der restituierten Herrschaft Habsburgs eingeschränkt wurden, ohne die landsässigen Führungskreise konnte auch Ferdinand, de facto weit von „absolutistischer" Machtfülle entfernt, nicht regieren. So trafen die abschreckenden Strafen wie üblich diejenigen, welche am wenigsten Protektion genossen. Wie immer es um seine Patronage auch bestellt sein mochte, Radslav Kinsky floh nach der Niederlage am Weißen Berg außer Landes und ließ sich schließlich im niederländischen Leyden nieder. Dort starb er 1660 78-jährig im Ruf eines polyglotten Gelehrten und Hymnen schreibenden Literaten.

Im Übrigen aber hatte 1620 die Stunde der Wendehälse und begnadeten Opportunisten geschlagen. Dabei muss Wilhelm seinen Hals nicht einmal wirklich verbiegen. Er kann es sich leisten, protestantisch zu bleiben. Dafür wird er nur milde außer Landes verwiesen, unter vollem Genuss seiner ansehnlichen Bezüge aus den böhmischen Gütern. Sein Exil bezieht er im lieblichen Dresden, wo sein aufwändiger Lebensstil bald zum Tagesgespräch wird, ja den Kurfürsten selbst unter Konkurrenzdruck setzt. Doch mit Festen und galanten Abenteuern ist sein Ehrgeiz nicht gestillt. Wie so viele andere böhmische Adelige verfolgt er mit gesunden Eigeninteressen den atemberaubenden Aufstieg des Schwagers und Landsmanns Wallenstein zum Generalissimus des Kaisers, dem er seine eigene, auf eigene Kosten rekrutierte und mit Offizieren eigener Wahl versehene Armee zur Verfügung stellt, und zwar gegen reichen Lohn. Den zum Herzog von Friedland und damit zum mächtigen Reichsfürsten emporkatapultierten Landsmann zum König von Böhmen zu erheben – das wird nachgerade zum Traum Kinskys und nicht weniger anderer böhmischer Aristokraten. Durchsetzbar waren solche hochfliegenden Pläne naturgemäß nur gegen den Kaiser und das Haus Habsburg als Ganzes, und damit wurden sie zu einer hoch geheimen Materie der großen, der europäischen Politik. Was den in Aussicht genommenen Thronkandidaten selbst anging, so mussten diese Projekte um so realisierbarer erscheinen, je mehr sich sein Verhältnis zu seinem Herrn in Wien trübte. Das aber war nach der Absetzung auf Druck der Reichsfürsten 1630 und dann nochmals, unter gravierenderen Umständen, in den Jahren 1633 und 1634 der Fall, als der krank und zögerlich gewordene Feldherr zunehmend in eine Grauzone des Verdachts und schließlich des Verrats geriet.

Daran hatte Wilhelm Kinsky seinen Anteil. Seine weit verzweigten Korrespondenzen waren ebenso legendär wie seine Geheimtinte, die erst über loderndem Feuer lesbar wurde; speziell seine Gemahlin, gleichfalls mythenumrankt, tat es ihm an geheimnis- und wichtigtuerischer Umtriebigkeit gleich. Wilhelms Versuche, Schweden und Frankreich, die Feinde Habsburgs, für ein Bündnis mit einem selbstständigen „Friedländer" zu bewegen, entfalteten beträchtlichen diplomatischen Wirbel, doch blieben die Ergebnisse dürftig – der immer isoliertere Generalissimus hatte immer weniger Äquivalente zu bieten – und am Ende nicht einmal mehr eine größere Zahl loyaler Offiziere, geschweige denn eine schlagkräftige Armee. Es entbehrt also nicht einer fatalen Logik, dass Wihelm Kinsky, der Fädenspinner, dem finalen Akt im Drama von Aufstieg und Fall des großen böhmischen Condottiere nicht nur beiwohnt, sondern auch zum Opfer fällt, und zwar noch kurz vor dem Sturz des legendenumwobenen Landsmanns. Am Abend des 25. Februar 1634 mit anderen letzten Getreuen aus dem engsten Verschwägerungsumfeld Wallensteins zu Eger aufs Schloss geladen, scheint der Meisterintrigant am Ende ein Opfer der selbst erzeugten Illusionen geworden zu sein, d. h. sich nichts Böses vergegenwärtigt zu haben. Während des ebenso angeregten wie opulenten Diners müssen ihm die sotto voce erteilten Befehle des Gastgebers, General Butler, ebenso entgangen sein wie die weiteren Vorbereitungen, die Falle zuschnappen zu lassen. Dann aber fielen die Masken. Nach ausschweifenden Reden über verräterische Pläne plötzlich die Parole „Habsburg" – und ein schneller Tod, noch an der Tafel. Die nicht nur von Golo Mann liebevoll ausgemalte Szenerie ist in der Konzeption des tödlichen Verständigungsmahls Machiavellis Darstellung der Mordnacht von Senigallia unübersehbar verpflichtet.

War das schon das Ende der kurzen Kinsky-Familienherrlichkeit? Man mochte es meinen, denn diesmal wurde gegen den Verräter unnachsichtig vorgegangen. Sein Hab und Gut mit dem Juwel der Herrschaft Teplitz wurde beschlagnahmt und verkauft; mit 94.000 Talern fiel der Erlös allerdings weitaus geringer aus als bei den anderen Verschwörern. Wilhelms Witwe hingegen war dennoch alles andere als bußfertig. Ja, sie hatte – je nach Perspektive – die Stirn bzw. den Mut, ein strafrechtliches Vorgehen gegen die Meuchelmörder ihres Gatten zu verlangen. Vergeblich, natürlich, doch ließ man ihr immerhin einige Restbestände des alten Besitzes. Von den vier Brüdern war jetzt nur noch die Hälfte am Leben und ein Einziger im Lande: Wenzel. Dieser hatte nach der Wende am Weißen Berg mancherlei Unstimmigkeiten mit der Ständeregierung ins Feld geführt, ja sich auf diese Weise nachgerade zum Widerstandskämpfer und Streiter für gute alte Legitimität präsentiert. Auch er wurde gebraucht, und daher wurde auch ihm wider besseres Wissen geglaubt, so dass er längere Zeit auf bestem Fuße mit dem kaiserlichen Hof zu stehen vermochte. Doch nach Wallensteins Sturz und Tod hielt auch sein Glück nicht an. Nach abenteuerlicher Flucht zuerst in Glatz festgesetzt, verbrachte er seine letzten Lebensjahre in einer für einen großen Standesherrn ebenso peinlichen wie paradoxen Lage: nämlich im Kerker seines eigenen Schlosses Chlumetz.

Doch auch in diesem Fall vermochte das Haus Habsburg zwischen Person und Familie zu unterscheiden. Ja, die widrigen Geschicke der Vorfahren wurden sehr zielgerichtet als Druckmittel eingesetzt, die Nachkommen zu Wohlverhalten zu verpflichten: Grundlage einer neuen und diesmal dauerhaften Symbiose. Nach entsprechender Bewährungszeit nämlich wurden Wenzels Sohn Johann Oktavian Kinsky nicht nur die väterlichen Besitzungen, sondern dazu das von Wilhelm konfiszierte Kamnitz und, drei Jahre vor seinem Tod im Jahre 1679, auch die Grafenwürde zurückgegeben bzw. bestätigt. Und auch die Ämterlaufbahnen wurden jetzt eifrig und erfolgreich beschritten – der hohe böhmische Adel bürokratisiert sich in den Diensten des Landesherrn. In diesem Cursus honorum brachte es schon Johann Oktavians Sohn Wenzel Norbert Oktavian (1642–1719) bis zum Präsidenten der böhmischen Statthalterei, als welcher er neue Gewerbe und neue Steuern einführte. Zwei Ehen, aus denen insgesamt sechzehn Kinder hervorgingen, erweiterten den Güterbestand in willkommener Weise. Der Inhaber des Majorats, Franz Ferdinand Kinsky (1678–1741), trat als hoher Amtsträger in die Fußstapfen des Vaters und ließ das erinnerungsschwere Stammschloss in Chlumetz durch den Architekten Santini 1723 neu erbauen; dass der Grundriss an der Form der Wenzelskrone ausgerichtet ist, spiegelt die gefestigte Loyalität des Hauses zu Habsburg wider. Franz Ferdinands Bruder Stephan Wilhelm (1679–1749) hatte Botschafterposten inne und konnte die Erhöhung seines Zweiges in den Reichsfürstenstand bewerkstelligen. Sein Halbbruder Philipp Joseph (1700–1749) zählte zu den engsten Ratgebern Maria Theresias in den Kämpfen um die Durchsetzung der Pragmatischen Sanktion.

Dass sich die verschiedenen Linien der Kinskys in ihren Herrschaften als Kirchenbauer und Spitalgründer hervortaten, gehört zu den verpflichtenden Adelsnormen der Zeit. Neben den Karrieren der sieben Söhne sind die Mitgiften der neun Töchter aussagekräftig dafür, wo die Kinskys inzwischen sozial und ökonomisch angekommen waren: weit vom fabulösen Reichtum von Magnaten wie den Esterházys entfernt, doch mit 15.000 Gulden pro Tochter ohne Zweifel zu den begüterten Kreisen des hohen habsburgischen Adels zählend. Dieser bereits beachtliche Rang erfuhr schon in der nächsten Generation wesentliche Ausweitung. Denn Graf Joseph Kinsky (1705–1780), der vorletzte Sohn des fruchtbaren Patriarchen, betätigte sich höchst aktiv als Mehrer seiner Besitzungen, ja er verfolgte durch Forcierung von Produktion und Handel eine regelrechte merkantilistische Wirtschaftspolitik in Sachen seiner Hausgüter.

Anzahl und Vielfalt von Kinskys Manufakturgründungen sind staunenerregend. Neben einer Fülle verschiedenster Textilerzeugungsstätten – Garn, Zwillich, Leinwand, Barchet, Kattun etc. – richtete der unermüdliche Magnat Spiegel-, Folien-, Perlen- und Hutfabriken ein und installierte in Haida eine weit ausstrahlende Glasindustrie. Dass er zur Vermarktung seiner Produkte Anteile an diversen Handelskompagnien hielt, ja selbst solche ins Leben rief, folgt der Logik dieser Protoindustrialisierung, die in hohem Maße von einem privilegierten Verhältnis des Unternehmers zur Macht geprägt ist. Kinskys ausgezeichnete Beziehungen zu Maria Theresia und anderen Souveränen gestatteten ihm profitable Exporte nach Holland, Spanien und Portugal. Dass für einen Aristokraten dieses Zuschnitts Erbuntertänigkeit und Leibeigenschaft keinen Sinn mehr machten, erklärt sich aus dem Bedarf an Arbeitskräften für die neuen Wirtschaftszweige. Bei aller Modernität der Produktionsverhältnisse hingegen blieb die Stellung des Grafen zu seinen Arbeiter-Untertanen in vieler

Hinsicht paternalistisch ausgerichtet. So trat Kinsky vielerorts als Gründer von Spitälern und Waisenhäusern und in den Versorgungskrisen der frühen 1770-er Jahre als Ernährer seiner „Vasallen" hervor. Dass sich die vom hohen Rang zwingend nahe gelegte Förderung der Künste im Falle Kinskys zum gewinnträchtig betriebenen Kunstgewerbe entwickelte, versteht sich von selbst. Und auch in Religionsdingen ist der Primat der Nützlichkeit unübersehbar. Förderte der Graf aus der längst katholisch gewordenen Dynastie doch vorwiegend Institutionen, die sich selbst zu helfen verstanden, also Frömmigkeit mit rastloser Tätigkeit verbanden, und nahm so, in Glaubensangelegenheiten alles andere als engherzig, manche Züge der Kirchenpolitik Josephs II. und seiner Toleranz vorweg.

Neue Ideen, neue Rollen

Diese Affinität zum „aufgeklärten Despotismus" vertiefte sich in der nachfolgenden Generation. Hier trat vor allem Graf Franz Josef Kinsky (1739–1805) als Reformer der Militärakademie in den Habsburger-Staaten hervor. Pädagogisch durch das Studium der Schriften von Comenius, Rousseau, Salis-Soglio und Pestalozzi geschult, strebte Kinsky die Umsetzung dieser revolutionären Ideen im konservativen Ambiente adeliger Kadettenanstalten an. Leitendes Ziel waren dabei die Abkehr von einer einseitig theorielastigen Wissensvermittlung und komplementär eine ganzheitliche Prägung der Persönlichkeit. Den Prinzipien des Rousseau'schen „Emile" entsprechend, stand die Abschottung gegen die Schäden einer verweichlichenden Überzivilisation am Anfang. Darauf folgte die Formung von Verstand, Gemüt und Gesinnung im Verständnis Pestalozzis, worauf die moralische Ausrichtung an den Werten eines sittlich geläuterten Patriotismus den krönenden Schlussstein im Ausbildungsprozesse künftiger Offiziere einzufügen versucht. Diesen hat Kinsky in einer Reihe pädagogischer Schriften nachzuzeichnen und philosophisch zu rechtfertigen versucht – Bemühungen, die in mancher Hinsicht auf die Preussischen Reformen des frühen 19. Jahrhunderts verweisen und nicht zuletzt die aus den Kriegen der Französischen Revolution gezogenen Schlüsse widerspiegeln.

Nähe zu großer Kultur entwickelte in dieser Wende- und Umbruchzeit auch der fürstliche Zweig der Kinskys. So findet sich der Name von Fürst

Ferdinand Kinsky (1781–1812) schon unter den Subskribenten von Beethovens Opus eins – ein mäzenatisches Verhältnis, das sich in den folgenden anderthalb Jahrzehnten durch Widmungen des revolutionären Tonkünstlers und vor allem durch finanzielle Zuwendungen seines adeligen Förderers festigen und intensivieren sollte. Dabei dürften wie im Falle des Fürsten Esterházy, Haydns jahrzehntelangem Arbeitgeber, individuelles Interesse und aristokratisches Statusbewusstsein zusammengefallen sein. Musik war ein Forum der Geselligkeit und zugleich ein Instrument prestigeträchtiger Selbstdarstellung, so wie das Sponsoring des genialen Künstlers nicht minder propagandawirksam das Verständnis nur wenigen zugänglicher großer Kunst und damit Eingeweihtheit in die Arkana des Schönen und Ewiggültigen unter Beweis zu stellen vermochte. Als Beethoven von Jérôme Bonaparte, seines Zeichens König von Westfalen, das Angebot erhielt, unter ehrenvollen und lukrativen Konditionen an den Hof von Kassel zu ziehen, fühlte sich der ebenso musikalische wie habsburgtreue Graf zum Handeln aufgerufen. Der Abzug des führenden Komponisten zu einem Herrscher, dem der Geruch der Revolution anhaftete, hätte eine unerträgliche Herabwürdigung Wiens als Zentrum und Modell legitimer Herrschaft bedeutet. Selten waren die Anstellungs- bzw. Bleibeverhandlungen eines Künstlers so eigentümlich politisch, ja ideologisch eingefärbt wie zu diesem Zeitpunkt – wobei sich die Situation darüber hinaus dadurch ambivalent gestaltete, dass Beethoven selbst mit den Grundsätzen der Revolution, vor allem ihrer individuellen Leistungsethik und ihrer Verachtung für das *„Fürstengeschmeiss"*, entschieden sympathisierte, andererseits zu führenden Aristokraten der Habsburger-Staaten, ja zu einem veritablen Abkömmling des Kaiserhauses, Erzherzog Rudolph, persönliche Beziehungen unterhielt, die manchmal geradezu von affektiver Freundschaft getragen schienen.

So war es kein Zufall, dass sich Rudolph und Fürst Kinsky mit einem Anteil von 1500 bzw. 1800 Talern den Löwenanteil des Jahresgehalts von 4000 Talern zu zahlen verpflichteten, gegen dessen Gewährung der Tonkünstler dem angestammten Ambiente erhalten zu bleiben versprach. Bemerkenswert daran ist zum einen, dass Kinskys Anteil höher ausfällt als der des durch seine kirchlichen Pfründen schwerreichen Habsburgersprosses. Zum anderen sticht ins Auge, dass der darüber ausgestellte Vertrag vom 26. Februar 1809 eine seltsame Mittelstellung des Künstlers zwischen Anbindung und Emanzipation kreiert; nicht nur, dass Beethoven in der Wahl seines Aufenthalts- und damit Schaffensortes unfrei ist, er wird zugleich – eine wohl einzigartige Klausel – dazu verpflichtet, Musikwerke von nie gekanntem Rang zu komponieren. So komfortabel dieses Gehalt ursprünglich auch ausfiel, so wurde die Kaufkraft der Summe doch schon bald als Folge der kriegerischen Ereignisse und der dadurch bedingten finanzpolitischen Desaster entwertet. Beethoven gelang es zwar, bei einem Besuch Kinskys in Prag im Juli 1812 in dieser Hinsicht beruhigende mündliche Zusicherungen zu erhalten, doch wurden diese durch den Tod des Fürsten bei einem Parforceritt im selben Jahr hinfällig.

Um diese Zeit trat der Zweig der Grafen Kinsky von Chinitz und Tettau in den Napoleonischen Kriegen und der Folgezeit vor allem militärisch hervor. Nicht weniger als vier Brüder Karl (1766–1831), Franz Josef (1768–1843), Christian (1776–1835) und Anton (1792–1864), stiegen in der habsburgischen Armee bis zu höchsten Kommandeursrängen auf. Von den selbst in der Familiengeschichte überwiegend als Quartett in Erinnerung gebliebenen Generälen heiratete der zweite, Franz Josef, spät und nicht standesgemäß. Seine Ehe mit Sophie von Körner aus der Familie des 1813 in jungen Jahren gefallenen Dichters der antinapoleonischen Kriege war nach den rigorosen Kriterien der hohen habsburgischen Aristokratie eine Mesalliance; für diese exklusive Schicht waren nach wie vor, als hätte es das revolutionäre Zeitalter nie gegeben, die alt überkommen quatre quartiers, sechzehn Ahnen von lupenreiner Abstammungsvornehmheit in vier Generationen, unverzichtbar. Kinder aus einer Union, die diesen Kriterien nicht entsprach, hatten den Preis dafür zu zahlen: soziale Herabstufung, konkret Zweitklassigkeit in den Spitzenlagen des Adels. An sich dazuzugehören, doch bei Bällen und Soupers geschnitten und an Katzentische abgeschoben zu werden: Diese Erfahrung war, wie die Tochter des Grafen später in vielen ideenmächtigen Gesellschaftsromanen beschreiben wird, viel demütigender, als eine Klasse tiefer zu rangieren, doch in ihr rückhaltlos akzeptiert zu sein.

Dieses künftige Schicksal der „posthuma" – der Vater hatte bei der Geburt von Bertha Sophia Felicitas Gräfin Kinsky von Chinitz und Tettau in Prag am 9. Juni 1843 bereits das Zeitliche gesegnet –, zwischen den Schichten und den Wertegemeinschaften zu stehen, kündigt sich bereits in ihrer Taufurkunde an: keine hochgeborenen Paten, statt dessen eine Domestikin als Zeugin. Der weitere Lebensweg der aus ihren Kreisen herausfallenden und dann heraus tretenden Comtesse gestaltet sich wie ein Roman, oder genauer: wie eine komplex verwobene Mischung aus Texten Courths-Mahlers, Tolstois, Jules Vernes – und nicht zuletzt Ibsens. Zugleich macht diese Lebensgeschichte deutlich, wie viel Abenteurertum des späten Ancien Régime und allgemein vom Geist Alteuropas noch nach der Mitte des „wissenschaftlichen" 19. Jahrhunderts lebendig blieb – und wie hoch der Faktor aristokratischer Geburt in einem sich von seinen Normen her überwiegend bürgerlich gebenden Säkulum weiterhin veranschlagt wurde.

Dabei drängen sich die larmoyanten bzw. pikardesken Elemente am Anfang. Die mit der nicht eben opulenten, doch standesgemäßen Witwenrente von 50.000 Gulden abgefundene Mutter nämlich verspürte, wie in solchen Fällen nicht unüblich, den Drang nach Höherem, für ihre Tochter, versteht sich, und ortete diesen Aufstieg ausgerechnet auf der Opernbühne. Auf große Erwartungen folgten tiefe Frustrationen – eine zweite Jenny Lind, wie kühne Belcantolehrer prophezeit hatten, wurde aus der Gräfin nicht, dafür aber eine überaus anmutige und vor allem kluge und nicht zuletzt für die meisten adeligen Bewerber viel zu belesene, viel zu intellektuelle, viel zu eigenständige und selbstbewusste junge Frau, der ein weiterer sozialer Abstieg einstweilen nicht erspart blieb. Die unglückliche Neigung der Mutter, sich dem Nervenkitzel der Spielcasinos hinzugeben, hatte rapiden Vermögensverlust zur Folge. Und auch die Ehekandidaten, die um Berthas Hand anhielten, erwiesen sich als wenig tauglich. Zuerst zerschlug sich die Verbindung mit dem schwerreichen Zeitungsbesitzer Gustav von Heine-Geldern, der als Ruhmestitel außer seinem Vermögen seinen genialen Dichterbruder Heinrich Heine ins Feld führen konnte. Immerhin war er, vom österreichischen Kaiser nobilitiert, hoch solide – was man von Bewerber Nummer zwei aus Australien nun wahrlich nicht sagen konnte; er fiel offenbar schlicht unter die Kategorie Heiratsschwindler. Ernsthafter und tragischer dann die zarte Liaison mit einem echten Prinzen von Sayn-Wittgenstein. Doch leider hielt auch hier der Kontostand mit der Exklusivität des Namens nicht Schritt; schlimmer noch, der chronisch klamme Aristokrat wurde als schwarzes Schaf unter Kuratel gestellt und starb, mehr oder weniger mit Bertha verlobt, auf der Schiffspassage nach Amerika, wo er doch „sein Glück" hatte machen wollen.

So half alles nichts: Aus der Gräfin wurde eine gehobene Gouvernante. „Gesellschafterin" wurde Bertha Kinsky im Hause des Freiherrn von Suttner, wo es außer zu erziehenden Töchtern auch einen gerade erwachsenen Sohn namens

Artur Gundaccar gab. Bei ihm lief es auf eine lebenslange éducation sentimentale hinaus, für beide auf einen Liebesroman mit Happy End, wie ihn kein Schriftsteller der Zeit hätte erfinden können: für einen Flaubert mit einem viel zu glücklichen Ende, für die *Gartenlaube* viel zu politisch und vor allem zu emanzipatorisch. Vorerst aber kam es, wie es in Kolportagetexten kommen musste. Die zarte Neigung der beiden blieb nicht unentdeckt, und die Gouvernante hatte, untragbar jetzt im Hause von Suttner, das Feld zu räumen. Doch anstatt – wie es eine tränenreiche Fortsetzung geboten hätte – an gebrochenem Herzen dahin zu siechen, zog die gebildete und vieler Sprachen kundige Gräfin nach Paris, um dort – jetzt doch wieder Herzschmerzkitsch? – auf eine Annonce zu antworten. Darin suchte ein seriöser Herr in besten Verhältnissen eine Fachkraft, die man heute als polyglotte office consulting bezeichnen würde. Derjenige, welcher dieses Inserat aufgegeben hatte, war im Gegensatz zur Gräfin schwerreich – und gerade deshalb mit sich, der Welt und vor allem seiner Erfindung, zutiefst zerfallen: Alfred Nobel, der Chemiker, der das Dynamit entdeckte und damit der menschlichen Zerstörungskraft ungeahnte neue Dimensionen erschloss. Während seiner Pariser Jahre experimentierte er nicht nur mit weiteren brisanten Stoffen, sondern auch mit ebensolchen Ideen: Waffen von solcher Destruktivität zu erfinden, dass alle Kriege schon deshalb, der sicheren Selbstauslöschung wegen, aufhören müssten. Hier also kam die Tochter des Generals zum ersten Mal mit Ideen von einem zu schaffenden immerwährenden Frieden in Berührung.

Krieg und Frieden

Sie fielen auf fruchtbaren Boden, weil das selbst geschaffene Weltbild der Gräfin ihnen entsprach. Sein Kern lässt sich als Verschmelzung von Humanitäts-Optimismus und evolutionärer Wissenschaftsgläubigkeit ansprechen. Für diese zweite Komponente stand Charles Darwin, dessen Ideen der Artenausbildung eine kühne und spannungsreiche Synthese mit aufgeklärten Fortschrittsideen eingingen: dass der Entwicklungsgang der menschlichen Spezies dann zu leuchtenden Gestaden der Kulturentwicklung und des Friedens voranschreiten wird, wenn es gelingt, die dem homo sapiens innewohnenden zerstörerischen Kräfte zu zähmen und schließlich zu unterdrücken.

Doch fanden die Zusammenarbeit und das gemeinsame Nachdenken über den möglichen Weltfrieden zwischen dem melancholischen Entfesseler apokalyptischer Kriegsszenarien und der mit ihrem Stand entzweiten Gräfin vorerst ein Ende – Amor meldete sich gebieterisch zurück. In Gestalt von Artur Gundaccar von Suttner, der das Leben ohne Bertha nicht mehr lebenswert fand. Unter allen nur denkbaren Vorsichtsmaßnahmen, d. h. vor allem ohne Wissen der Bräutigamseltern, wurde im Juni 1876 die Ehe geschlossen. Sie hatte, ebenso vorhersehbar wie standeskonform, die Verstoßung des eigenmächtigen Paares zur Folge. Doch dieses hatte Vorsorge getroffen.

Der nächste Schauplatz des Lebensromans ist entschieden exotisch: Mingrelien, ein einstmals unabhängiges, jetzt de facto von Russland beherrschtes Fürstentum am Westhang des Kaukasus. Mit Ekaterina Dadiani, der Ex-Landesherrin, die sich zwar nicht die Macht, doch den Rang einer autonomen Fürstin zu bewahren wusste, hatte die junge Gräfin Kinsky 1864 in Bad Homburg einen von schwärmerischer Verehrung ihrerseits gekennzeichneten Freundschaftsbund geschlossen. Die dabei ausgesprochene Einladung, die Fürstin an den Gestaden des Schwarzen Meeres zu besuchen, wurde jetzt von den Eheleuten von Suttner in Ermangelung von Alternativen mit Verspätung angenommen. Sie waren nicht die einzigen Mittel- bzw. Westeuropäer an diesem Schnittpunkt von Orient und Okzident. Der Schwiegersohn der Fürstin z. B. hieß Achille Murat und entstammte der Familie von Napoleons Marschall, der es zum König von Neapel gebracht hatte und am Ende vor einem Erschießungspeloton der restaurierten Bourbonenmonarchie stand. In diesem Stück Kaukasien, wo sich bizarre Lebenswege kreuzten, mussten die von Suttners, ganz und gar auf sich gestellt, erfinderisch werden. Artur Gundaccar bewährte sich u. a. als Erfinder einbruchsicherer Gartenzäune, aber auch als Journalist; auf diesem Feld aber hatte er, wie sich schnell erwies, seiner Gattin den Vortritt zu lassen. Er trug es mit Fassung, ja, wie Berthas Lebensrückblicke suggerieren, mit der Harmonie und dem Geist der Gleichberechtigung, der die ganze Ehe charakterisierte.

In Mingrelien aber herrschte dieser Friede nicht mehr. Das Land wurde in Kriege zwischen Russland und der Türkei verwickelt, für die geflohenen von Suttners war des Bleibens hier nicht länger. Da traf es sich gut, dass die Eltern nach neun Jahren endlich Versöhnungszeichen aussandten. In den Schoß der – wirtschaftlich stark gefährdeten – Familienidylle nach Harmannsdorf zurückgekehrt, brachte Bertha geistige Ernten ein. In rascher Folge entstanden jetzt Gesellschaftsromane mit immer klarerer Zeitkritik. In „High Life" wird mit der europäischen High Society und ihren sinnentleerten Riten abgerechnet: Bildungsfern, ja geistlos beansprucht diese Pseudo-Elite aus Abstammungs- und Geldadel eine Führungsstellung, die sich auf Ausbeutung und Unterdrückung gründet. Dieser Wille zur Unterwerfung lebt sich gegenüber Arbeitern und Frauen, dem unterjochten Geschlecht, gleichermaßen aus und manifestiert sich am schrecklichsten im Krieg. Unfähig zu führen aber ist diese anmaßende Klasse nicht zuletzt deswegen, weil sie die Zeichen der Zeit und damit des Fortschritts, der sich unaufhaltsam weiter entwickelnden Wissenschaften, nicht nur nicht versteht, sondern Ideen wie z. B. Vorstellungen konfessionell gebundener Religiosität

Bertha von Suttner, 1908.

anhängt, die sich längst überlebt haben und wie aggressiver Nationalismus gefährlich unzeitgemäß geworden sind. Rettung aber kann nicht aus den Ressourcen unverbildet natürlichen Menschseins kommen – Frauen sind für die Gräfin z. B. nicht das von Natur aus bessere, friedfertige Geschlecht –, sondern allein aus der Einsicht in den Geschichtsprozess und damit in die Erfordernisse der Zeit und einer ihr gemäßen Humanität. Der stereotype Vorwurf eines sentimentalen Friedenskults, wie er von den verschiedensten Seiten gegen die pazifistische Gräfin vorgebracht wurde, widerlegt sich auf diese Weise von selbst. Unbestreitbar aber ist ihre Friedensidee vom Prozess der Zivilisation geleitet und damit im humanistischen Sinne bildungselitär – die Fähigkeit zum Guten muss der Mensch durch eigenes Denken und Streben pflegen und entwickeln.

Diese Ideen finden ihren wirkungsmächtigsten Niederschlag im Friedensroman „Die Waffen nieder!", der zum Manifest des Pazifismus schlechthin wird. Auch darin bedient sich die Verfasserin der Gestaltungsmittel des

Kolportageromans, doch mit einer, man darf wohl sagen, dialektischen Zielsetzung: die Lesenden durch Spannungselemente und rührende Erzählstränge so zu ködern, dass die dahinter stehenden großen Ideen der Kriegsächtung und -abschaffung auf fruchtbaren Boden fallen können. Dabei übersieht der von Anfang an verbreitete Spott über diese „trivialen" literarischen Elemente den außerliterarischen, nämlich friedensmissionarischen Endzweck. Berührt wurden im Übrigen sehr wohl auch anspruchsvolle Leser wie Tolstoi, ja eine Generation junger Pazifisten. Kaum gefeit hingegen konnte sich diese Friedensidee gegen die niederdrückende Einsicht des scharfsichtigen Zivilisationskritikers Georg Brandes fühlen: dass mehr Zivilisation nicht mehr Humanität bedeutet, im Gegenteil …

Bertha von Suttner hatte ihre Lebensaufgabe gefunden. Zu den literarischen Aktivitäten kamen jetzt die organisatorischen. Eine Internationale Schiedsgerichts- und Friedensgesellschaft war, ohne ihr Zutun, schon in den 1880-er Jahren entstanden. Sie selbst gründete 1891 die Österreichische Friedengesellschaft und trug wesentlich dazu bei, im Jahr darauf dieselbe Einrichtung in Deutschland ins Leben zu rufen. Das waren beileibe keine sektiererischen Vereinigungen abseits der Weltöffentlichkeit, im Gegenteil. Bertha von Suttner fiel von jetzt an auf internationalen Friedenskonferenzen (1891 in Rom, 1899 in Den Haag) regelmäßig die Rolle des Ehrengastes und der mahnenden Rednerin zu. 1905 wurde ihr der Friedensnobelpreis verliehen, zu dessen Einrichtung sie ihren ehemaligen Arbeitgeber Alfred Nobel wesentlich mit bestimmt hatte. Illusionen über die Wirksamkeit ihres Tuns hat sie sich dennoch nicht gemacht; speziell in Berlin, wo sie das Zentrum des Militarismus verortete, sah sie Kräfte am Werk, die sich durch allen Friedensaktivismus nicht eindämmen ließen.

Der Finanzsorgen wurde die der aristokratischen Wirtschaftsethik „Ausgaben rangieren vor Einnahmen" folgende Gräfin dabei kaum je ledig. Auch der Nobelpreis schuf hier nur kurzfristig Abhilfe. Überhaupt blieb ihr aristokratischer Habitus dominant und sorgte für mancherlei Irritationen: der Brillantschmuck rein äußerlich, die Eleganz des Auftretens und das unerschütterliche Selbstbewusstsein im Umgang mit den Mächtigen darüber hinaus. Die alte Idee, dass der Adel durch uneigennützige Vermittlung zwischen divergierenden Interessen schlichten und befrieden sollte, fand in ihr eine späte, monumentale Inkarnation. Symbolträchtig genug ist Bertha von Suttner am

21. Juni 1914, eine Woche vor den tödlichen Schüssen von Sarajevo, die in den Ersten Weltkrieg mündeten, gestorben.

Von ihrer eigenen Familie wurde die von Männlichkeitsphantasien aller Couleur verhöhnte Gräfin, glaubt man den Zeugnissen der Nachgeborenen, mit einer bezeichnenden Mischung aus Betretenheit und geheimem Respekt behandelt. Ganz konnte man sich des Stolzes auf diese Weltberühmtheit aus eigenen Reihen denn wohl doch nicht entschlagen. Eine kongeniale Fortsetzung erfuhr Bertha von Suttners Wirken in ihrer Nichte Nora Gräfin Kinsky (1888–1923), die sich gleichfalls früh von den Zwängen ihres Standes emanzipierte und während des Ersten Weltkrieges in abenteuerlichen Reisen bis nach Sibirien das Los von Kriegsgefangenen zu lindern versuchte.

Wie die anderen Magnatenfamilien der ehemaligen k. u. k. Monarchie sahen die Kinskys ihre Besitzungen durch die Nationalstaatsgründungen nach 1918 auseinandergerissen und knapp drei Jahrzehnte später durch die kommunistischen Machtergreifungen zum großen Teil enteignet. Der Rang der Dynastie aber blieb davon gänzlich unberührt. Er ist heute an der Vernetzung mit der europäischen Hocharistokratie weiterhin ablesbar. So ist z. B. die Gattin des regierenden Fürsten von Liechtenstein als Marie Gräfin Kinsky von Chinitz und Tettau geboren.

Literatur

A. Paudler, Graf Josef Kinsky, Herr auf Bürgstein und Schwoyka. Ein biographischer Versuch, Leipa 1885; W. Eymer, Graf Franz Josef Kinsky als Pädagog. Ein Beitrag zur Geschichte der Erziehung und des Unterrichts in Österreich, Prag 1887; Bertha von Suttner. Dokumente um ein Leben. Ausstellung im Krahuletz-Museum Eggenburg 1972; G. Brinker-Gobler (Hg.), Kämpferin für den Frieden. Bertha von Suttner, Frankfurt a. M. 1982; H. Steffahn, Bertha von Suttner, Reinbek 1998.

Ferdinand Piëch, Ferdinand Alexander Porsche und Michael Piëch, 1968.

Die Porsches und die Piëchs

Der Gestank im Inneren des Bunkers war erbärmlich. Eine Mischung von Tabakgeruch, Ersatzkaffee und ungewechselten Windeln verband sich mit dem Angstschweiß der Insassen. Ohnmacht, Resignation und Hass zeichneten sich in den Gesichtern ab. Ein älterer, etwas korpulenter Herr hatte sich auf eine Holzbank gesetzt. Ihm gegenüber sein Sohn, etwa Mitte dreißig, schlank, gutaussehend und – erstaunlich genug – in Zivil gekleidet. Während das Licht zu flackern begann und die Erde bebte, sagte der Alte kein Wort, seine Augen starrten ins Leere. Dann die Entwarnung: Alles strebte aus dem Keller, auch Vater und Sohn. Das Haus, zu dem sie eilten, hatte das Inferno nahezu unversehrt überstanden. Dennoch zeigten sie kaum Erleichterung. Zu erdrückend war die Erfahrung dieser Stuttgarter Bombennacht im Winter 1943 gewesen. Der erste, der sich äußerte, war der Sohn: *„Weißt du noch, was ich dir zu Beginn des Krieges gesagt habe? Dass Hitler furchtbare und verrückte Dinge tut, aus denen nichts Gutes werden kann?"* Der Vater schwieg. Die beiden lehnten sich an eine Hauswand. Nach einer Ewigkeit begann der Alte zu sprechen: *„Du hattest '39 recht. Aber ich glaube nicht, dass selbst du wusstest, wie recht du hattest."*

Ferdinand Porsche gab nur selten zu, dass er im Unrecht war. Allenfalls, wenn sie unter vier Augen waren, ließ er, so berichtete Ferry, die Maske des Unantastbaren fallen. In dieser Bombennacht habe er zum ersten Mal begriffen, dass der Krieg verloren sei.

Die so liebevoll ausgeschmückte Anekdote brachte das Dilemma, vor dem die Familie am Ende des Krieges stand, trefflich auf den Punkt. Ferdinand Porsche hatte seinen Kindern ein widersprüchliches Erbe hinterlassen. Da war der Ruf des genialen Technikers, dessen Ideen, Patente, Firmenstrukturen und Netzwerke sich auch für die nachfolgenden Generationen nutzen ließen. Der alte Herr hatte den Grundstock für ein familiäres Imperium gelegt, das seinesgleichen suchte. Die heutige Blüte der Porsche AG, der Erfolg seiner Enkel und Urenkel, wäre ohne diese Kärrnerarbeit nicht denkbar gewesen.

Doch Ferdinand Porsches Hinterlassenschaft besaß auch ihre sperrigen Seiten. Vor allem das vertraute Verhältnis zum Massenmörder blieb ein untilgbarer Makel. Es warf die Frage auf, wer den Preis für die Träume des Visionärs und den Reichtum seiner Familie hatte zahlen müssen, und setzte die Familie damit dauerhaft unter einen ungewöhnlich starken öffentlichen Legitimationsdruck. Dies galt umso mehr, als Porsche von Beginn an die Großfamilie in den Betrieb integrierte und sie durch sein Testament zwang, ihn kollektiv zu verwalten. Dies machte sie innerhalb der deutschen und österreichischen Wirtschaftseliten zu einer außergewöhnlichen Erscheinung.

Mitglieder dieser Familie standen und stehen nie nur für sich selbst, sondern sie werden zugleich als Vertreter einer Marke, eines Unternehmens, einer Tradition wahrgenommen. Wollen sie in den wechselnden Zeitläuften bestehen, so müssen sie diese Tradition immer wieder neu erfinden. Wie man dies macht, zeigt Ferry Porsches Bericht aus der Bombennacht. Seine Geschichte erklärt, entschuldigt und verspricht. Sie schiebt die Komplizenschaft des Vaters – ohne sie zu bestreiten – auf dessen Naivität. Zugleich enthält sie ein stilles Versprechen. Mit dem Generationenwechsel werde sich der Führungsstil ändern, man werde politische Verantwortung an den Tag legen.

In geradezu atemberaubender Geschwindigkeit wird hier ein Imagewandel vollzogen. Auf offener Bühne wechselt die Familie die Masken und tut so, als sei nichts geschehen. Es ist ein Meister- und zugleich ein Lehrstück, das Ferry Porsche – der große Familienkommunikator – hier vorführt. Tradition ist eben Definitionssache. Nur der kann über seine Vergangenheit stolpern, dem die historische Deutungshoheit entglitten ist.

Ursprung und Aufbruch

Die Welt, in die Ferdinand Porsche am 3. September 1875 hineingeboren wurde, schwankte zwischen Beharrung und Wandel.

Der schmale nördböhmische Streifen zwischen Reichenberg und Böhmisch Leipa war seit mehr als hundert Jahren die Heimat seiner Vorfahren. Man sprach Deutsch, hatte aber gegenüber den tschechischen Nachbarn nur wenig Berührungsängste. Davon zeugte schon der Nachname, der sich wahrscheinlich aus dem slawischen Borislaw ableitete. Ferdinand selbst wurde in jungen Jahren zu einer tschechischen Gastfamilie gesandt und lernte deren Sprache. Er, der erst auf Druck Hitlers die tschechische Staatsbürgerschaft ablegte, sollte zeit seines

Lebens wenig Verständnis für nationalistisches Feinddenken zeigen. Dynastie und Konfession – Ferdinand wurde als gläubiger Katholik erzogen – waren in seinen Augen Bindekräfte, die ethnische Unterschiede leicht überwanden.

Prägend waren demgegenüber die gesellschaftlichen Grenzen. So eng der Raum war, in dem sich die Porsches bewegten, so fest gefügt war ihre soziale Position. Man verdiente sein Brot als Landhandwerker – als Zimmermann, Schneider, Weber oder, wie Ferdinands Vater Anton, als Spengler. Da der älteste Sohn durch einen Arbeitsunfall ums Leben kam, war Ferdinand, wie selbstverständlich, als Erbe der florierenden Werkstatt vorgesehen. Das Leben des stillen Jungen mit der auffälligen technischen Begabung schien vorgezeichnet zu sein. Die Enge, in der er aufwuchs, schuf zunächst Sicherheit, wenn nicht gar Behaglichkeit. Ferdinand lernte dem Verwandten, dem Nachbarn, dem Landsmann zu trauen. Die verbindenden Kräfte, die hier wirkten, konnten, das war eine uralte Erfahrung dieses Milieus, vor allem in Krisenzeiten erhebliche Belastungen aushalten. Diese Erkenntnis blieb ein festes Fundament seines Weltbildes. Er sollte zeit seines Lebens seine Herkunft nie verleugnen. Dies zeigte sich in seiner Liebe für deftiges böhmisches Essen, zünftige Berghütten und den böhmischen Dialekt, aber auch in seiner Neigung, den engsten Vertrautenkreis mit Familienmitgliedern oder zumindest Landsleuten zu besetzen. So war selbst im Großkonzern noch die Führungsstruktur des patriarchalischen Handwerksbetriebs zu erkennen.

Traditionelle Bindungen und Werte bildeten in seinem Denken keinen Gegensatz zur Moderne. Auch hier spiegelten sich prägende Erfahrungen der Kindheit wider. Die Porsches hatten die Industrialisierung nicht als zerstörerische Kraft kennen gelernt, die das Alte zerschmetterte und die Menschen in Unsicherheit und Armut stürzte. Im Gegenteil, die Industrie, die in der Umgebung des kleinen Ortes Maffersdorf entstanden war, hatte ihnen Aufträge und steigenden Wohlstand beschert. Der Maschinenpark des väterlichen Betriebes, in dem immerhin zwanzig Mitarbeiter beschäftigt waren, befand sich auf dem neuesten Stand. Zum bescheidenen Wohlstand trat soziales Ansehen. Der große, nicht uneitle Anton Porsche entdeckte sein rednerisches Talent und trat als Vizebürgermeister, Gründer der Feuerwehr und Mitinitiator des örtlichen Bildungsvereins in Erscheinung.

Bei aller Weltoffenheit waren die Interessen des Sohnes ihm dennoch suspekt. Ferdinand begeisterte sich für die Elektrizität – in den Augen des Vaters eine brotlose Spielerei. Es kam zu lautstarken Streitereien. Als der Sohn aber in einem Überraschungscoup für elektrisches Licht im Hause sorgte, tat die Magie der Glühbirne ihre Wirkung. Sie ermöglichte nicht nur längere Arbeitszeiten, sondern steigerte zugleich das Ansehen ihres Besitzers. An die Stelle des Zweifels trat der Stolz. Als nun auch noch der Inhaber des größten Wirtschaftsbetriebes am Ort für den jungen Tüftler ein gutes Wort einlegte, gab Anton Porsche nach und willigte ein, dem Sohn eine Ausbildung in der Elektroindustrie zu gewähren. Die Werkstatt fiel an seinen jüngeren Bruder, die Sicherheit seines Lebensweges war dahin.

Die Wiener Elektrizitätsfirma Bela Egger & Co. produzierte die ganze Bandbreite der neuen technologischen Möglichkeiten. Sie hatte Schönbrunn mit elektrischem Licht ausgestattet, arbeitete aber auch an elektrischen Straßenbahnen. Es war ein aufstrebender, renommierter und innovativer Betrieb, in den Ferdinand 1883 eintrat. Der strebsame Lehrling, der heimlich Vorlesungen der Technischen Fakultät der Universität Wien besuchte, konnte sein Talent hier rasch zur Geltung bringen. Nicht nur seine künftige Frau, Anna Kaes, die bei Lohner als Bürokraft angestellt war, sondern auch seine Vorgesetzten wurden auf ihn aufmerksam. Porsche stieg auf, hatte mit 22 Jahren eine leitende Funktion inne und beschäftigte sich zunehmend mit der Konstruktion von Elektromotoren.

Sein besonderes Interesse galt einer Auftragsarbeit der k. u. k. Hofkutschenfabrik Lohner, der in den Automobilbau einzusteigen gedachte. Der umtriebige Kutschenfabrikant hatte bereits mit Daimler und Diesel über die Konstruktion eines mit Benzin betriebenen Gefährts verhandelt, ohne allerdings mit ihnen handelseinig zu werden. Frustriert hatte er sich an den unbekannten Porsche gewandt, der ihm in kürzester Zeit den Prototyp eines Elektroautos vorführte.

Lohner war überwältigt und engagierte den jungen Mann. Der Ausweg aus der stockenden Kutschenkonjunktur schien gefunden. Es ging um die Konstruktion von Luxusgefährten, die eine kaufkräftige und statusbewusste Käuferschicht anzusprechen vermochten. Sollte dies gelingen, so hatte das Produkt besondere Anforderungen zu erfüllen. Es musste nicht nur technisch interessanter und vor allem schneller als die Konkurrenz sein, es musste auch so aussehen. Porsche hatte dies erkannt und stellte bei der Pariser Weltausstellung des Jahres 1900 einen Wagen vor, der die Fachwelt begeisterte. Der transmissionslose Radnabenmotor des Fahrzeugs war nicht nur raffiniert, er sorgte auch für eine Geschwindigkeit von bis zu 60 km/h. Vor allem aber sah die Konstruktion nicht mehr wie eine Kutsche aus, der die Pferde davongelaufen waren. Noch im selben Jahr stellte der Konstrukteur die Überlegenheit des schnittigen Wagens bei einem Bergrennen unter Beweis, bei der er sämtliche Benziner weit hinter sich ließ.

Mit einem Schlag war Porsche zur Berühmtheit geworden. Die Hocharistokratie schätzte das neue Statussymbol. Es demonstrierte Modernität und lud zum ritterlichen Kräftemessen im Rennsport ein. Die Kundenliste der Firma Lohner las sich daher bald wie ein Register der österreichischen Aristokratie. Die Rothschilds, die Thurn und Taxis, die Fürstenbergs, die Trautmannsdorffs und selbst die Kinskys waren hier vertreten. Als Porsche 1902 schließlich aufgefordert wurde, Erzherzog Franz Ferdinand beim Kaisermanöver zu chauffieren, war sein Name endgültig zum Synonym des Luxustechnikers für die Upper Class geworden.

Um diesen Ruf zu erhalten, mussten die Fahrzeuge unablässig verbessert werden. An die Stelle eines Elektroantriebs trat eine aufwändige Kombination aus Elektro- und Verbrennungsmotoren, das Design wurde verbessert, aber auch die Bedienungsfreundlichkeit. Dies alles verschlang nicht unbeträchtliche Investitionen. Es kam zum Konflikt. Lohner forderte mehr Sparsamkeit, Porsche mehr Geld. Die Auseinandersetzung zwischen Techniker und Kaufmann wurde für die nächsten Jahrzehnte zu einem Leitmotiv im Leben des Konstrukteurs.

Vom Traum zum Albtraum

Empört wechselte der impulsive Böhme den Arbeitgeber und nahm 1906 eine Position als technischer Direktor bei Austro-Daimler an. Seine neue Wirkungsstätte bot ungleich größere Entfaltungsmöglichkeiten, die Porsche entschlossen zu nutzen begann. Immer schnellere und leistungsfähigere Automobile verließen seine Werkstatt. Hinzu kamen Arbeiten an Flugzeugmotoren, Lenkballonen und Zeppelinen. Der ideenreiche Konstrukteur wurde zu einer international geachteten Koryphäe, für die sich nun auch das Militär zu interessieren begann.

So wurden Rüstungsaufträge zu einer wichtigen Säule des Betriebes und Porsche zu einem Mann, dessen Bedeutung auch von den politisch Mächtigen gewürdigt wurde. Dies galt vor allem für die Zeit nach 1914. In der Werkstatt von Austro-Daimler nahmen nun immer mächtigere Kolosse Gestalt an, die stählernen Lindwürmern gleich gewaltige Geschütze selbst in entlegenste Gebirgsgegenden transportieren konnten.

Porsches Techniker verbrachten den Krieg angesichts solcher Leistungen in der Werkstatt und nicht an der Front. Hier entwickelte er eine eigene technische Gegenwelt, die inmitten der Um- und Zusammenbrüche der Kriegs- und Zwischenkriegszeit Sicherheit und feste Strukturen bot. Seine wichtigsten Köpfe wie Otto Zadnik (Elektrik), Karl Rabe (Porsches rechte Hand) oder Josef Mickl (Aerodynamik) förderte und forderte Porsche nach Kräften. Es war dieser „Braintrust", der ihm große Unabhängigkeit gegenüber dem Arbeitgeber und dessen kaufmännischen Interessen verschaffte. Ging der Generaldirektor Porsche, so ging die gesamte technische Entwicklungsabteilung mit ihm.

Die Machtstellung, die sich daraus ergab, hatte jedoch ihre Grenzen. Porsches kühne Konzepte, sein Bemühen, immer neue Produktvarianten zu entwickeln und Marktsegmente zu erschließen, bereiteten auch bei Austro-Daimler den Kaufleuten schlaflose Nächte.

Im Februar 1923 kam es zum Eklat. Als der Aufsichtsrat die Entlassung von 2500 Arbeitern verlangte, verweigerte der Generaldirektor dies und, bekam einen Wutanfall. *„Saubagasch"* rief er und verließ den Raum. Am nächsten Tag teilte man Porsche mit, dass man sein Verhalten als Kündigung auslege und diese anzunehmen gedenke – eine Entscheidung, an der auch aristokratische Fürsprache nichts mehr ändern konnte.

Porsches Technikabteilung wechselte die Fahnen und zog nach Stuttgart um. Doch auch bei Daimler-Benz ereilte sie bald dasselbe Schicksal. Seine Konstruktionen wurden zwar bewundert, jedoch nicht in seinem Sinne umgesetzt. Nach der schmerzlichen Trennung – Porsche hatte mit einer Lebensstellung gerechnet – unternahmen er und sein Team noch einen letzten Versuch bei den Steyr-Werken, um unter dem Dach eines großen Unternehmens kreativ arbeiten zu können. Als der Betrieb in wirtschaftliche Schwierigkeiten geriet und vom Bankier Castiglione übernommen wurde, zerplatzte auch dieser Traum.

Ferdinand Porsche, 56 Jahre alt, weltbekannt, mit einem österreichischen und einem deutschen Ehrendoktorat versehen, stand 1931 vor einem beruflichen Trümmerhaufen. Er war ein Autopionier der zweiten Generation, einer, der zu spät kam, um eine eigene Automarke aufzubauen, und zu sperrig, um sich in ein bestehendes Unternehmen einzufügen.

Als Alternative entschloss er sich zu einem ungewöhnlichen Schritt. Porsche scharte die Seinen, zu denen nun auch die spätere Designerlegende Erwin Kommenda gestoßen war, um sich und eröffnete ein Konstruktionsbüro. Die ersten Aufträge kamen aus dem Rennsport. Legendäre Modelle wurden entworfen, die den „Silberpfeilen" von Mercedes Paroli boten. Die Siege der neugegründeten Autounion begeisterten ein breites Publikum. Unter der wachsenden Zahl der Rennsportbegeisterten befand sich auch ein aufstrebender Politiker, dem Porsche bereits 1926 erstmals vorgestellt worden war. Adolf Hitler erkannte rasch die propagandistischen Perspektiven, die der Rennsport eröffnete, denn längst war aus dem ritterlichen Wettkampf der Aristokraten eine Arena des nationalen Kräftemessens geworden.

Nach 1933 sollten es daher Siege auf diesem Kampfplatz sein, die nach außen und innen demonstrierten, dass Deutschland wieder Weltgeltung besaß, sich dem Fortschritt zuwandte und alle seine Probleme rasch lösen würde. Um die Investitionszurückhaltung der Konzerne aufzubrechen, gewährte der neue Reichskanzler großzügige Beihilfen. Nachdem er persönlich bei Hitler vorgesprochen hatte, konnte sich Porsche einen erheblichen Anteil des Kuchens sichern. Sein selbstbewusstes Auftreten, die Art, mit der er Bedenken beiseite wischte, und sein österreichischer Dialekt imponierten dem Diktator. Porsche hatte einen Geldgeber gefunden, mit dem er lang gehegte Träume erfüllen konnte.

Der Weg staatlicher Finanzierung hatte sich schon einmal, 1931, aufgetan. Damals hatte die Sowjetunion Porsche eingeladen und ihm nach einer ausführlichen Rundreise das Angebot gemacht, als Topmanager die Fahrzeugindustrie neu zu organisieren.

Wenn der Ingenieur auch letztlich davor zurückschreckte, in das Reich Stalins auszuwandern, so blieb er von den Möglichkeiten staatlicher Industriepolitik beeindruckt. In Deutschland stießen seine weit reichenden Pläne immer wieder auf erbitterte Widerstände von Seiten der Privatwirtschaft. Dies galt vor allem für das Projekt der Volksmotorisierung, das ihn seit langem beschäftigte. Schon bei Austro-Daimler hatte er an einem Kleinwagen – dem „Sascha" – gearbeitet. Es folgten zahlreiche weitere Anläufe, die stets an kaufmännischen

Hitler bewundert das Modell des neuen KdF-Wagens, dessen Funktion ihm von Ferdinand Porsche erläutert wird, 20. 4. 1938.

Bedenken scheiterten. Mit einem untrüglichen Gespür für den rechten Augenblick legte er sein Vorhaben nun in einem Schreiben vom 17. Januar 1934 der neuen deutschen Regierung vor. Porsche hatte ins Schwarze getroffen. Bereits wenige Wochen später, am 7. März 1934, forderte Hitler öffentlich den Bau eines Volkswagens. Ob Porsches Brief tatsächlich den Anstoß für diese Initiative gegeben hatte, liegt im Dunkeln. Klar ist indes, dass sich die Interessen des Autobauers und jene des Regimes deckten.

Es galt, eine Entwicklung anzustoßen, die in den USA längst vollzogen worden war. Dort hatte Henry Ford nicht nur bewiesen, dass preisgünstige Automobile sich mit Gewinn produzieren ließen. Er hatte eine wahre Kulturrevolution ausgelöst. Wie Edisons Glühbirne auch die Häuser der einfachen Leute erleuchtet hatte, so stand Fords T-Modell für einen technischen Fortschritt, der nicht in soziales Elend mündete, sondern Arbeit, Wohlstand und Luxus für jedermann versprach. Was konnte politisch reizvoller sein, als ein deutsches Gegenstück zu schaffen und es zu einem Ausdruck eigener Überzeugungen zu verklären? Hitlers Ruf nach dem Volkswagen gab seiner politischen Bewegung das Flair der sozialen Emanzipation.

Der öffentliche Widerhall auf Hitlers Rede war entsprechend überschwänglich. Bei manchem Zuhörer hielt sich die Begeisterung allerdings in Grenzen. So betrachtete die im RDA organisierte Autoindustrie das Projekt mit Misstrauen. Es gab Bedenken: Wer sollte die Subventionen erhalten? Wie konnte die geplante Produktion Gewinn abwerfen? Wie sollte sichergestellt werden, dass das neue Projekt nicht mit bestehenden, zum Teil sehr günstigen Mittelklassewagen (etwa von Opel) in einen ruinösen Wettbewerb trat?

Der RDA glaubte nicht an die Lösung all dieser Fragen und beschränkte sich darauf, das Projekt so lange zu verschleppen, bis es in Vergessenheit geraten war. Man war in guter Gesellschaft. Auch innerhalb der Ministerialbürokratie wurden die Bedenken vorgetragen. Die Probleme in der Devisenpolitik und der Rohstoffversorgung erschienen schon groß genug – da musste nicht auch noch ein ziviles Mammutprojekt aus der Taufe gehoben werden.

In den Ohren Porsches waren dies die üblichen Einwände. Er hatte genug davon und wandte sich direkt an Hitler. Für den war die Kraft des Visionärs, der alle Widrigkeiten beiseite schob, keine Gegenargumente hören wollte und nur seinem Ziel verpflichtet war, Ausdruck einer Seelenverwandtschaft. Gemeinsam hebelten sie alle Widerstände aus.

Die Autoindustrie wurde aus der Planung ausgeschlossen, die Finanzierung über das Vermögen der Deutschen Arbeitsfront (DFA) gewährleistet und der Preis des Wagens auf 990 RM festgesetzt. 1938 kam es tatsächlich zur Grundsteinlegung im späteren Wolfsburg. Porsche hatte ein bemerkenswert elegantes Auto entworfen, das preisgünstig und technisch anspruchsvoll war.

Wirtschaftlich gesehen strebte er entschlossenen Schrittes einer Katastrophe entgegen. Natürlich hatten die Bedenkenträger recht gehabt: Der Produktionspreis lag deutlich über dem angestrebten Verkaufspreis. Verhindert wurde ein Bankrott lediglich durch den Ausbruch des Krieges.

Dass die Kriegsproduktion, die nun einsetzte, ein Erfolg wurde, hatte Porsche vor allem seinem Schwiegersohn Anton Piëch zu verdanken. Während sich Hitlers Lieblingskonstrukteur mit mäßigem Erfolg dem Panzerbau widmete, hatte der nüchterne Jurist 1941 die Geschäftsleitung übernommen. Er straffte nicht nur die Verwaltung, sondern sorgte für eine optimale Auslastung des Unternehmens. Man war wider Erwarten unabhängig geblieben und begann, Gewinn zu erwirtschaften. Der moralische Preis des Erfolges war hoch. Das Volkswagenwerk hatte sich der totalen Kriegswirtschaft verschrieben. Wolfsburg – einst als nationalsozialistische Modellstadt konzipiert – hatte sich in einen gewaltigen Lagerkomplex verwandelt, in dem Zwangsarbeiter aus halb Europa ihr Dasein fristeten. Als der Krieg sich dem Ende zuneigte, wurden selbst elementare Menschenrechte hier kaum beachtet. Russischen Arbeiterinnen, die ihr Kind in der Lagerstadt gebaren, wurde der Säugling nach wenigen Tagen entzogen – die Todesquote im Rühener Kinderheim lag bei annähernd 100%. Wie viel Porsche und Piëch von all dem wussten, ist umstritten. Es gibt

Hinweise darauf, dass Porsche zumindest die Verpflegung von Arbeitern verbesserte. Von einem intensiven humanitären Engagement der Familie kann aber keinesfalls die Rede sein.

Vermächtnis und Neuorientierung

Als der Volkssturm des Volkswagenwerkes auszog, um gegen die anrückenden Panzer der Alliierten den Endsieg zu erringen, begab sich Anton Piëch mit Unterlagen und 1,5 Millionen Reichsmark ausgestattet nach Österreich – Geld, das wenig später von den Alliierten als deutsches Eigentum konfisziert wurde. Für einige Wochen wurde das bezaubernde Zell am See zum Konzernsitz. Dort auf dem bäuerlichen Schüttgut versammelten sich nach und nach viele Verwandte, Freunde und enge Mitarbeiter. Das Idyll währte nur kurze Zeit. Engländer und Franzosen begannen, sich für den Konstrukteur zu interessieren. Neben strafrechtlichen Ermittlungen waren es wirtschaftliche Erwägungen, die zu seiner wiederholten Einvernahme führten. Über Wochen, Monate und Jahre hinweg waren Vater, Sohn und Schwiegersohn damit beschäftigt, sich zu rechtfertigen oder zu verhandeln. Zusammengehalten wurden Betrieb und Familie von der energischen Tochter Louise Piëch.

1904 geboren, hatte sie in den 20-er Jahren Malerei in Wien studiert und dort den zehn Jahre älteren Anton Piëch kennen gelernt. Der erfolgreiche Jurist heiratete 1928 eine selbstbewusste junge Frau, die bei privaten Rennen schon namhafte Fahrer wie Rudolf Caracciola abgehängt hatte und auch in geschäftlicher Hinsicht oft schneller und kühler urteilte als die Männer. Nur wenig Begeisterung brachte sie dem neuen Volkswagenwerk entgegen, dessen Leitung ihr Mann 1941 weitgehend übernommen hatte. Louise blieb lieber in Zell am See, das sie zum familiären und ökonomischen Mittelpunkt der Familie ausbaute. Auf ihre Initiative erfolgte 1943 eine Neuordnung der Porsche KG. Die nach Österreich verlagerten Teile des Unternehmens wurden an sie und ihren Mann überschrieben und in eine neue Gesellschaft mit Sitz im Salzburgischen eingebracht. Es war – wie sich nach dem Kriege zeigen sollte – ein kluger Schachzug. Die Alliierten erkannten Österreich als erstes Opfer deutscher Aggression an und ließen den dortigen Industriebesitz unangetastet.

Nun galt es, das Team des Vaters zusammenzuhalten, die vorhandenen Produktionsstätten in Gmünd zu nutzen und die geschäftlichen Möglichkeiten des Unternehmens auszuloten. Als ausgesprochen hilfreich erwies sich dabei Louises Bruder Ferdinand, genannt Ferry, der während der Gefangenschaft seines Vaters in Frankreich aus dessen übermächtigem Schatten herausgetreten war. Nur selten hatte man ihn in Anwesenheit des Vaters um Rat gefragt. Er schien der ewige Sohn zu sein, gutaussehend, sympathisch, durchaus begabt, jedoch im Vergleich zum Vater bedeutungslos. Selbst gegenüber der Schwester, mit der er sich noch als junger Erwachsener öffentlich prügelte, schien er sich kaum durchsetzen zu können. Das Jahr 1946 zeigte, wie sehr man sich getäuscht hatte.

Ferry hatte in der Werkstatt seines Vaters profunde technische Kenntnisse erworben. Auch wenn er dessen Genie nicht geerbt hatte, so besaß er doch einen ausgeprägten Sinn für das Machbare, einen Instinkt für technische Innovation und einen ausgeprägten Geschmack im Bereich des Designs. Vor allem aber war er in seiner konzilianten Art in der Lage, den Kreis der Fachleute, die sich um seinen Vater gesammelt hatten, zusammenzuhalten.

So wurden von dem Geschwisterpaar wichtige Weichen für die Zukunft gestellt. Eine gemeinsame Firma wurde gegründet, die erste Kontakte zum Rennsport knüpfte und, nach vorsichtiger Abwägung der Marktlage, den Bau eines neuen Sportwagens in Angriff nahm. Auf der Grundlage älterer Planungen und unter Nutzung von Bauteilen des Volkswagens wurde ein technisch und vor allem ästhetisch anspruchsvolles Modell kreiert – der erste Porsche aus eigener Produktion war geboren. Als er 1948 der Öffentlichkeit vorgestellt wurde, wurde rasch klar, dass die Konstrukteure mit dem 356 einen Erfolg gelandet hatten. Nahezu zeitgleich hatte Ferry Porsche eine einträgliche Vereinbarung mit dem neuen Chef des Volkswagenwerkes Heinz Nordhoff getroffen, der das ungeklärte Verhältnis zwischen seinem Unternehmen und dem Konstruktionsbüro Porsche auf eine neue Grundlage stellen wollte. Der Volkswagen war ein Kind dieses Büros, auf dessen Mitarbeit man auch in Zukunft kaum verzichten konnte. So handelte Ferry Porsche einen Vertrag aus, der einer Lizenz zum Gelddrucken gleichkam: Porsche arbeitete an Entwicklungsaufträgen für Volkswagen, erhielt aus Wolfsburg die notwendigen Teile für den Bau des 356, konnte das VW Vertriebsnetz nutzen, bekam für jeden verkauften Käfer 1 DM und die Importrechte für Österreich.

Ferdinand Piëch

Kapital, Ruf und Know-how der Familie waren gerettet, ohne dass der Prinzipal dabei in Erscheinung getreten war. Ferdinand Porsche kehrte aus französischer Haft als gesundheitliches Wrack zurück. Ihm blieb nur noch, über die Zukunft zu entscheiden und sein Erbe zu ordnen. Mit der Eröffnung seines letzten Willens gelang ihm 1950 ein finaler Donnerschlag. Statt den Sohn zum Nachfolger zu bestimmen, setzte er das ungleiche Geschwisterpaar zu gleichen Teilen als Erben ein.

Man einigte sich auf eine Aufgabentrennung. Das Konstruktionsbüro und die Autofabrik wurden nach Stuttgart verlegt und unter die Leitung Porsches gestellt. Den Vertrieb von Volkswagen in Österreich übernahm Louise Piëch. Gemeinsamer Bezugspunkt blieb das Schüttgut, auf dessen Grund Ferdinand Porsche in einer alten Haus-Kapelle bestattet wurde. Nur zwei Jahre später folgte ihm sein Schwiegersohn Anton Piëch, der hier ebenfalls seine letzte Ruhe fand. Das Schüttgut war damit endgültig zum Familiensitz geworden. Bei aller räumlichen Zurückgezogenheit, die er bot, war er kaum geeignet, soziale Distanz zu symbolisieren. Hier war kein Palast errichtet worden. Das Schüttgut stand, trotz großzügiger Inneneinrichtung, für eine Absage an den luxuriösen Müßiggang. Er war geradezu ein Symbol für katholische Werkgerechtigkeit, ein Bekenntnis zum Leben in der Arbeit, dessen vornehmster Vertreter eben der Ahnherr war, der in demonstrativer Bescheidenheit hier seine Grablege gefunden hatte. Sein Erbe anzutreten, bedeutete auch, eine tonnenschwere Last auf sich nehmen, die nur ein Gewächs dieses Hauses tragen konnte.

Es war ein Industrieadel, der sich hier etablierte. Auch er legitimierte sich wie der alte Adel durch seine Herkunft und den daraus folgenden selbstlosen Dienst. Der galt allerdings nicht dem König und Vaterland, sondern dem technischen Fortschritt. Dieser neue Herrscher bildete für die Masse jener, die ihm unterworfen waren, eine ebenso unbegreifliche Instanz wie einst die alten

Monarchen. Es bedurfte eines Bürgers zweier Welten, der ein intimes Wissen über die Möglichkeiten und Erfordernisse der industriellen Entwicklung besaß, aber auch die Bedürfnisse und Ängste der Menschen kannte. Nur er war in der Lage Ängste in Hoffnungen zu verwandeln und das, was man einst als Gefahr wahrgenommen hatte, nun als Werkzeug des Heils erscheinen zu lassen. Beide, die Piëchs wie die Porsches, waren dieser Aufgabe verpflichtet, der sie allerdings auf verschiedene Arten nachstrebten.

Die Porsches und die Piëchs

Die Herrin des Schüttgutes blieb Louise Piëch, die den österreichischen Zweig des Geschäfts ebenso energisch wie erfolgreich führte. Als sie 1999 im Alter von 94 Jahren starb, hinterließ die Kommerzialrätin ehrenhalber ihren Erben eines der größten privaten Handelshäuser Österreichs. Der Erfolg wurde in enger Kooperation mit VW erzielt, dessen Generaldirektor Nordhoff zu einem Freund der Familie geworden war. Nordhoff profitierte von Sanierungs- und Modernisierungsmaßnahmen der englischen Besatzungsmacht und machte sich ab 1949 konsequent daran, den halbstaatlichen Betrieb zum führenden Automobilhersteller Europas zu machen. Er folgte im Wesentlichen der Philosophie Henry Fords, der nur geringe Varianten der Produktpalette und kaum Innovationen zuließ, um den Preis des Wagens kontinuierlich niedrig zu halten. Und tatsächlich – mit zehnjähriger Zeitverzögerung wurde der Traum Ferdinand Porsches wahr. Der VW Käfer beherrschte nicht nur den deutschen Markt, er überschwemmte geradezu Europa und wurde selbst im Heimatland der Massenproduktion, den USA, zu einer festen Größe. Der Traum der Massenmotorisierung, des kleinen Luxus für alle, wurde wahr – nur dass der Segen nicht, wie von den Nationalsozialisten beabsichtigt, auf die Visionen des Diktators, sondern auf den liberalen Rahmen der Republik zurückgeführt wurde.

Dies war in Österreich nicht anders als in der jungen Bonner Republik. Als 1953 der Autohandel liberalisiert wurde, wandten sich die Käufer zunehmend dem Volkswagen zu. Bereits ein Jahr später war man mit 25,1% Marktführer. Der Erfolg des Käfers, als das Produkt eines österreichischen Konstrukteurs, wurde auch in der Alpenrepublik eine Erfolgsgeschichte sondergleichen. Louise

Ferdinand Porsche, 1949.

Piëch expandierte. Salzburg erhielt mit dem Porschehof eine eindrucksvolle Firmenzentrale, und ein dichtes Netz von Händlern überzog das Land – auch hier wurde der Wagen ein Symbol für den wirtschaftlichen Aufstieg eines demokratischen Österreichs.

Die Chefin, wie sie respektvoll genannt wurde, stieg damit nach und nach in die Position eines lebenden Mythos auf. Nirgendwo sonst war dies so deutlich wie an ihrem Wohnort Zell. Dies lag auch daran, dass die Prinzipalin sich stets bemüht zeigte, der Gemeinde entgegenzukommen. Der Neujahrempfang für den Bürgermeister, ein Stückchen vom Schüttgut für die Umgehungsstraße, der Bau einer Seilbahn, die den Tourismus deutlich ankurbelte, dies alles trug dazu bei, dass Louise mit Respekt, ja Verehrung behandelt wurde. Als Person war sie eher scheu, mied die Öffentlichkeit und kommunizierte mit ihr über Zahlen, Investitionen und kleine Gesten – ein Stil, den auch ihre Söhne pflegen sollten.

Die kühle und sachliche Art der Piëchs hob sich deutlich von jener des Hauses Porsche ab. Deren neue Marke bedurfte der Imagebildung, und die Familienmitglieder hatten sich an dieser Aufgabe zu beteiligen. Ferry Porsche, telegen und sympathisch, eignete sich geradezu perfekt für diese Aufgabe. Bereits 1952 hatte er der Sportwagenfirma ein Markenzeichen gegeben. Anders als Volkswagen oder Mercedes entschied er sich für ein Wappen. Mangels eines eigenen Familienschildes entwarf Porsche ein Kunstprodukt, das die Hirschschaufeln Württembergs mit dem steigenden Rappen Stuttgarts verband. Aristokratischer Stolz auf die eigenen Wurzeln verband sich hier mit dem

Bekenntnis zu Dynamik, Aggressivität und Tatkraft. Passend dazu stieg Porsche unter eigenem Markennamen in den Rennsport ein. Unter der Ägide des begeisterten Motorsportlers Ferry Porsche eroberte die Marke ab 1959 eine führende Position im Wettstreit der hochgezüchteten Maschinen. Sportliche Erfolge, etwa in Le Mans, demonstrierten technischen Vorsprung, sie verliehen der kalten Technik aber auch das Flair von Abenteuer und Freiheit. Porsche produzierte nicht einfach schnelle Autos, er schuf Leitbilder einer Statushierarchie, die beim Käfer anfing, während der oberste Platz, wie konnte es anders sein, für die Familienmarke Porsche reserviert war.

Das Konstruktionsbüro, Kernstück der Firma, sorgte dafür, dass dies so blieb. Es arbeitete nicht nur an der Verbesserung und Neuentwicklung der eigenen Sportwagen, sondern nahm Aufträge einer breiten Bandbreite an. Neben Neuentwicklungen für den Volkswagenkonzern und einem Traktor, der von der Firma Allgaier in Lizenz produziert wurde, war es nach 1954 das Geschäft mit Verteidigungstechnologie im Rahmen der Wiederbewaffnung der Bundeswehr, das für das Unternehmen zunehmend wichtiger wurde. Als größten Wurf feierte Ferry Porsche in dieser Beziehung die Entwicklung des Leopard-II.-Panzers, an der die Herren in Zuffenhausen maßgeblich beteiligt waren. Hätte die Politik der Wirtschaft keine künstlichen Fesseln angelegt, wäre er – davon blieb Ferry bis zu seinem Tode überzeugt – zweifellos zu einem Exportschlager geworden.

Zwei Jahrzehnte nach dem Krieg stand der Name Porsche für die neuerwachte wirtschaftliche Stärke der Bundesrepublik. Raum für historische Reflektion oder gar Selbstkritik blieb da wenig. Es war, als sei nichts geschehen, als wären die zwölf Jahre unter Hitler ein ferner, unerfreulicher Albtraum gewesen. Als Ferry Porsche 1976 erstmals seine Memoiren veröffentlichte, mochte er – wie bereits erwähnt – weder bei seinem Vater noch bei sich selbst ein Fehlverhalten feststellen. Er sah sich, wie seinen Vater, als einen Zivilisten, der im Kreise der Techniker in einer eigenen, unpolitischen Welt lebte. Die Frage, ob sein privilegiertes Leben nicht eng mit seinem Dienst für eine von Sklavenarbeitern betriebene Rüstungsindustrie zusammenhing, wurde nicht einmal im Ansatz berührt.

Das Buch erschien in englischer Sprache und war offenbar dazu bestimmt, Käufern auf dem Exportmarkt die Scheu vor dem Namen zu nehmen. Doch auch in Deutschland und Österreich, wo unzählige Bürger mit kleinen oder großen Privilegien auch kleine oder große Mitverantwortung auf sich geladen hatten, blieben dergleichen Bekenntnisse unwidersprochen. Nachwachsende Generationen sollten sich nicht mehr damit zufrieden geben.

Deren Integration in das Unternehmen erwies sich als weitaus schwieriger als erwartet. Vier der acht Cousins hatten es seit Mitte der 60-er Jahre verstanden, durch Ausbildung, Begabung und Verdienst auf sich aufmerksam zu machen. Ernst Piëch hatte sich als Kaufmann einen Namen gemacht, Peter Porsche sich als Produktionschef profiliert, Ferdinand Alexander Porsche galt als brillanter Designer und Ferdinand Piëch feierte als Konstrukteur vor allem im Rennsport Triumphe. Wirkte diese geballte Begabung zusammen, so konnte Erstaunliches aus ihr entspringen. Dies hatte sich 1964 gezeigt, als das Unternehmen das Wagnis einging, der Öffentlichkeit ein Nachfolgemodell für den erfolgreichen 356 vorzustellen. Es hatte erhebliche Widerstände gegeben. Sicher, die Möglichkeiten des alten Modells waren ausgereizt. Wollte man den Anschluss an die Konkurrenz nicht verlieren, so musste das Werk zu neuen Ufern streben. Doch war das finanzielle Risiko nicht zu unterschätzen. Porsche konnte sich einen Fehlschlag kaum leisten.

Entworfen hatte den neuen 911 Ferdinand Alexander Porsche, für den Motor zeichnete Ferdinand Piëch verantwortlich. Das elegante Fahrzeug, das vom Scheitel bis zur Sohle ein Porscheprodukt war, wurde ein durchschlagender Erfolg. Es bildet bis heute das Kronjuwel des Werkes in Zuffenhausen.

Es war ein Triumph, der trotz aller positiven Effekte auch Probleme mit sich brachte. Vor allem störte er die Balance innerhalb des Unternehmens. Die dritte Piëch-Porsche-Generation hatte nun Verdienste vorzuweisen und demonstrierte ein geradezu penetrantes Selbstbewusstsein. Man begann, Forderungen an die ältere Generation zu stellen, deren Führungsanspruch ins Wanken geriet. Ein zusätzliches Problem bildete die Tatsache, dass die Trennung der familiären Einflusssphären zur Makulatur geworden war. Piëchs und Porsches tummelten sich gleichermaßen in Zuffenhausen. Hinzu kamen Vertreter der weitläufigen Verwandtschaft. Wer in die Familie einheiratete, wurde wie selbstverständlich in die Firma aufgenommen, wer sich scheiden ließ, verlor auch seinen Arbeitsplatz. So begannen sich in der Firma komplizierte Netzwerke zu bilden, die die Zusammenarbeit unerträglich machten.

Die ältere Generation sah dem Treiben hilflos zu. Zunächst hatte man versucht, die jungen Löwen zu domestizieren, indem man sie in die Gesamt-

*Ferdinand Piëch,
1969.*

verantwortung einband. Louise Piëch und Ferry Porsche traten 80 % ihrer Stimmrechte an ihre Kinder ab. Was als Akt der Befriedung gedacht war, wirkte wie ein kräftiger Strahl Öl, der in ein munter loderndes Feuer gegossen wurde. Als noch verheerender erwies sich der Vorschlag, sowohl in Zuffenhausen als auch in Salzburg könnte ein Piëch-Porsche-Tandem die Geschäfte leiten. Nun wurden Allianzen, Intrigen und offene Machtkämpfe völlig unübersichtlich. In seiner Verzweiflung engagierte Ferry Porsche einen Psychologen. Man lud zu einer familientherapeutischen Sitzung auf das Schüttgut. Das Drama, das sich hier abspielte, mochte das Geschwisterpaar an die Tragödie des Königs Lear erinnern. Nein, diese jungen Leute, das wurde ihnen schlagartig klar, würden sich nie einigen. So setzten die beiden 1972 zu einem Befreiungsschlag an.

Alle Eigentümer verpflichteten sich zum Rückzug aus dem operativen Geschäft und zogen sich in den Aufsichtsrat zurück. Porsche wurde in die Hände eines professionellen Managements gegeben.

Die Enkel fielen weich. Als Anwälte und Kaufleute bekleiden sie heute Spitzenpositionen in der Wirtschaft. Ferdinand Alexander Porsche gründete gar eine neue Firma Porsche, deren Designentwürfe für Brillen, Fotoapparate oder Uhren internationalen Ruhm ernten sollte. Keiner der Vertreter der dritten Familiengeneration ist jedoch auch nur annähernd so bekannt, einflussreich und umstritten wie Ferdinand Piëch.

Der österreichische Herkules

„Mit 15 Prozent von Ihnen bin ich zufrieden, mit 45 Prozent will ich gern zusammenarbeiten, wenn die Leistungen besser werden, und vom Rest werde ich mich wohl trennen müssen."

Mit diesen Worten soll Ferdinand Piëch, nach Auskunft seines Biographen Jürgen Grässlin, seinen entsetzten Managern erläutert haben, welche Veränderungen er in der Führungsebene von Audi vorzunehmen gedachte. Knapp sechzehn Jahre nach seinem Ausscheiden aus dem Familienunternehmen Porsche hatte der härteste und zielstrebigste der Enkelgeneration doch noch sein Ziel erreicht – er war Chef einer großen Automarke geworden. Hier spielte er jene Rolle, die er auch bei Porsche nur zu gerne gespielt hätte, jene des Sanierers, des Modernisierers, des Gewinnmaximierers. Brillant, effizient und aggressiv vertrat er einen Managertypus, der sich von jenem des Gentlemanunternehmers Ferry Porsche ebenso unterschied wie dem väterlich autoritären Stil der Volkswagenikonen Heinz Nordhoff und Carl Horst Hahn. Piëch irritierte. Er reizte und reizt bis heute zum Widerspruch. Wie kaum eine andere Gestalt eignet er sich zur Dämonisierung. Dabei war ihm diese Rolle keineswegs in die Wiege gelegt. Ferdinand Piëch war ein mäßiger Schüler, litt an Legasthenie und dachte zunächst an eine Lehre im Hotelfach. Der Vater starb früh, die Mutter war streng. Nestwärme erfuhr der Junge wohl kaum, Förderung dafür reichlich. Piëch wurde auf ein Internat gesandt und später auf die renommierte ETH Zürich. Allmählich zeigte sich seine technische Hochbegabung. Der Außenseiter wurde in den Familienbetrieb integriert und begann, sich im Rennsport zu engagieren.

Piëch strebte nach Rekorden, nach Superlativen, nach dem Außergewöhnlichen, was ihm rasch den Vorwurf des Maßlosen, des Größenwahns eintrug. Tatsächlich war und ist die Mäßigung kaum eine seiner Stärken. Alles andere widerspräche wohl auch dem Selbstverständnis der Piëchs. Die besonderen Möglichkeiten, die die Familie bot, dies betont er auch heute noch, verpflichteten ihre Mitglieder zu außergewöhnlichen Leistungen. Die Tradition fordert. Sie will weitergetragen werden, wie es etwa in der Familie Rothschild gelungen sei.

Persönliche Eitelkeit ist Piëch angeblich fremd. Er achtet auf Hierarchien, kann aber auf demonstrative Autoritäts- und Überlegenheitsgesten verzichten. Nicht der Schein, sondern das Sein soll beeindrucken.

Piëch liebt es, sich in der Rolle des schweigsamen, unverstandenen Genies, des Vorkämpfers und Vordenkers zu stilisieren, dessen Ruhm erst spät erkannt wird. In seinen Memoiren präsentiert er sich als ein moderner Herkules, der mit wilden Keulenschlägen das Alte zertrümmert, um das Neue zu erschaffen. Er kann dabei auf harte Fakten verweisen. So erlebten die Audi-Werke unter seiner Ägide nicht nur eine Entlassungsorgie, sondern zugleich eine Innovationskur. Aus dem Altherrenfahrzeug wurde ein sportliches Luxusgefährt.

Allen Widerständen zum Trotz setzte er sich daher durch, als es um die Neubesetzung des Vorstandsvorsitzes des VW-Gesamtkonzerns ging. Der Vorgänger hatte mit allen Mitteln versucht, seine Wahl zu verhindern – vergeblich. Piëch kam über das Volkswagenwerk mit der Macht eines tropischen Orkans. Unrentable Zweigwerke in Europa und Übersee wurden rationalisiert, das Design der Wagen verbessert, die technischen Möglichkeiten neu ausgereizt.

Dem Japanverehrer Piëch, der sich gern als asketischer, germanischer Samurai gab, gelang es, die fernöstliche Konkurrenz auf ihrem eigenen Feld zu schlagen. Mit dem Ankauf von Nobelmarken, wie Bugatti und Bentley, wurde zudem der Einstieg in das Luxussegment vollzogen. Piëch war zutiefst davon überzeugt, dass diese Investition unerlässlich war, um das Profil der Marke zu schärfen. Luxus erzeugt Emotionen, weckt den Wunsch nach Teilhabe, und genau dieser Wunsch wird von Volkswagen in den verschiedenen Produktsparten erfüllt. Die Prachtbauten des Volkswagenkonzerns, die „Gläserne Manufaktur" in Dresden oder die Autostadt in Wolfsburg unterstreichen diese Anliegen zusätzlich. Technik und Fortschritt werden dort als Heilsversprechen für jedermann präsentiert. Piëch erweist sich damit als Erbe des Großvaters, dessen Lebenswerk – den Volkswagenkonzern – er in der Tat vor dem drohenden Scheitern bewahren kann. Als der Porsche-Enkel geht, erstrahlt die Marke in hellerem Glanz denn je.

Umso erstaunlicher ist es, dass der Sanierer mehr Tadel als Lob vernehmen musste. Piëch befand sich seit seinem Amtsantritt in der Defensive und kam aus dieser Position nicht mehr heraus. In starke Bedrängnis geriet er vor allem während der Lopezaffäre, in der ihm vorgeworfen wurde, einen Topmanager mit Insiderinformationen vom Konkurrenten General Motors abgeworben zu haben. Gewohnt, die eigene Person zurückzunehmen und mit der Öffentlichkeit auf dem Umweg über die Public-Relations-Abteilung seiner Firmen zu kommunizieren, war er plötzlich dem Rampenlicht ausgesetzt und begann Fehler zu machen. Mit der Attitüde eines Feldherrn erklärte er dem Gegner wortwörtlich den Krieg. Der Eindruck, den er hinterließ, war fatal. Er war es auch deshalb, weil nahezu zeitgleich die Geschichte des Volkswagenwerkes und die ihres Gründers Ferdinand Porsche kritisch durchleuchtet wurden. Das Denkmal begann zu schwanken. War das verehrte Genie am Ende nur ein ehrgeiziger Menschenschinder?

Autokratischer Habitus und martialische Wortwahl waren das Letzte, was der Porsche-Enkel Piëch in dieser Situation hätte an den Tag legen dürfen. Dass er es dennoch tat, schwächte Volkswagen in den Verhandlungen mit General Motors und sollte den Konzern teuer zu stehen kommen. Das vermeintlich geraubte Wissen ließ sich der Konkurrent fürstlich bezahlen. Sozialisiert im Kreise einer seit der Schleyerentführung weitgehend abgeschlossenen Industrieelite, fehlte Piëch die Sensibilität, um den Fallstricken der Öffentlichkeitsarbeit zu entgehen. Zu spät erkannte der Meister moderner Arkanpolitik, dass man Redakteure des *Spiegel* nicht wie Vertreter einer Werkszeitung behandeln konnte.

Perfektionist, der er ist, versuchte Piëch dies zu ändern, indem er fein dosiert Informationen über sein Privatleben an das Publikum weitergab. Dies verlief hinreichend turbulent, um die Öffentlichkeit zu interessieren. Zwölf Kinder hat Piëch von vier verschiedenen Frauen. Skandalumwittert war vor allem die offene Beziehung, die er mit der Ex-Ehefrau seines Cousins führte. Deren Neigung, sich seinen Geschäftspartnern zu nähern, habe, so Piëch, ihn erhebliche Kräfte gekostet. Der 1984 wieder in den sicheren Hafen der Ehe eingelaufene Manager zeigt mit dergleichen Bekenntnissen seine menschliche Seite, die er mit kleinen Anekdoten aus dem Familienleben zu bereichern weiß.

Er gibt dem Publikum die Möglichkeit, sich in ihm, dem großen, heimatverbundenen Jungen mit der Liebe zu Sport, Bergen und Motoren, wiederzuerkennen. Dies macht den zweiten Teil seiner Öffentlichkeitsoffensive glaubwürdiger. Sie dient dazu, ihn als sozial verantwortlichen Manager darzustellen, der stets darum bemüht war, in Deutschland Arbeitsplätze zu sichern. Ja, der Konstrukteur benzintrunkener Ungeheuer scheut nicht einmal davor zurück, sich als Vorkämpfer des Ökoautos feiern zu lassen. Wie sein Großvater, so präsentiert auch Piëch technischen Fortschritt und wirtschaftliche Modernisierung als Schlüssel zum Glück.

Die Rückkehr der Deutschland AG

Piëch sah und sieht seine Mission bei Volkswagen als eine Sanierungsphase, in der dauerhafte Weichenstellungen vorgenommen wurden. Um sicherzustellen, dass seine Linie weiterverfolgt wird, nahm er großen Einfluss bei der Berufung des neuen Vorstandschefs Pischetsrieder und ließ sich selbst zum Aufsichtsratsvorsitzenden wählen. Vor weiterer Kritik schützte ihn dies nicht. Piëch habe zu wenig auf Qualität geachtet, den notwendigen Beschäftigungsabbau vor sich hergeschoben, die Luxussparte auf Kosten der wichtigen Kleinwagensparte vernachlässigt – dies alles sind gängige Vorwürfe, die an Brisanz gewannen, als 2005 dubiose Geschäftspraktiken des Personalvorstands Peter Hartz an die Öffentlichkeit drangen.

In just dieser Situation erhielt VW einen neuen Großaktionär. Die Porsche KG stockte ihren Anteil am Konzern von 10,26 % auf 18,53 % Prozent auf – ein Zukauf von weiteren 3,4 % steht offenbar kurz bevor. Der kleine Sportwagenhersteller überstand in den Jahrzehnten nach 1972 erhebliche Turbulenzen. Nur mühsam konnte man den Verkauf von Aktien an arabische Interessenten verhindern und eine weitere Erbteilung des Aktienpaketes unterbinden. Darüber hinaus verschlechterte sich die Ertragslage der Firma zusehends. Erst als unter dem Druck Piëchs mit Wiedeking ein Sanierer zum Leiter des Managements bestellt wurde, verbesserte sich die Lage. Porsche wurde zum profitabelsten Unternehmen der deutschen Automobilbranche und machte sich nun Sorgen über die Zukunft eines seiner wichtigsten Kooperationspartner – des Volkswagenkonzerns.

Ferdinand Piëch, 2002.

Man befürchtete eine feindliche Übernahme des Wolfsburger Kolosses und schritt ein. Für Volkswagen, aber auch für Piëch ist der Aktienkauf der Porsche KG sicher eine Atempause.

Eine dauerhafte Lösung der Probleme bedeutet sie nicht. Das Vertrauen in den Fortschritt ist erschüttert. Er wird heute wieder mehr und mehr als eine Bedrohung natürlicher Ressourcen und sozialer Besitzstände wahrgenommen. Hinzu kommt die Angst, im internationalen Wettbewerb mit den ostasiatischen Ländern nicht mithalten zu können. Ob in Deutschland und Österreich in Zukunft überhaupt noch eine rentable Auto- und Zulieferindustrie bestehen kann, darüber herrschen selbst bei Fachleuten erhebliche Zweifel.

Dass Porsche inmitten der Depression ausgerechnet in Mittel- und Mittelosteuropa investiert, Großprojekte anstößt und auf Subventionen demonstrativ verzichtet, wird geradezu missbilligend zur Kenntnis genommen. Die Enkel des Technikgenies stören, wie schon ihr Ahnherr, wieder einmal die Totenruhe der deutschen Wirtschaft. Ihre Namen stehen nach wie vor für eine Technikbegeisterung, von der man sich noch heute nicht sicher ist, ob sie unrealistisch oder visionär, hoffnungsvoll oder naiv, amoralisch oder heilsbringend, veraltet oder zukunftsträchtig ist.

Literatur

Osteroth, Reinhard: Ferdinand Porsche. Der Pionier und seine Welt, Hamburg 2004. Mommsen, Hans & Grieger, Manfred: Ds EPT Yeovil 1977. Porsche, Ferry: Mein Leben. Stuttgart 2004. Piëch, Ferdinand: Auto.Biographie, Hamburg 2002. Stiens, Rita: Ferdinand Piëch. Der Automacher, München 2001. Grässlin, Jürgen: Ferdinand Piëch. Techniker der Macht, Ulm 2000.

Anselm und Charlotte Rothschild in ihrem Studio mit den Kindern Nathaniel und Julie, sowie dem Kindermächen (gemalt von Charlotte Rothschild, 1838).

Die Rothschilds

Die Werke der Alten Meister hatten das Palais bereits verlassen. Alles, was von künstlerischem Wert war – und dies war einiges –, hatten die braunen Potentaten beschlagnahmt und entfernt. Dennoch atmete das Gebäude in der Prinz-Eugen-Straße noch immer etwas von der traumhaften Pracht der Rothschilds. Die harmonische Fassade, die eleganten Treppenaufgänge, die großzügigen Säle machten sichtlich Eindruck auf den neuen Hausherrn. Es war ein großer Moment für Adolph Eichmann. Nach Jahren des Wartens hatte man ihm endlich eine Aufgabe übertragen, in der er seine organisatorischen Fähigkeiten zur Geltung bringen konnte. Als Leiter der „Zentralstelle für jüdische Auswanderung" im ehemaligen Palais Rothschild oblag ihm die Umsetzung eines ehrgeizigen Plans. Das Großdeutsche Reich schickte sich an, die Juden Österreichs systematisch auszurauben und zu vertreiben. Kühl und effizient machte sich Eichmann ans Werk.

Es war der Beginn einer Zeitenwende. Das Palais Rothschild hatte einst für eine ganze Epoche, einen Lebensstil gestanden. Patriotisch und weltgewandt, reich und kulturell engagiert, sozial ausgleichend und standesbewusst – so waren die Rothschilds noch kurz vor 1938 in Österreich aufgetreten. Sie verbanden Geld und Gelassenheit, jüdische Kultur und aristokratischen Habitus. Ihr Abschied aus Wien war endgültig. Die braune Barbarei hatte sie vertrieben und damit nicht nur ein Symbol jüdischen Lebens, sondern ein Stück österreichische Identität unwiederbringlich zerstört.

Vom Geldwechsler zum Aristokraten

Als unumstritten galten die Rothschilds im Land an der Donau nie. Schon die Frage ihrer Erhebung in den Adelsstand hatte am Wiener Hof zu heftigen Flügelkämpfen geführt. Gutachten und Gegengutachten hielten sich die Waage. Ihre Verdienste um die Dynastie bestritt niemand. Immerhin war der Sieg gegen Napoleon zu einem erheblichen Teil auf das finanzielle Geschick

Amschel Rothschilds und seiner fünf Söhne zurückzuführen. Auf verworrenen Wegen hatten sie Guthaben über die Frontlinien hinweg transferiert, Bargeld herbeigeschafft und Gold geschmuggelt, um den unersättlichen Finanzbedarf der alliierten Heere zu stillen. Ihre finanzielle Potenz, ihre Risikofreudigkeit und vor allem ihre Schnelligkeit suchten ihresgleichen. Ohne die geschickten finanziellen Manöver der Rothschilds und ihre schier unbegrenzte Fähigkeit, Kapital zu beschaffen, hätten die Alliierten kaum in der notwendigen Geschwindigkeit auf die Rückkehr Napoleons reagieren können. Napoleons Waterloo war nicht zuletzt auch ihr Triumph.

Aus altruistischen Beweggründen, gar aus Anhänglichkeit an das Kaiserhaus handelten sie, so gaben ihre Kritiker zu bedenken, jedoch kaum. Die Rothschilds suchten die Nähe zu den herrschenden Häusern, um Geld zu verdienen.

Den ersten Schritt auf dem langen Weg zum Reichtum taten sie als Finanzverwalter des hessischen Kurfürsten Wilhelm I. In die Dienste dieses ebenso reichen wie geizigen Monarchen war der Dynastiegründer Amschel Rothschild auf eine Art und Weise gelangt, die für seine Nachkommen vorbildlich werden sollte. Zunächst galt es, Aufmerksamkeit zu erregen und Kontakte zu knüpfen.

Vor dem Geldsegen stand die Investition, vor dem Gewinn der Verzicht. Man finanzierte einflussreiche Höflinge, tat sich durch ausgefallene Dienstleistungen hervor, hielt sich mit Forderungen an den Geschäftspartner zurück und demonstrierte dem misstrauischen Hessen immer wieder seine Zuverlässigkeit. Unmerklich bereitete der geduldige Geschäftsmann das Feld für größere Transaktionen. Er sollte sich nicht verkalkuliert haben. Seine Stunde schlug mit dem Sieg der Napoleonischen Heere. Der Kurfürst hatte die Koalition gegen Frankreich über Jahre hinweg unterstützt, nun musste er weichen und seine Finanzen völlig neu organisieren. Aktiva wurden evakuiert, Konten neu eingerichtet, Finanzströme umgeleitet. Alles hatte schnell vonstatten zu gehen, wollte man den Gegner nicht in den Besitz unschätzbarer Werte und Informationen kommen lassen. Eine besondere Sorge bereitete dem Kurfürsten die Verwaltung seiner umfangreichen englischen Einkünfte. Wer sollte die verantwortungsvolle Aufgabe erhalten, sie zu sammeln und in sicheren Staatspapieren anzulegen? Rothschild wusste sich in dieser Frage geschickt zu positionieren. Seine einflussreichen Fürsprecher am Hofe verwiesen auf die Londoner Kontakte des Frankfurter Bankiers. Dessen Sohn Nathan sei seit geraumer Zeit dort ansässig und werde zweifellos seine Aufgabe mit der gewohnten Zuverlässigkeit, Effizienz und Verschwiegenheit erfüllen. Wilhelm ließ sich überzeugen und öffnete den Rothschilds das Tor zur Hochfinanz.

Solange märchenhafte Summen in seinen Händen verharrten – dies wusste Nathan Rothschild –, hatte er die Möglichkeit, das fremde Kapital gewinnbringend einzusetzen und die eigenen Schatullen zu füllen. Das Risiko dieses Spekulationsgeschäftes war hoch, die Gewinnmöglichkeiten waren gigantisch. Nathan war für dieses Spiel wie geschaffen. Mit Raffinesse und Instinkt nutzte er die Schwankungen der Devisen- und Wertpapiermärkte. Stets wusste er etwas mehr als die Konkurrenz, war geschickter und schneller als sie. Der Informationsvorsprung wuchs mit dem eigenen Kapital. Je größer die Beträge, die er einsetzen konnte, desto stärker konnte er auf die Rahmenbedingungen seiner Geldgeschäfte Einfluss nehmen. Statt auf Schwankungen zu warten, begann Nathan sie zu initiieren. Aus dem Spieler wurde ein Manipulator, aus dem Nutznießer des Kriegschaos der Finanzier einer neuen, stabilen Friedensordnung, dessen Einfluss weit über den wirtschaftlichen Bereich hinausging.

Während sich der Wiener Hof noch den Kopf zerbrach, ob man die Geschicklichkeit und das Glück dieser Familie auch noch mit dem Adelstitel belohnen sollte, hatte auch er sich schon längst im Netzwerk des finanzkräftigen Bankhauses verfangen. Ohne die Rothschilds ging im Europa der Restaurationszeit nichts. Dennoch, die Nobilitierung einer jüdischen Familie fiel den Habsburgern schwer. Zwar gab es Präzedenzfälle, doch gerade jetzt, da die Juden Europas um den Erhalt der emanzipatorischen Errungenschaften der französischen Besatzungszeit kämpften, schien eine Standeserhöhung dieser Kinder der Frankfurter Judengasse kaum das richtige Zeichen zu sein. Zudem waren sie geradezu Prototypen des Neureichen. Selbst der weltläufigste von ihnen, Salomon Rothschild, wirkte auf Zeitgenossen irritierend. Abgesehen von seiner Neigung für junge Damen wurden seine mangelnde Etikette und sein Drang, den erworbenen Reichtum zur Schau zu stellen, mit Missfallen aufgenommen. Mancher Gast empfand es eben nicht als Krönung des Abends, von Salomon mit dem heimischen Tresor konfrontiert zu werden. Vielleicht konnte man, so ein Ratgeber des Kaisers, die goldverliebten Herren ja mit einem wertvollen Döschen zufrieden stellen.

Man konnte es nicht. Mit versteckten Drohungen, großzügigen Kreditversprechungen und geschickter Korruption sorgten Salomon, Carl, Nathan,

James und Amschel dafür, dass sie erhielten, was sie wollten. Es war kaum persönliche Eitelkeit, die sie trieb. Der stille Lenker der Familiengeschicke – Nathan – machte aus seiner Abscheu gegenüber der Aristokratie zeit seines Lebens kein Geheimnis. Geradezu spartanisch war der Lebensstil zu nennen, den der korpulente Finanzmagnat pflegte. Lässig an eine Säule der Londoner Börse gelehnt, wurde er als heimlicher Herrscher der europäischen Finanzmärkte geachtet, verehrt und gefürchtet. Die Titel, die man ihm und seinen Brüdern nun verlieh, kommentierte man familienintern mit beißendem Spott. Wenn Carl den Brief an seinen jüngsten Bruder augenzwinkernd mit *"Herrn J. M. Edler von Rothschild, Ritter der Gesellschaft zur Befreiung christlicher Sklaven, Kurhessischer Finanzrat usw."* adressierte, so offenbarte dies deutlich die Distanz, die die jüdische Familie gegenüber ihrer neuen gesellschaftlichen Position wahrte.

Und doch verfolgte sie die Aufnahme in den erblichen Adelsstand mit unerbittlicher Konsequenz. Immerhin war Ehre, wie Salomon zu bedenken gab, in mancher Hinsicht dem Gelde vorzuziehen. Mit Geld könne man schließlich nicht mehr tun als Essen zu kaufen, und die Rothschilds hätten wahrhaft genug zu essen. Damit es aber gut schmecke, müsse man im Besitz der Ehre sein.

In der Tat, Geld war ein flüchtiges Gut. So schnell es verdient war, so schnell konnte es wieder verloren gehen. Der Urgroßvater hatte noch mit Jud Süss Oppenheimer Kontakte gepflegt – jenem Hofjuden, der als Sündenbock des württembergischen Herzogs auf dem Schafott gelandet war. Dergleichen Schicksalsschläge gruben sich tief ins soziale Gedächtnis jüdischer Kaufleute und Bankiers ein. Wie ein Damoklesschwert schwebte die Angst vor dem plötzlichen Untergang, vor Bankrott, Vertreibung und Intrige über ihren Köpfen. Nur allzu sehr waren sich die Rothschilds bewusst, dass jeder Schlag gegen ihren Reichtum auf ein schadenfrohes Publikum stoßen würde.

Salomon Rothschild hatte in Wien, das langsam zum Zentrum seines Wirkens wurde, nicht einmal ein Haus kaufen dürfen. Grundbesitz war Juden untersagt. Trotzig hatte er mit dem „Römischen Kaiser" einen der renommiertesten Gasthöfe der Stadt gemietet und ihn zu einem Zentrum des wirtschaftlichen und gesellschaftlichen Lebens der Stadt ausgebaut. Während sich juristische Diskriminierungen auf diese Weise umgehen ließen, war sich die Macht des Vorurteils weniger leicht zu brechen. Karikaturen wurden in Umlauf gebracht, Gerüchte kursierten. Sorgenvoll beobachteten die Brüder, wie die eigene Familie zur Projektionsfläche antijüdischer Ressentiments wurde.

Ein probater Weg aus der sozialen Isolation, der Gewaltandrohung und der Diskriminierung wäre die Taufe gewesen. Ihn beschritten zahlreiche wohlhabende jüdische Familien. Die Rothschilds schienen nicht einmal über diese Option nachgedacht zu haben. Die Gründe dafür waren vielschichtig. Zumindest der Frankfurter Familienzweig wurzelte tief in der jüdischen Orthodoxie. Dort residierte nicht nur Amschels gleichnamiger ältester Sohn, sondern vor allem Gustel, die Mutter der geschäftstüchtigen Brüderschar. Noch immer wohnte sie in ihrem Haus in der Judengasse und beobachtete das Treiben ihrer Sprösslinge. Niemals hätte sie, die selbst noch die Schwiegertöchter der Enkel begutachtete, einen Abfall vom Glauben der Väter akzeptiert. Das Judentum war für die Rothschilds mehr als eine religiöse Heimat. Das dunkle Haus, die familiären Mythen, die Observanz der jüdischen Glaubensregeln bildeten zugleich einen gemeinsamen kulturellen Bezugspunkt. Ihre *„Mischpoke"* konstituierte sich auf dieser Grundlage als Kleinstnation, als eine vielfach untereinander verschwägerte Geblütsgemeinschaft, die gemeinsam für ihr Überleben in einer feindlichen Umwelt einstand. Auf diese Tradition konnte man sich berufen, wenn es galt, die eigensinnigen Brüder und Cousins zur Einheit zu mahnen, ihre Interessen auszugleichen und gemeinsames Handeln zu ermöglichen. Fielen sie vom jüdischen Glauben ab, drohte der Identitätsverlust und damit zugleich das Ende ihrer wirtschaftlichen Macht.

So blieb das Schicksal der Familie Rothschild mit dem des Judentums als Ganzem untrennbar verbunden. Als Amschel seinen Bruder Nathan 1814 drängte, seinen Einfluss am englischen Hof im Interesse seiner Glaubensgenossen zu nutzen, nannte er daher zwei Gründe dafür: Nathan handle in diesem Falle *„erstens im Interesse des jüdischen Volkes [und] zweitens im Interesse der Reputation des Hauses Rothschild."*

Pogrome, antisemitische Ausschreitungen und diskriminierende Gesetze wurden von den Rothschilds als unmittelbare Attacken auf die eigene Position verstanden. Zu recht – denn jeder Angriff auf eine Synagoge, jede antisemitische Karikatur, jede Herabsetzung des jüdischen Glaubens erleichterte es der Konkurrenz, die Rothschilds mit rassischen Argumenten aus dem Geschäft zu drängen. So hatten sie kaum eine andere Wahl, als den Antisemitismus aktiv zu stigmatisieren, ihn zu einer anrüchigen und zweifelhaften Position zu machen. Zu erreichen war dies nur mit Hilfe eines positiven Gegenbildes, das die Absurdität antijüdischer Stereotypen vor aller Welt offenbar machte. Ein jüdischer Adel, der sich der Anerkennung durch die europäische Hocharistokratie erfreute, erfüllte diese Aufgabe geradezu perfekt. Wenn christliche und jüdische Barone miteinander speisten, warum sollten christliche und jüdische Bürger nicht ebenfalls miteinander auskommen?

Der Erwerb eines aristokratischen Titels lag damit geradezu im vitalen Interesse der Familie, doch damit allein war es nicht getan. Zur Form hatte der Inhalt zu treten. Nur wenn die Rothschilds sich vom Profil des geizigen Bankiers befreiten und an dessen Stelle einen aristokratischen Habitus entwickelten, war der Adelsbrief mehr als ein Stück Papier. Ihre tiefen Einsichten in die Psychologie des Marktes und die Möglichkeiten, ihn mit echten oder fingierten Nachrichten zu lenken, halfen ihnen, auch diese Aufgabe mit beispielloser Effizienz zu lösen. Man knüpfte Kontakte zur Presse, umschmeichelte sie und lockte mit schillernden, gut verkäuflichen Anekdoten zur Familiengeschichte. Stück für Stück lancierte man ein neues Bild seiner selbst. Die meisten der phantasievoll ausgeschmückten Erzählungen rankten sich um die abenteuerliche Finanzierung der Befreiungskriege. Salomon sei mit Kutschen voll Goldes quer durch Europa gefahren, Nathan habe bei Nacht und Nebel den Schmuggel des Edelmetalls an den englischen Küsten organisiert, James den Ärmelkanal in Frauenkleidern überquert und die französischen Zöllner genarrt. Mutig, kühn und listig treten uns die Rothschilds in diesen Geschichten gegenüber. Der Kampf um Macht und Geld gewinnt eine romantische, geradezu ritterliche Komponente. Er wird zum Streit der Ehrenmänner. Diese jüdische Familie ist kämpferisch, streitbar und lässt keine Beleidigung ungerächt. Auch ein Jude – so zeigen sie der staunenden Welt – kann satisfaktionsfähig sein.

Doch nicht nur mit der Demonstration von Macht und Kühnheit, auch mit der von Moralität und Stil weiß man zu beeindrucken. Sicher, die ersten Paläste der Rothschilds, gleich ob sie in England, Frankreich, Italien oder Österreich standen, erschlugen das Publikum förmlich durch eine Überfülle hochkarätiger Kunstwerke und teurer Luxusspielereien. Immerhin lenkten sie die Aufmerksamkeit der Aristokratie auf die Familie. Man lächelt über die Neureichen, doch man staunt auch über ihre bemerkenswerten finanziellen Möglichkeiten.

Dies galt umso mehr, als sie auch karitativ tätig wurden. Krankenhäuser und Waisenheime durften sich großzügiger Spenden des Hauses erfreuen. Man gab immer etwas mehr als die anderen und immer etwas schneller. Zugleich wurden die Kinder standesgemäß erzogen. Ihnen sollte die Angst vor intellektuellem Spott und adliger Herablassung erspart bleiben. In atemloser Hatz eigneten sich die Rothschilds einen aristokratischen Habitus an. Mit einem Schlage präsentierten sie ein neues, aufregendes und selbstbewusstes Bild des Judentums. Jeder weitere Palast, jede neue Stiftung war ein neuer Schlag gegen das Stereotyp des selbstsüchtigen Juden. Nicht Geiz, sondern Altruismus, nicht Armut, sondern Luxus, nicht Feigheit, sondern Kühnheit wurden als Kennzeichen jüdischer Identität definiert. Das Leitbild des Judentums, wie es die Rothschilds verstanden, war nicht das Ghetto, nicht die Synagoge oder das *Schtedl* – es war die jüdische Aristokratie. Sie bildete das Symbol der Emanzipation, das Bindeglied zur europäischen Elite und damit die neue Taktgeberin jüdischer Kultur.

Onkel Metternich

Der alte König der Skythen lag im Sterben. Noch auf dem Totenbett rief Skiluros seine Söhne zu sich und demonstrierte ihnen den Nutzen der Einigkeit. Einen Pfeil könne man leicht zerbrechen, binde man jedoch mehrere zusammen, so trotze das Bündel jedem Versuch, es zu brechen.

Fünf Pfeile und eine Faust – wir finden sie auf dem Wappen der Rothschilds wieder. Von drei Leittugenden, die das Motiv umrahmen – Integritas, Industria und Concordia –, war letztere sicherlich am schwersten aufrechtzuerhalten. In Frankfurt, London, Neapel, Paris und Wien saßen die einzelnen Brüder. Jeder für sich mit unbändigem Selbstbewusstsein ausgestattet, konnten sie von den Leitwölfen Nathan und James oft nur mühsam zu einer gemeinsamen Haltung gedrängt werden. In ihrer uneinheitlichen Einheitlichkeit glichen sie einer Miniaturausgabe Europas im Restaurationszeitalter. Die stolzen Worte der Heiligen Allianz, in denen das Europa der gekrönten Häupter als eine untrennbare Nation unter Gott gefeiert wurde, waren schon kurz nach dem Wiener Kongress der Ernüchterung gewichen. Kaum entstanden, da litt der Bund protestantischer, katholischer und orthodoxer Monarchen auch schon unter jenen Zentrifugalkräften, die ihn schließlich in den Untergang trieben.

Gefährlichster Feind dieser Republik gleichberechtigter Monarchen war der Nationalismus. Er drohte, die feine Machtbalance der europäischen Staaten zu zersprengen und die kühle Ratio der Staatsmänner durch den Druck der Straße zu ersetzen. Seine Propheten versprachen das Ende der Kleinstaaterei, der Adelsprivilegien, der politischen Gängelung durch den Hof. Sie sangen das Lob des homogenen, liberalen Nationalstaates und fluchten seinen Gegnern. Das habsburgische Reich hatte in ihren Träumen kaum einen Platz. Dasselbe galt für die zahlreichen ethnischen Minderheiten innerhalb der europäischen Staaten. Wehe dem, der außerhalb der Nation stand! Vertreibung und Diskriminierung drohten ihm, wenn nicht gar noch Schlimmeres. Vor allem das Judentum musste die Wiederkehr der alten Vorurteile fürchten. Die unvermeidliche Suche der Nationalisten nach inneren Feinden, nach Sittenverderbern und Spionen drohte an den Toren der Synagogen und den Palästen der jüdischen Bankiers zu enden.

Nationalismus war für die Rothschilds damit nicht weniger geschäftsschädigend und existenzbedrohend als der ihm eng verwandte Antisemitismus. Nichts verband sie mit dieser neu erweckten Ideologie. Ihre natürlichen Bündnispartner standen aufseiten der Restauration. Deren Architekt saß in Wien. Klemens Fürst von Metternich bestimmte seit 1811 die Geschicke der Donaumonarchie. Er schien alles zu besitzen – Intelligenz, Instinkt, den richtigen Namen, die richtigen Verbindungen. Nur eines fehlte: Der Fürst hatte so gut wie kein Vermögen.

Der erste offizielle Besuch des mächtigen Staatsmannes bei den Rothschilds war noch eine Sensation. Gemeinsam mit seiner Mätresse, der Fürstin Dorothea von Lieven, machte Metternich im Oktober 1821 auf dem Weg von Wien nach Hannover kurz Station bei Amschel Rothschild in Frankfurt. Der Streit um die Rechte der jüdischen Gemeinde schlug zu diesem Zeitpunkt hohe Wellen in der Stadt am Main. Metternichs Besuch durfte also als deutliche Geste kaiserlichen Wohlwollens gegenüber der „Judenschaft" verstanden werden. Die Rothschilds waren nicht undankbar. Metternich erhielt, nachdem eine einjährige Anstandsfrist verstrichen war, einen dringend benötigten Kredit über 900.000 Gulden. Diesmal war es an ihm, sich zu revanchieren, und er wusste, wie man seinen neuen Gönnern eine Freude bereiten konnte – nur drei Tage nach der Geldzahlung verkündete der kaiserliche Hof die Erhebung der Familie Rothschild in den Freiherrenstand.

Es war der Beginn einer wunderbaren Freundschaft. Metternich hatte eine unerschöpfliche Geldquelle für seinen aufwändigen Lebensstil gefunden.

Die Familie Rothschild beim Gebet, gemalt von Moritz Daniel Oppenheim.

Kredit folgte auf Kredit, wobei der Staatskanzler sich zwischenzeitlich immer wieder um die Tilgung seiner Schulden bemühte. Doch kaum gelang es ihm, das Konto auszugleichen, da lockte schon der nächste Palast, die noch ausgefallenere Vergnügung. Immerhin musste Metternich mit dem Lebensstil der ungarischen Magnaten und des österreichischen Hochadels konkurrieren, und das war kostspielig. Wie gut, dass sein Freund Salomon Verständnis hatte. Dieser legte – ganz im Sinne der Familientradition – Wert auf persönliche Bindungen zum Geschäftspartner. *„Der alte Salomon rührt mich immer durch seine herzliche Anteilnahme",* notierte etwa die Fürstin Melanie in ihrem Tagebuch 1841. Ob Pelzmäntel, Schmuck oder Kinderspielzeug – wenn Salomon zu Besuch kam, durfte sich die Familie auf Geschenke freuen.

Über die Jahrzehnte entwickelte sich zwischen beiden Familien ein echtes Vertrauensverhältnis. Man besprach gesellschaftliche, familiäre und politische

Fragen. Es war eine Partnerschaft zu beiderseitigem Nutzen. Onkel Metternich, so sein Spitzname in der Familie, erhielt durch Salomons Vermittlung Zugang zu einem fein gesponnenen Netzwerk aus Informanten und Kurieren, mit dem die Rothschilds ganz Europa überzogen hatten. Salomon Rothschild ließ den Staatskanzler an seinem kostbarsten Schatz teilhaben – seinem Wissen um Dinge, die andere noch nicht wussten. So konnte Metternich immer etwas schneller, immer etwas überlegter als andere reagieren. Im Gegenzug erhielt Rothschild brühwarme Informationen aus der politischen Entscheidungsküche, ja, er wurde teilweise sogar in den Prozess der Entscheidungsbildung mit einbezogen.

Dies fiel umso leichter, da Fürst und Bankier in den wichtigsten Grundsatzfragen einer Meinung waren. Beide waren an kriegerischen Auseinandersetzungen nicht interessiert. Der Charme der Heiligen Allianz lag in dem Stabilitätsversprechen, auf dem sie gründete. Sie verhieß dem Bürgertum ein wenig Mitsprache und viel Ruhe. Unter solchen Bedingungen ließ sich trefflich Geld verdienen. Leichte Spannungen zwischen den Staaten waren unvermeidlich, sie hatten – wusste man von ihnen rechtzeitig – aus der Sicht des Bankiers sogar ihren Reiz, denn sie beflügelten die Fantasie der Anleger und kurbelten die Rüstungswirtschaft an. Einen heißen Krieg verabscheute man dagegen. Schon die Rückkehr Napoleons und der rasche Sieg Wellingtons hatten sich als Verlustgeschäft erwiesen – Nathan hatte mit einem längeren Krieg kalkuliert. Nein, Kriege erschwerten die Zusammenarbeit des Bankhauses, zerstörten Werte und ließen sich in ihrem Ausgang nicht berechnen. Nur wenn es unbedingt erforderlich war, wenn die Stabilität Europas gefährdet schien, waren die Rothschilds bereit, eine militärische Intervention zu unterstützen.

Metternichs Kampf gegen revolutionäre Umtriebe fand aus ähnlichen Gründen ihre volle Unterstützung. Revolutionen ließen Staatsanleihen ins Bodenlose fallen, stießen die vertrauten Entscheidungsträger vom Thron und gefährdeten den erreichten sozialen Status. Auch sie zerstörten das, was Geldgeber so notwendig brauchten wie die Luft zum Atmen – berechenbare Rahmenbedingungen. Riesige Investitionen in industrielle Großvorhaben, wie sie in den 1830-er Jahren zunehmend von den Rothschilds getätigt wurden, waren ohnehin schon riskant genug. James, der Pionier des französischen Eisenbahnnetzes, wurde von Gegnern des neuen Verkehrsmittels und Konkurrenten um die Marktführerschaft gleichermaßen bedrängt. Ähnlich ging es seinem

Bruder Salomon. Seine Idee, ausgerechnet in der vergleichsweise rückständigen Donaumonarchie eines der größten Fernbahnnetze Europas aufzubauen, wurde vielerorts mit Kopfschütteln bedacht. Man könne doch nicht einmal eine Kutsche nach Kagran füllen, bemerkte der Thronfolger süffisant – wie solle da eine Bahnlinie ins ferne Galizien wirtschaftlich sein. Salomon Rothschild ließ sich nicht beirren. Dem politischen Trommelfeuer, das der einflussreiche Bankier entfesselte, konnte auch ein Kaiser schließlich nicht mehr widerstehen. Der Hof gab seine Zustimmung zur Gründung einer Bahngesellschaft. Die Bauarbeiten schritten rasch voran. Salomon steckte immense Gelder in das Projekt und schreckte selbst vor dem Kauf eines der größten Stahlwerke des Landes in Wittkowitz nicht zurück. Sein Kampf gegen Bedenkenträger und Konkurrenten schien schließlich von Erfolg gekrönt zu sein. Am 7. Juli 1839 – nur wenige Jahre nach Planungsbeginn – nahm die Nordbahn ihren Dienst auf.

Auf den Triumph folgte mit der Revolution von 1848 ein nahezu vernichtender Schlag. Die Throne Europas begannen zu wackeln, und ihr bevorzugtes Bankhaus wackelte kräftig mit. Vor allem die Niederlassung in Wien wurde zu einem Sorgenkind der Rothschilds. Den hohen Verpflichtungen, die man im Eisenbahnbau eingegangen war, standen nur ungenügende Sicherheiten gegenüber. Der Wert ihrer Staatsanleihen war stark gefallen und ihre Schuldforderungen gegenüber dem Hochadel waren kaum das Papier wert, auf dem sie standen. Um ein Desaster abzuwenden, das dem Familienrenommee irreparablen Schaden zugefügt hätte, eilte die Verwandtschaft aus Paris und London dem Wiener Zweig diskret zu Hilfe. Nur mit Mühe konnte ein Bankrott abgewendet werden.

Dabei stand es auch um den einst so blühenden französischen Zweig der Rothschilds keineswegs zum Besten. Der Bürgerkönig, mit dem man auf vertrautem Fuße gestanden hatte, wich einer Regierung, zu der man ein distanziertes Verhältnis pflegte. Den einst allmächtigen Rothschilds blies plötzlich ein kalter Wind ins Gesicht. Die neuen Herren huldigten offenbar einer ganz anderen Wirtschafts- und Finanzpolitik, als man dies gewohnt war. Dies zeigte nicht zuletzt die vom Staat forcierte Gründung einer Kreditbank, die in harte Konkurrenz zu den Rothschilds trat. Gleich einem riesigen Investmentfonds sammelte die Crédit Mobilier Kapital, um damit die Finanzierung industrieller Großprojekte zu ermöglichen. Der Anfangserfolg war überwältigend, und nur die überspannten Zielvorstellungen des Direktoriums führten schließlich dazu, dass das Unternehmen nach einigen Jahren kollabierte. Der Schreck indes saß tief. Wollten die Rothschilds ihre dominierende Position auf dem Kapitalmarkt erhalten, so mussten sie sich anpassen.

Dies sah niemand so klar wie Anselm von Rothschild, der Erbe Salomons, der seinem Vater bereits durch die Strudel des drohenden Konkurses von 1848 hindurchgeholfen hatte. Nun schickte er sich an, die Geschäfte des Hauses auf eine neue Grundlage zu stellen. Die Konkurrenz konnte nach seiner Überzeugung nur dann bezwungen werden, wenn man sie imitierte. Bereits 1852, als es darum ging, die Crédit Mobilier aus Österreich fernzuhalten, nutzte er seinen ganzen politischen Einfluss und sämtliche Kontakte zu liquiden Hochadelsfamilien, um eine eigene Investmentbank – die Kreditanstalt für Handel und Gewerbe – ins Leben zu rufen. Der Erfolg gab ihm Recht. Rasch wuchs das Institut zum wichtigsten Geldgeber der industriellen Entwicklung in der Donaumonarchie heran.

Die Anpassung an neue ökonomische Rahmenbedingungen barg für das Familienunternehmen allerdings auch ihre Schattenseiten. Nicht mehr die Kapitalbeteiligungen der Schwesterbanken, sondern der nationale Kapitalmarkt stand nunmehr im Vordergrund unternehmerischen Handelns. Wenn auch die internationale Struktur der Rothschild-Bank de jure weiterhin erhalten blieb, so drifteten ihre Teile doch unmerklich immer weiter auseinander.

Das Wahrzeichen der Rothschilds – das Bündel von Pfeilen, das nur gemeinsam unüberwindlich war – drohte in einem Europa der verfeindeten Nationen auseinanderzufallen.

Mit Stil in die Katastrophe

Für Kunstkenner besaß das Palais Rothschild in der Prinz-Eugen-Straße eine geradezu magnetische Anziehungskraft. 1894 war es im Auftrag Salomon Albert von Rothschilds (genannt Salbert) errichtet worden. Der neue Herr der Rothschildbank besaß damit einen Prestigebau, der in jeder Beziehung mit dem prächtigen Stadtpalais seines Bruders Nathaniel mithalten konnte. Auffallend waren nicht nur das prächtige neobarocke Dekor, die hohen Fenster und die prächtigen Säle, sondern vor allem die Innenausstattung. Wie sein Vater Anselm, so waren auch seine Söhne passionierte Gemäldesammler. Angetan hatten es ihnen vor allem die niederländischen Meister des Barock. Kenner rühmten die Kollektionen der Bankiers, die in Europa ihresgleichen suchten.

Salbert und Nathaniel hatten, daran bestand kein Zweifel, ein ausgeprägtes Stilempfinden. Die Enkel der einstigen Außenseiter begannen langsam aus der zweiten in die erste Gesellschaft Wiens vorzustoßen. In ihrem Habitus waren sie kaum vom Rest des österreichischen Hochadels zu unterscheiden. Man sammelte, baute, pflegte den einen oder anderen aristokratischen Spleen (Salbert ließ eine Sternwarte in seinem Palais einrichten), überzog die Stadt mit karitativen Stiftungen und wurde schließlich auch bei gesellschaftlichen Anlässen am Hofe geladen.

Ganz ähnlich wie ihre englischen und französischen Verwandten festigten auch die Wiener Rothschilds schrittweise die Bindungen an ihre Wahlheimat. Gegen die Herausforderung des Nationalismus führten die Rothschilds nun zunehmend eine unerschütterliche staatsbürgerliche Loyalität ins Feld.

Nicht jedermann war davon überzeugt, dass eine solche Haltung sich langfristig durchhalten ließ. Zu den Zweiflern gehörte ein junger jüdischer Journalist aus Wien, der 1891 bis 1894 von Paris aus über den Dreyfus-Prozess berichtete. Die Erfahrungen, die Theodor Herzl dort gemacht hatte, sollten ihn nachhaltig prägen. Jede Hoffnung auf Assimilation sei, so wurde ihm endgültig klar, eine unrealistische Träumerei. Niemals werde man Gleicher unter Gleichen sein. Erst wenn die Juden einen eigenen Staat besäßen, eine eigene Heimstatt, erst dann werde ihre Nation als gleichwertig anerkannt. Anpassung sei ein Irrweg, Selbstbewusstsein und Selbstbestimmung seien die einzig adäquaten Mittel, um eine unhaltbare Situation endlich zu beenden. Diese Idee, einen Judenstaat zu begründen, war vor allem eines – sie war kostspielig. Wer sollte die Emigration aus Europa finanzieren, wer das Land in Palästina kaufen, wer die Ausbildung der Siedler und ihre Versorgung sicherstellen?

Unwillkürlich richteten sich die Blicke Herzls auf die Rothschilds. Die waren nicht nur großzügige Sponsoren des jüdischen Lebens in Wien, Paris und London, sie unterstützten zudem seit Jahrzehnten die jüdische Gemeinde in Palästina. Über die Vorsteher der Wiener Glaubensgemeinschaft wandte Herzl sich daher zunächst an Salbert. Dessen Antwort war entmutigend. Nein, mit einem solchen Unternehmen wolle man nicht in Verbindung gebracht werden. Nicht in der Flucht, sondern im Kampf gegen die Welle des Antisemitismus sah der Baron die Aufgabe seiner Familie. Es galt, einem Mann wie dem Wiener Bürgermeister Lueger entgegenzutreten, seine heimtückischen Parolen gegen die Rothschilds zu widerlegen und nicht etwa ihm das Feld zu überlassen.

Salberts Haltung entsprach jener der Familienmehrheit. Nur einzelne waren bereit, die Idee einer jüdischen Auswandererbewegung nach Palästina zu unterstützen. Zu ihnen gehörte Edmond de Rothschild, der dort eine Kolonie russischer Siedler im Gutsherrenstil führte. Es war seinem gnadenlosen Regiment zu verdanken, dass die jüdische Präsenz in dem kargen Land, in dem weder Milch noch Honig flossen, langsam, aber stetig zunahm. Dennoch, von Herzls Ideen hielt er nur wenig. Der Nahe Osten war ein Auffangbecken, das den notleidenden Ostjuden Zuflucht gewährte – ob daraus mehr werden konnte, würde man sehen.

Mochte die jüdische Kolonie im Vorderen Orient noch zu Beginn des 20. Jahrhunderts manchem als spleenige Idee eines überspannten jüdischen Aristokraten erscheinen, so begann sich dieses Bild nach dem Ende des Ersten Weltkrieges zu verändern. Drei Kaiserreiche waren zerfallen und eine Vielzahl von kleineren Nationalstaaten gegründet worden. Ethnische und religiöse Minderheiten standen unter einem nie gekannten nationalen Homogenitätsdruck. Dieser war um so schwerwiegender, als die verarmten Erben der mächtigen Vorgängerreiche schwere wirtschaftliche Krisen zu durchleiden hatten. Verteilungskämpfe und ethnische Rivalitäten gingen Hand in Hand. Mancher hoffte noch, es könnte einen Weg zurück aus einer falschen Entwicklung geben. Von der Idee getrieben, es sei möglich, Wiens Zentralitätsfunktion zumindest auf dem wirtschaftlichen Sektor aufrechtzuerhalten, wurden in den alten Einflusszonen auch zweifelhafte Investitionsvorhaben großzügig unterstützt.

Dass man noch immer liquide genug war, um die alte Rolle des Impulsgebers und Entwicklers weiterspielen zu können, dafür schien der Name Rothschild zu bürgen. Der neue Prinzipal der Wiener Rothschild-Bank war in der Tat ein Sinnbild für Unerschütterlichkeit und Kontinuität. Louis Rothschild hatte die alte Forderung der Familie, Niederlagen auf keinen Fall einzugestehen und noch unter schwierigsten Bedingungen den Schein unerschöpflichen Reichtums aufrechtzuerhalten, wie kein anderer verinnerlicht.

Es war eine Strategie, die den Rothschilds nicht nur zum Vorteil gereicht hatte. Im Gegenteil, als ihre Bank die Stürme der Jahre 1815, 1830, 1848 und

1918 gleichermaßen wohlbehalten überstanden hatte, entbrannten wilde Gerüchte über den märchenhaften Umfang ihres Reichtums und ihrer dunklen Verbindungen (etwa zu den Freimaurerlogen). Die Familie, die sonst ängstlich um ein positives Profil in der Öffentlichkeit bemüht war, ließ dergleichen Anfeindungen unbeantwortet. Immerhin war nichts für einen Bankier wichtiger als das Vertrauen in seine Bonität.

Louis' unaufgeregtes Geschäftsgebaren, die scheinbare Nonchalance, mit der er geschäftliche Abschlüsse kommentierte, waren typisch für diesen Rothschild-Stil. Je unsicherer das geschäftliche und politische Umfeld wurde, um so ruhiger agierte der Baron. Als kühl agierender Fachmann, modernen Geschäftsmethoden aufgeschlossen, vermittelte er doch den Eindruck, Millionenabschlüsse seien nur kurze Intermezzi, die ihn von seinen kulturellen und sportlichen Hauptinteressen ablenkten. Inmitten der unruhigen und depressiven Republik war er ein Anker des Vertrauens und der Sicherheit. Er war es auch dann noch, als es mit den Geschäften des Hauses keineswegs zum Besten stand. Louis hatte sich als erster Vertreter seiner Familie zum Präsidenten der Creditanstalt wählen lassen. Man hatte ihn angesichts schwerer ökonomischer Turbulenzen zu diesem Schritt gedrängt. Nur sein Name könne die Situation beruhigen und das Institut in ruhigeres Fahrwasser führen. Rothschild hatte diesen Sirenengesängen, wie sie vor allem die Politik anstimmte, nachgegeben und sah sich bald in einer Zwickmühle gefangen. Die Konjunkturerwartungen für die folgenden Jahre waren, wie sich zeigte, viel zu optimistisch gewesen. Statt eines Aufschwungs vertiefte sich die Krise, und vonseiten des Kanzleramtes kamen immer neue Forderungen. Im Verlaufe des Jahres 1929 spitzte sich die Situation zu. Es ging um die Rettung der Bodenkreditanstalt. Ginge sie bankrott, so mahnte die Regierung, seien die Folgen unabsehbar. Man müsse handeln. Vergeblich warnte Louis von Rothschild vor einer Übernahme, sie werde die Creditanstalt ruinieren. Als das Unvermeidliche geschah, stand nicht nur die Creditanstalt, sondern auch das mit ihr eng verbundene Bankhaus Rothschild vor dem Konkurs.

Die Wiener Rothschilds reagierten mit der stoischen Ruhe wahrer Aristokraten. Fast nebenbei, so ein Zeitzeugenbericht, teilte Louis seinem Bruder mit, er habe auch eine seiner Liegenschaften verkaufen müssen, um Liquiditätslücken zu schließen. „Na ja", habe dieser schulterzuckend geantwortet, um dann leichthin fortzufahren, *„aber fragen hättest Du mich vorher schon können."*

Verzichtsleistungen wie diese gruben sich zwar tief in die Familienerinnerung ein, gerettet wurde das Bankhaus auf diese Weise jedoch nicht. Dieses Verdienst kam eher dem geduldigen Engagement der französischen und englischen Schwesterhäuser zu, die schließlich retteten, was noch zu retten war. Noch einmal agierte die Dynastie als Einheit. Doch in diesem Falle zeigte sich die Verwandtschaft zur Irritation der Betroffenen erstmals nicht mehr bereit, die entstandenen Verbindlichkeiten wie selbstverständlich zu übernehmen. Man begann zu verhandeln. Der Vergleich, den man schließlich erzielte, stellte keineswegs alle Beteiligten zufrieden. Misstrauen begann sich zu verbreiten. Die Rothschilds, so ließen die Kommunisten wahrheitswidrig verlauten, hätten die Krise nur deshalb unbeschadet überstanden, weil sie eigene Verluste durch Staatszuschüsse ausgeglichen hätten.

Angesichts der verzweifelten wirtschaftlichen Lage begannen mehr und mehr Österreicher solchen Botschaften Glauben zu schenken. Die jüdischen Bankier wurden zum Symbol einer korrupten, zum verdienten Untergang verurteilten Republik. Nur durch eine Vereinigung mit dem nördlichen Nachbarn, nur unter dem Dach eines großdeutschen Nationalstaates schien Österreich noch eine Zukunft zu haben. Louis, der die Entwicklung im Deutschen Reich seit 1933 zunehmend mit Sorge beobachtete, stemmte sich mit aller Kraft gegen diese Entwicklung. Seine Präsenz, seine Ruhe, seine Kultiviertheit sollten das Vertrauen der Familie in die Zukunft der Donaurepublik demonstrieren. Als könnte man die Nationalsozialisten besiegen, indem man sie ignorierte, verharrte er auch dann noch im Lande, als es für eine Flucht zu spät war. Himmler frohlockte. Mit Rothschild meinte man eine Geisel zu besitzen, aus der sich Kapital schlagen ließ. Wer jedoch angenommen hatte, der Baron werde unter den Strapazen der Haft zusammenbrechen und die neuen Herren mit all seinem Reichtum überhäufen, sah sich getäuscht. Louis von Rothschild hatte Vorkehrungen getroffen. Der größere Teil seiner industriellen Eigentumsanteile war längst an die französischen und englischen Zweige der Familie übergeben worden. Er selbst ließ sich weder durch Drohungen noch durch Hafterleichterungen zur Kooperation bewegen. Als Himmler ihm als Geste des guten Willens Antiquitäten zur Verfügung stellte, um damit seine Zelle etwas wohnlicher zu machen, wies Rothschild das Ansinnen zurück. Mit der neuen Ausstattung, so bemerkte er, sehe der Raum aus wie ein Krakauer Bordell.

Alfons von Rothschild (Bruder des Prinzipals Louis von Rothschild) beim Freudenauer Derby in Wien, 1931.

Die braunen Herren mochten weder Erziehung noch Stil besitzen, doch sie waren gefährlich, und der Tanz des Barons auf dem Vulkan beunruhigte seine Verwandten in London und Paris in zunehmendem Maße. Man fürchtete um sein Leben und entschloss sich zum Zahlen. Der Preis für die Freiheit Louis von Rothschilds war beachtlich. So wurden etwa die Wittkowitzer Stahlwerke den gierigen Händen Görings zu einem Bruchteil ihres Wertes überlassen.

Als man ihm seine Entlassung zu vorgerückter Stunde völlig überraschend mitteilte, reagierte Louis ungerührt. Um diese Zeit könne er seine Verwandten und Freunde unmöglich stören, teilte er seinen Wärtern mit – man möge bis zum morgigen Tage warten. Die verblüfften Verwaltungsbeamten gehorchten. So verließ der letzte Rothschild das Land in Würde – es sollte ein Abschied für immer sein.

Epilog – Die Macht der Bilder

Wenn die Tochter Louis von Rothschilds das Kunsthistorische Museum in Wien besichtigte, konnte sie ihre Gefühle nur mühsam beherrschen. Viele der Alten Meister, mit denen man sich schmückte, stammten aus dem Besitz ihres Hauses. Jene, die den Baron vor 1938 wöchentlich besuchten, sich mit ihm über kunstgeschichtliche Themen austauschten und seine Finanzen für großzügige Spenden zu nutzen versuchten, waren 1938 die Ersten, die Ansprüche auf die Beute geltend machten. Die Gemälde der Rothschilds dürften, da war man sich einig, Wien auf keinen Fall verlassen. Es war eine Grundüberzeugung, an der sich nach 1945 nichts geändert hatte.

Dass die Rothschilds auf dem Boden des zerstörten Österreich ihre Bank nicht wieder eröffnen würden, war rasch deutlich geworden. Man verspürte keinerlei Neigung, in das Land zurückzukehren, aus dem man herausgeworfen worden war. Den geraubten Besitz forderten die Anwälte der Familie allerdings zurück. Die Museen reagierten mit Panik. Die wunderbaren Meisterwerke des niederländischen Barock, das berühmte „Männliche Porträt" von Franz Hals sollte man hergeben? Niemals! Zum Entzücken der Verantwortlichen fand sich ein Gesetz aus den Zeiten der Ersten Republik, mit dem sich die Weigerung begründen ließ. Es untersagte die Ausfuhr österreichischen Kulturguts und wurde nun gegen die Rothschild-Anwälte ins Feld geführt. Die Methoden, die

Louis von Rothschild, um 1930.

man anwandte, grenzten, zumindest in den Augen der Nachgeborenen, an Erpressung. Wenn die Rothschilds ihr Eigentum ausführen wollten, so machten die Verantwortlichen klar, dann müssten sie Opfer bringen. Ohne die Schenkung einiger der schönsten Stücke ihrer Sammlung werde man keine Ausfuhrgenehmigung erteilen. Angesichts ihrer bedrängten finanziellen Lage blieb Louis und seinen Verwandten nichts anderes übrig als zuzustimmen – die Perlen seiner Sammlung gingen an den österreichischen Staat über.

Es war ein moralisch zweifelhafter Sieg der jungen Republik, der zudem auf juristisch unsicherem Grunde erfochten wurde. Bereits 1967 machten erste Stimmen darauf aufmerksam, dass die erzwungenen Schenkungen sich kaum mit den Bestimmungen des Staatsvertrages vereinbaren ließen. Einer gerichtlichen Überprüfung werde die Vereinbarung mit der Familie Rothschild nicht standhalten.

Mochten die juristischen Folgen eines möglichen Prozesses kaum berechenbar erscheinen, seine politischen Konsequenzen waren zwangsläufig desaströs. Die Zweite Republik, die sich als wiederhergestellter Opferstaat, als republikanisches Bollwerk und seit 1989 auch wieder zunehmend als Brücke nach Osteuropa verstand, konnte es sich außenpolitisch kaum leisten, den Erben der Rothschilds ihr rechtmäßiges Eigentum vorzuenthalten. Wie konnte man sich auf die alten übernationalen Traditionen des Landes berufen und sich zugleich an den Verbrechen der Nationalsozialisten bereichern?

Als die nationale und vor allem die internationale Presse 1997 das Thema etwa zeitgleich mit den Debatten um die Entschädigung deutscher Zwangsarbeiter aufgriff, galt es daher rasch zu handeln. Das Ende des Schweigens bedeutete zwangsläufig auch das Ende der Tatenlosigkeit. Was über Jahrzehnte nicht möglich schien – binnen Monaten wurde es in die Realität umgesetzt. Die Erben der Wiener Rothschilds erhielten ihre Alten Meister zurück. Sie wurden bei Sotheby's versteigert.

Es war ein öffentlicher Akt der Buße und der Selbstreinigung, der hier vollzogen wurde. Im Trennungsschmerz vom nationalen Kulturerbe wurde zugleich der so lange verdrängte Verlust kultureller Traditionslinien in das kollektive Bewusstsein gehoben. Was war vom aristokratischen, toleranten, in kultureller Blüte stehenden Österreich, für das die Rothschilds wie keine andere Familie standen, nach 1938 geblieben? Jene Traditionen, an die die Zweite Republik anzuknüpfen versuchte –, waren sie nicht von der nationalsozialistischen Diktatur mit Stumpf und Stiel vernichtet worden? Fragen wie diese lösten Beklemmung aus und ließen die Übergabe der Bilder fast wie einen Befreiungsschlag erscheinen. Die demonstrative Rückgabe, sie war als ein Zeichen zu verstehen – Österreich stand zu seiner Schuld und verneigte sich zugleich vor einer kulturellen Tradition, an die man nur allzu gern anknüpfen würde. Die Erben der Rothschilds ihrerseits zeigten sich gnädig – man nahm das Opfer an und reichte die Hand zur Aussöhnung.

So endete die Affäre in allgemeinem Wohlgefallen – die Opfer erhielten einen Teil ihres Vermögens zurück, und die Nation konnte wieder etwas ruhiger schlafen. Das „Männliche Porträt" aber, es fand nach einigen Umwegen im Jahre 2003 sein neues Zuhause in der Sammlung des Fürsten Liechtenstein. Heute hängt es als Paradestück in dessen Privatmuseum und erfreut – wie ehedem – das Wiener Publikum.

Literatur

Ferguson, Niall: The World's Banker. The History of the House of Rothschild, London 1998. Wilson, Derek: Die Rothschild-Dynastie. Eine Geschichte von Ruhm und Macht, Wien 1989. Kunth, Felicitas: Die Rothschild'sche Gemäldesammlung in Wien, Wien 2005.

Romy Schneider mit ihrem Dackel Seppl, zusammen mit ihrer Mutter, Magda Schneider, und Ernst Marischka bei der Ankunft auf dem Flughafen Wien, 1954.

Die Familie Schneider – Albach-Retty

Die junge Schauspielerin war beeindruckt. Offenbar hatte der Name Habsburg nichts von seinem Zauber verloren. Halb Madrid schien sich auf der Landebahn versammelt zu haben, um dem freundlichen Herrn mittleren Alters zuzujubeln, der neben ihr im Flugzeug saß und sich jetzt erhoben hatte. Würdevoll verließ Otto von Habsburg die Maschine und schritt die Gangway hinunter – niemand nahm von ihm Notiz. Erst jetzt erkannte Romy Schneider, dass der Jubel nicht dem lebenden Vertreter des Kaiserhauses, sondern ihr, der Darstellerin einer kaiserlichen Legende, galt. Die Menschen dort unten warteten nicht auf einen Menschen aus Fleisch und Blut, sie warteten auf Sissi. Der Beifall, der ihr entgegenbrandete, versinnbildlichte den Glanz einer weiblichen Schauspielerdynastie. Der Aufstieg aus wirtschaftlicher Not und sozialer Verachtung, wie sie die Großmutter noch durchlitten hatte, war gelungen. Romy Schneider war ein Weltstar auf dem Gipfel seines Ruhmes. Anerkennung und Bewunderung umgaben sie, und doch spürte sie zugleich den scharfen Stachel der öffentlichen Vereinnahmung. Das Publikum erwartete, seine Sissi zu sehen, nicht nur auf der Leinwand, auch im wirklichen Leben. Der Traum sollte zur fleischgewordenen Realität werden. Die eigene Persönlichkeit hatte sich dieser Umformung geschmeidig anzupassen, auf dass die Künstlerin den Erwartungen des Publikums entsprach. Im Falle der Weigerung konnte aus Liebe rasch Hass, aus Bewunderung Verachtung werden. Dies war eine Erfahrung, die die siebzehnjährige Romy Schneider noch vor sich hatte.

Der zweifelhafte Ruf

Schauspieler sind Meister der Illusion. Dies machte sie im Europa der Frühen Neuzeit zu überaus suspekten Zeitgenossen. Vor allem Geistlichkeit und Bürgertum waren irritiert und reagierten mit Ablehnung. Lebten diese Menschen nicht vom Schein, vom Betrug? Gaukelten sie der Jugend nicht eine Phantasiewelt vor, in der diese zu versinken drohte? Blendeten sie ihr Publikum nicht mit schönem Schein und wurden dafür von eleganten Höflingen bejubelt, die gleichermaßen die Kunst der Verstellung so meisterhaft beherrschten? Selbst jene, die den pädagogischen Gehalt des Schauspiels schätzten, wie die Jesuiten oder die Dichter des höfischen Theaters, fanden für den Schauspieler selbst kaum ein freundliches Wort. Noch Diderot erklärte, ein Darsteller müsse kalt und emotionslos sein. Nur der Gefühllose könne virtuos Trauer und Freude, Hass und Scham unverfälscht nachahmen. Er hatte demnach die Aufgabe eines virtuosen Handwerkers, eines Akrobaten der Emotionen, der für seine genaue Beobachtungsgabe und Körperbeherrschung bewundert wurde, ohne dass diese Wertschätzung sich auf seine Person übertrug.

Der Star des ‚theatrum mundi' – des Welttheaters – war nicht der Schauspieler, es war der Monarch, der gleichfalls in eine Unzahl von Rollen zu schlüpfen hatte und doch immer er selbst blieb. Bisweilen betrat er in eigener Person die Bretter, die die Welt bedeuteten. Als begabter Dilettant amüsierte er dann ein handverlesenes Publikum mit formvollendeter Selbstironie. Rosa Albach-Retty, die Großmutter Romy Schneiders, war im Zeitalter der Monarchendämmerung selbst noch Zeugin und Mitgestalterin solcher Festivitäten gewesen. Schein und Wirklichkeit konnten bei dergleichen Anlässen seltsam verschwimmen, wenn etwa ein Mitglied des Hochadels in die Rolle der tollpatschigen Dienerschaft zu schlüpfen beliebte und sich damit über die anachronistischen Zwänge des Hofzeremoniells lustig machte. Bei aller Faszination für das Theater, das die Zwänge der eigenen Rolle so trefflich spiegelte – die Distanz zum Schauspieler blieb.

Die Tochter eines Wanderschauspielers hatte dies schon in jungen Jahren zu spüren bekommen. Man war von Ort zu Ort gezogen, Freundschaften waren selten und wurden bemerkenswerterweise meist mit Außenseiterinnen geschlossen. Der Vater tröstete das Mädchen mit einer Familienlegende – die Rettys, so erklärte er ihr, stammten ursprünglich aus Italien und hätten dort dereinst einen Papst zu den Ihren gezählt. Dieser Traum von edler Abstammung konnte die Realität kaum verhüllen. Welchen Status sie in den Augen des bewunderten Adels tatsächlich hatte, merkte die junge Schauspielerin, als sie ihre ersten Bühnenerfolge feierte.

Der junge Prinz von Reuss habe ihr, so Albach, eine Einladung zum Abendessen gesandt. Brüsk habe sie diese unzweideutige Aufforderung zu einer gemeinsamen Liebesnacht zurückgewiesen, den Brief zerrissen und dem Prinzen ausrichten lassen, er könne sich bei ihrem Vater melden, wenn er sie kennen lernen wolle. Als sie den Vorfall einige Tage später dem Grafen Dönhoff, dessen Töchtern sie Schauspielunterricht erteilte, berichtete, habe dieser geschmunzelt und gefragt, ob sie nicht etwas zu streng mit dem jungen Mann umgesprungen sei. *„Zu streng, Exzellenz? Ja, was würden denn Sie sagen, wenn der Prinz von Reuss Ihrer Tochter, ohne ihr vorgestellt zu sein, mit einem solchen Anliegen käme?"*

Dönhoff sei zusammengefahren. Erst als sich seine Frau für die junge Schauspielerin einsetzte, habe er eingelenkt, seine Beziehungen spielen lassen und den Prinzen von Reuss zu einer schriftlichen Entschuldigung gezwungen. Die Vorstellung, der Körper einer Schauspielerin sei für Mitglieder des Hochadels nicht beliebig verfügbar, war noch Ende des 19. Jahrhunderts offenbar gewöhnungsbedürftig. Die Grenzen zwischen einer Schauspielerin und einer Prostituierten waren in der öffentlichen Wahrnehmung noch immer fließend. Das Bild einer Meisterin der Verstellung verschmolz mit dem der käuflichen Frau, die Lust und Liebe vortäuschte, um einem Leben im Luxus frönen zu können. Es war ein Bild, das von der Wirklichkeit nicht weiter hätte entfernt sein können.

Sicher, es gab die Lebedame, die mithilfe eines einflussreichen Liebhabers Haus und Hof, Schmuck und Einfluss besaß. Die Burgschauspielerin Katharina Schratt, deren Preziosen der Gesprächsstoff ganz Wiens waren, war eine von ihnen. Ihr Verehrer war niemand Geringerer als Kaiser Franz Joseph höchstselbst.

Nur wenige genossen indes eine solche Protektion. Für die meisten verlief der Lebensweg weitaus trister. Die prächtigen Bühnenkleider, die das Publikum so liebte, waren aus eigener Tasche zu zahlen. Von der Gage blieb kaum noch etwas übrig, und ein reicher Verehrer war oft die einzige Möglichkeit, zumindest für eine kurze Zeit, die Differenz zwischen Anspruch und Wirklichkeit finanziell auszugleichen. Eine soziale Absicherung gab es nicht. Brach man sich ein Bein, wurde man krank, konnte das Geld für den Lebensunterhalt knapp werden. Trat schließlich die größte aller Katastrophen – das Alter – ein, so war alle Hoffnung verloren. Die Rollen wurden knapp und Verehrer rar. Selbst ehemals gefeierte Bühnenstars fand Rosa Albach-Retty später verarmt und vereinsamt in sozialen Notunterkünften wieder.

Die Burgschauspielerin

Trotz der ökonomischen Unsicherheit und der immer spürbaren sozialen Distanz war – wie das Einlenken des Grafen Dönhoff zeigte – das Ansehen des Schauspielerberufes im Verlaufe des 19. Jahrhunderts langsam, aber stetig gestiegen. Die Mimin näherte sich dem Status der bürgerlichen Ehrbarkeit an, dem auch der Adel seinen Respekt zu erweisen hatte. Die Bourgeoisie hatte das Theater als Bildungsanstalt und Forum der Selbstreflexion entdeckt, in dem der Schauspieler nicht mehr als Darsteller, sondern als Künstler wirkte. Aufbauend auf Lessing und Iffland, setzte sich die Vorstellung eines „natürlichen" Spiels durch, das die Vorgabe psychologisch durchdrang. Der Schauspieler faszinierte nicht nur durch Kunstfertigkeit, durch die richtige, die angemessene Bewegung und Mimik, sondern durch die Tiefe seines Spiels und seine interpretatorische Schärfe. Er täuschte Emotionen nicht vor, er durchlitt sie. Die Rolle gewann an Glaubwürdigkeit und der Schauspieler an Bühnenpräsenz, indem er eigene Erfahrungen, eigenes Denken und Fühlen mit der Textvorgabe verschmolz und so etwas Neues, Aufregendes, nie Gekanntes erschuf.

Die Distanz gegenüber der Kunstwelt, die Scheu vor den Meistern der Verstellung blieb ungeachtet dieses Wandels bestehen. Neben sie trat jedoch die Faszination. Freiheit und Bindungslosigkeit, vor allem aber die Fähigkeit des Künstlers, in seine innersten Tiefen hineinzutauchen, dort Verdrängtes hervorzuholen und zur Schau zu stellen, um es dann wieder in den Verliesen seiner Seele verschwinden zu lassen, begannen die Phantasie des Bürgertums zu beschäftigen. Mancher erlag dem Zauber, wie der Großvater Rosa Albach-Rettys. Der wohlsituierte Lehrer hatte – so wusste Rosa Albach-Retty später zu berichten – seine bürgerliche Existenz aufgegeben und den Schauspielerberuf ergriffen. Doch die Faszination der Bühne eröffnete noch einen anderen Weg: den der Heirat zwischen einer Schauspielerin und einem Angehörigen der bürgerlichen Eliten. Für den Gemahl bedeutete er nicht selten einen gesellschaftlichen Makel, aber auch die Teilhabe am Glanz des Theaters, ohne sich dessen Widrigkeiten ganz aussetzen zu müssen. So war die Hochzeit des Oberleutnants des k. u. k. Heeres Karl Albach und der Schauspielerin Rosa Retty ein ungewöhnlicher, kaum aber ein staunenswerter Schritt. Albach beendete damit seine militärische Karriere, wechselte in den Anwaltsberuf und nahm künftig lebhaft am Beruf seiner Frau Anteil. Die Eheschließung bedeutete den

Höhepunkt eines langen Weges in die soziale Akzeptanz. Sie gab Rosa nicht nur Sicherheit – sie schuf zugleich einen geradezu lebensnotwendigen emotionalen Rückzugsraum. In einem Beruf, der zu einer ständigen seelischen Gratwanderung zwang, war die Gefahr privater Zusammenbrüche groß. Dies hatte schon das mysteriöse Verschwinden des schauspielernden Großvaters demonstriert, und es sollte Rosa Jahre später durch den Selbstmord ihres Vaters erneut vor Augen geführt werden. Das Leben auf des Messers Schneide verlangte nach einem Sicherungsseil, wie es in Kindertagen die Mutter bereitgestellt hatte. In selbstlosem Verzicht auf ihre Opernkarriere hatte sie sich der sensiblen Tochter gewidmet, ihr mit Rat und Tat zur Seite gestanden und damit den Prozess der zwanglosen Selbstaneignung des Schauspielerberufes erst ermöglicht. Rosa sog die Techniken der Mimin gleichsam mit der Muttermilch auf und erhielt auf Betreiben des Vaters erste kleinere Rollen. Als er ein festes Engagement am Deutschen Schauspielhaus in Berlin erhielt, spielte er berufliche Kontakte zu ihren Gunsten aus. Geschickt machte man die ersten Regisseure und Kollegen auf die kleine Retty aufmerksam. Josef Kainz, der Star des Ensembles, wurde zu ihrem wohl wichtigsten Lehrmeister. Er führte sie in die Techniken des naturalistischen Spiels ein, das er geschickt zu erweitern verstand. Als ehemaliger Duzfreund Ludwigs II., mit dem er eine schwärmerische Schweizreise durchlitten hatte, war Kainz längst eine Legende seiner selbst. Er hatte die geheimnisvoll-private Kunstwelt des Märchenkönigs für den öffentlichen Jubel seines bürgerlichen Publikums aufgegeben und damit das Selbstbewusstsein eines bürgerlichen Künstlers an den Tag gelegt, der sich von seinem Monarchen nicht mehr ohne weiteres vereinnahmen ließ.

Rosa Retty war in seinen Augen für das Fach der naiven, tugendhaften jungen Frau geradezu prädestiniert. Diese Natürlichkeit des Spiels war es, die er forderte und um feine Nuancen zu bereichern versuchte. Langsam baute er sie zu einer Partnerin auf, die von Publikum und Kritik gleichermaßen gefeiert wurde. Bereits 1891 bekam sie ihr erstes festes Engagement am Deutschen Schauspielhaus in Berlin – ein Schritt, auf den ihr Vater Jahrzehnte hatte warten müssen. Nur wenig später folgte die Volksbühne in Wien und schließlich 1912 der künstlerische Ritterschlag: die Berufung zur Burgschauspielerin. Sie, die noch in Kindertagen neidvoll den Lebensstil des Adels bewundert hatte, wurde nun mit einer eigenen Kutsche zu den Proben gefahren und durfte sich bei Seiner Majestät höchstselbst für die Ernennung bedanken.

Es war ein skurriler Rest der Hoftheatertradition, der hier zur Geltung kam. Er gemahnte an eine Zeit, in der die Wertschätzung des Monarchen und nicht etwa jene des Publikums entscheidend für die Karriere eines Darstellers war. Franz Josef, dem sich Rosa Albach-Retty vorstellte, hatte seine neue Burgschauspielerin noch kein einziges Mal gesehen, und diese war keineswegs peinlich berührt. Im Gegenteil, die Haltung des alten Kaisers beeindruckte sie zutiefst. Die Art, wie er die Rolle, die er zu spielen hatte, mit seiner Persönlichkeit ausfüllte, der Humor, mit dem er seine Unkenntnis kommentierte, seine Ruhe inmitten des Wandels nötigten ihr professionellen Respekt ab. Hier war eine Person, zu der auch sie bereit war aufzuschauen. Verglichen mit diesem Grad der Perfektion waren die nachfolgenden Politikergenerationen allenfalls ein Abklatsch. Hitler blieb ihr vor allem als ein drittklassiger Darsteller mit schlechtem Stil und noch schlechterem Theatergeschmack in Erinnerung. Mit der Monarchie war für Albach-Retty der letzte Orientierungspunkt außerhalb des Theaters erloschen – und nicht nur für sie.

Der Tanz auf dem Vulkan

Reinheit, Opfermut, Mütterlichkeit, Wollust, Verrat, Verführung – all dies wird lebendig im Spiel der Mimin. Charaktere, die der kalten Feder des Schriftstellers entstammen, verwandeln sich auf der Bühne in Menschen aus Fleisch und Blut. Werden sie glaubwürdig verkörpert, so können sie dem Publikum Anstöße zur Selbstreflexion bieten, sie können ihm Leit- und Feindbilder vermitteln.

Auf der Bühne vergewissert sich das Bürgertum seiner Werte oder beginnt an ihnen zu zweifeln. Die Künstlerin eröffnet durch ihr Spiel dem Publikum Denkmöglichkeiten, lädt zur Wiederentdeckung des Gesehenen in der Realität ein und gibt dem Zuschauer damit ein eigenes Wahrnehmungsraster an die Hand. Frauenrollen auf der Bühne und soziale Geschlechterbilder korrespondieren miteinander, beeinflussen sich gegenseitig. Gerät eine Gesellschaft durch wirtschaftliche, soziale und politische Krisen ins Wanken, so kann dies an der Bühne nicht spurlos vorübergehen.

Die verschärften sozialen Spannungen der Jahrhundertwende, der Zusammenbruch von Donaumonarchie und Kaiserreich, die Kriegsniederlage, dies alles verlangte nach Antworten. Sie konnten sehr unterschiedlich ausfallen. Eine Möglichkeit bestand darin, die Krise auf die Bühne zu bringen, das Elend zu zeigen, die Verunsicherung durch Verfremdung, Tabubruch und verstärktes Ensemblespiel zu thematisieren. Doch nicht nur das moderne, experimentierfreudige Theater auf höchstem Niveau erlebte eine Blütezeit, auch die Unterhaltungsindustrie hatte ungeahnten Zulauf. Die Flucht in die Idylle wurde zu einem Massenphänomen. Sie bedurfte der scheinbar unveränderlichen, geradezu archetypischen Männer- und Frauengestalten, der festen Leitbilder, die die Stürme der Zeit überdauert hatten und damit Orientierung gaben.

Geradezu unverzichtbar war die Rolle des gutaussehenden Charmeurs, des Gentlemanverführers, der von einer liebreizenden Frau schließlich gezähmt wird. Wolf Albach-Retty schien für eine solche Rolle geradezu geboren worden zu sein. Dabei trat der einzige Sohn Rosa Albach-Rettys zunächst in die Fußstapfen seiner Mutter und schickte sich an, am Burgtheater Karriere zu machen. Er war wohlbehütet aufgewachsen. Überlegungen, ihn in ein Internat zu geben, hatten die Eltern rasch fallen gelassen. Sicher, der Knabe war schwer zu bändigen, riss von zu Hause aus und war an der Schule völlig desinteressiert. Sich von „Wolfi" zu trennen, kam für die Mutter dennoch nicht in Frage. Als er sich entschied, Schauspieler zu werden, bedeutete dies für die Eltern keine Überraschung. Der ebenso begabte wie blendend aussehende junge Mann besuchte das Reinhardt-Seminar und nahm schon wenig später ein Engagement am Burgtheater an. Das Publikum war vom innigen Zusammenspiel von Mutter und Sohn angetan. Der junge Albach zeigte dennoch wenig Neigung, dem mütterlichen Beispiel nachzueifern und den Dienst am geheiligten Tempel des österreichischen Theaters zu seinem Lebensinhalt zu machen.

Die UFA wurde auf ihn aufmerksam. Nicht nur sein Äußeres war für den Film interessant, auch seine darstellerische Begabung und seine exzellente Ausbildung machten ihn zur ersten Wahl für den Unterhaltungsfilm. Albach verlieh durch feine Nuancen den märchenhaften Handlungen jenen Kern an Glaubwürdigkeit, die ihre Beliebtheit ausmachten. Er war aus dem Stoff, aus dem die Stars geschmiedet werden. Mit dem Ende der Monarchien dürsteten Österreich und Deutschland nach neuen Idolen, deren Fotografien die Wände schmückten und deren Leben in Bahnen eines realen Märchens verlief. An ihren Freuden und Leiden wollte man teilhaben und ihre unwandelbare Stärke und Gelassenheit bewundern. Ein Star wie Albach-Retty durfte seine Rolle variie-

Magda Schneider und Wolf Albach-Retty nach ihrer standesamtlichen Trauung, 2. 8. 1937.

ren, eine gewisse Vielgestaltigkeit war durchaus erwünscht. Im Kern jedoch hatte er einem unverkennbaren Profil – eben dem des charmanten Gentlemans – zu entsprechen. Dies galt nicht nur für den Film, sondern ebenso für das so genannte Privatleben, das von der Öffentlichkeit genau beobachtet wurde.

Wolf Albach-Retty liebte von Jugend an krachlederne Tracht und trieb sich oft tagelang auf der Pirsch herum. Der interessierten Fangemeinde hatten solche Seiten ihres Traummannes, der rasch neben Willi Fritsch den Platz als Herzensbrecher der deutschen Kinos eroberte, verborgen zu bleiben. Opportun waren demgegenüber Berichte über die Ehe zwischen dem Wiener Traumprinzen und seiner Lieblingspartnerin Magda Schneider – eine von Anfang an problematische Liaison.

Stars wurden und werden gemacht. Doch von wem? In Hollywood war es eine hocheffiziente Filmindustrie, die die Bedürfnisse des Marktes untersuchte und ihr Angebot dementsprechend ausrichtete. Die deutsche Filmindustrie stand demgegenüber ab 1933 unter der scharfen Aufsicht des Propagandaministers und folgte damit einem etwas anderen Muster. Goebbels hatte erkannt, wie wertvoll die einfachen, gradlinigen Männer und Frauentypen für die nationale Propaganda sein konnten. Tiefgründiges, Schwankendes wurde in den Hintergrund gedrängt, das Publikum sollte klare Leitlinien, markante Orientierungspunkte bekommen. Selbst die leichte Muse erhielt damit eine politische Note. Sie diente nicht nur zur Erheiterung inmitten des Schreckens, sondern transportierte hintergründig einen neuen, sehr viel engeren Verhaltenskodex der Geschlechter. Sie demonstrierte, was noch und was eben nicht mehr erlaubt war. Der Minister setzte auf die Macht der vielfach reproduzierten Bilder, die dem Publikum den Weg zur inneren Uniformität ebnen sollten. Es galt, ein unzeitgemäßes Rollenverständnis mit modernsten Mitteln gesellschaftlich zu verankern. Für den Nationalsozialismus stellte dies eine zentrale Aufgabe dar, denn was die Nation war, das sollte jedermann im Bild der deutschen Frau und des deutschen Mannes wiedererkennen. Das Kino wirkte hier als vorsichtiger Impulsgeber und Vergewisserungsorgan.

Für den umschwärmten Albach-Retty hatte diese Rolle durchaus ihre Vorzüge. Neben schnellen Autos und schönen Frauen bot sie ihm Sorglosigkeit inmitten des Krieges. Doch wurde der Preis, der zu zahlen war, auch ihm schnell bewusst gemacht. Sein Regisseur Kurt Gerron – ein späteres Opfer des Holocaust – wurde vor seinen Augen gedemütigt und außer Landes gejagt. Als Albach-Retty zögerte, gemeinsam mit SA-Schergen, die ins Studio eingedrungen waren, den Hitler-Gruß zu leisten, soll ihn nur die Fürsprache seiner Frau vor beruflichem Schaden bewahrt haben. Das Regime stellte Erwartungen an den Schauspieler. Dazu zählte auch ein ideologiekonformes Privatleben. Der bindungsunfähige Frauenheld hatte auf einem Bauernhof im Berchtesgadener Land ein Familienidyll zu präsentieren, das ihm zutiefst suspekt war und das zerbrach, sobald der äußere Druck von ihm genommen wurde. Die Ehe mit Magda Schneider wurde im Jahre 1945 geschieden.

Heile Welt

Albach-Retty ließ eine gebrochene Frau zurück. Die Handwerkertochter aus Augsburg hatte – anders als ihr Mann – einen mühsamen Weg zum Erfolg hinter sich. Mit eisernem Willen und einer guten Portion Frechheit ertrotzte sie sich die Ausbildung in Ballett, Gesang und Schauspiel. Schritt für Schritt kam sie ihrem großen Ziel – einer Film- und Theaterkarriere – näher. Die Heirat mit dem Sohn einer Burgschauspielerin ließ den ganz großen Ruhm zum Greifen nahe rücken. Man kaufte ein Haus in idyllischer Natur und nahe an den Residenzen der Mächtigen. Die Kinder hatten das zweifelhafte Vergnügen, ihre Geburtstage gemeinsam mit den Sprösslingen Bormanns zu feiern. Mit dem Ende Hitlers platzte auch Magdas Traum vom Leben im Starhimmel wie eine Seifenblase – der Mann weg, die Studios zerbombt.

Doch obwohl sie, nach eigenem Bekunden, schon den Revolver in der Hand gehalten hatte, um der Tristesse des Diesseits zu entfliehen, siegte bald ihre unbeugsame Zähigkeit über diese Anwandlungen von Melancholie. Und tatsächlich: Sobald die schlimmsten Kriegsschäden beseitigt waren, erwachte auch das Verlangen des Publikums nach Unterhaltung. Für die Rolle der guten Kameradin, der natürlichen Schönheit, wurde sie allerdings langsam zu alt, und die Zahl der angebotenen Rollen hielt sich in Grenzen. Wollte sie in der aufstrebenden Nachkriegsfilmindustrie Fuß fassen, so musste sie ihr Profil gründlich wandeln. Einen ersten Schritt unternahm sie 1953 mit ihrer erneuten Eheschließung. An die Stelle des smarten Albach trat der fettglänzende deutsche Gastwirt Blatzheim. Nur wenige Monate später folgte eine Hauptrolle im passenden Film – *„Wenn der weiße Flieder blüht"* trug auffällig autobiographische Züge. Schneider verkörperte eine gütige Ehefrau und Mutter, die von einem begabten, aber unzuverlässigen Künstler verlassen worden ist. Die verletzte Frau meistert ihr Schicksal und findet Halt in einer neuen Liebe, diesmal zu einem einfachen, aber gütigen Mann. Als der Künstler zurückkehrt, kann ihn seine inzwischen halbwüchsige Tochter überzeugen, sich still wieder zurückzuziehen, um das neue Glück nicht zu stören.

Der Film sollte zu Herzen gehen und gab Magda Schneider die Chance, sich als tapfere Ehefrau und Mutter, als Idealbild der deutschen Nachkriegsfrau zu stilisieren. Um zu überzeugen, fehlte jedoch noch eine unentbehrliche Zutat – sie sollte am 15. Juli 1953 mit dem Zug ankommen.

Die erst fünfzehnjährige Rosemarie Albach, genannt Romy, war in Köln von einem Telegramm ihrer Mutter überrascht worden, sie möge – so hieß es dort – sofort nach München kommen. Die plötzliche Aufmerksamkeit war irritierend. „Mamili" und „Pappili" hatten ihre Erziehungsaufgaben zunächst von den Großeltern erledigen lassen und ihre beiden Sprösslinge dann auf ein Internat gesandt. *„Steck deine Kindheit in die Tasche und renne davon, denn das ist alles, was du hast"* – dieses abgewandelte Zitat Max Reinhardts sollte ihr Vater ihr später zustecken. Rosemarie Magdalena Albach trug den Zettel bis zu ihrem Lebensende bei sich. Er wirkte wie eine zynische Erinnerung an das, was die Eltern ihr vorenthalten hatten. Emotionale Stabilität, Wärme und Zuwendung hatten ihrer Großmutter und ihrem Vater die Möglichkeit gegeben, langsam in den schwierigen Beruf des Schauspielers hineinzuwachsen. Sie wurde in diesen Beruf hineingeworfen, denn Magda Schneider und ihr Regisseur hatten rasch erkannt, dass niemand die Rolle der Filmtochter besser spielen konnte als das eigene Fleisch und Blut. Sie erfuhr von den Plänen noch am Bahnhof und war begeistert. Endlich sollte sie Teil haben an der geheimnisvollen, wunderbaren Welt der Eltern.

Noch während der Dreharbeiten wurde langsam klar, dass das, was als geschickte Vermarktungsstrategie erdacht wurde, eine ungeahnte Eigendynamik entfaltete. Romy war nicht nur hübsch, sie war auch noch mit einer erstaunlichen Spielfreude begabt. Publikum und Kritik waren sich einig – der Film lebte von der schauspielerischen Leistung der bezaubernden Tochter Magda Schneiders.

Letztere erkannte kühlen Blickes, dass sie auf einer Goldader saß. Die Tochter wurde nun nach allen Regeln der Kunst auf dem Filmmarkt positioniert. Als Erstes tilgte man den unerfreulichen Nachnamen Albach, der an die Scheidung vom Vater erinnerte. Kein Schatten durfte auf das innige Verhältnis von Magda und Romy Schneider fallen. Die Mutter baute den Mythos von der heilen Familie auf und fütterte die Presse nach Kräften mit Informationen. Geschickt erklärte sie den unüberhörbaren Widerspruchsgeist Romys mit ihrer Natürlichkeit.

Jungfräulich, rein und wild, wie sie war, bedurfte sie noch der Zähmung durch den geliebten Mann – der die Mutter von der süßen Last der Erziehung befreite.

Diese asexuelle Inkarnation natürlicher Reinheit, dieser österreichische Gegenentwurf zu Brigitte Bardot, sollte das Publikum bald in Scharen ins Kino locken. Romy Schneider avancierte zu einem Leitbild für die deutsch-österreichische Jugend, das auch die Generation der Täter und Mitläufer entzückte. In den historisierenden Heimatfilmen „Deutschmeister" und „Mädchenjahre einer Königin" spielte sie ein freundlich-naives Mädchen, das die Ordnung der Dinge selbstverständlich akzeptiert. Dem Mann war zu gehorchen, dem Vater gebührte Respekt. Da die Realität des Publikums anders aussah, wurde das Leitbild einfach in die Vergangenheit zurückverlegt, in der die Natur noch heil und die Staatsmänner edel waren. Ein Meister dieser einfachen Botschaft war der österreichische Regisseur Ernst Marischka, der in Romy Schneider die Traumbesetzung für ein lange geplantes Projekt erkannte – die Verfilmung des Lebens der Kaiserin Elisabeth.

Sissi war das Produkt einer ausgefeilten Geschichtsfälschung, in der die kühl-intellektuelle Wittelsbacherin zum naiven Weibchen reduziert wurde.

Marischka beschwor 1955 – im Jahr des Staatsvertrages – unter beachtlichem Aufwand den Glanz der Habsburger-Monarchie. Dies war nicht ohne Risiko – immerhin bot die erzkatholische, konservative und bisweilen brutal vorgehende Dynastie wenig, was das Herz erwärmte. Marischka ersetzte daher Tatsachen durch Fiktion. Er konstruierte ein Monarchenpaar, wie es sich die Zeitgenossen wünschten. Der Kaiser sollte gütig und von unwandelbarer Würde sein, aber auf keinen Fall arrogant und steif. Der Regisseur und Drehbuchautor zeichnet in diesem Sinne das Bild eines edlen Kaisers, der allerdings von Bosheit und Egoismus umgeben war – die Monarchie stand, trotz ihres zweifellos guten Kerns, vor dem Untergang. Doch dann kam die Rettung in Gestalt der jungfräulichen Mutter Natur. Elisabeth von Wittelsbach hatte von ihrem Vater den wahren, durch bürgerliche Ideale gereinigten Herzensadel geerbt, den sie nun nach Schloss Schönbrunn trug. Sie und nur sie vermochte das Ruder herumzureißen und die Regentschaft des väterlichen Kaisers in einen Segen für seine Untertanen zu verwandeln.

Ein solches Märchen konnte rasch ins Lächerliche münden, und so wählte Marischka die Besetzung sorgfältig aus. Jede Nebenrolle wurde mit hochkarätigen Schauspielern besetzt. Als besonderer Glücksfall erwies sich seine Hauptdarstellerin. Romy Schneider verkörperte das Aschenputtel aus der Provinz, das im dunklen Schloss seines Prinzen ein Licht der Menschlichkeit entzündet, mit unerwarteter Glaubwürdigkeit. In ihrem Spiel verschwammen Traum und Wirklichkeit. Romy Schneider schöpfte aus den eigenen Träumen und Zweifeln. Sie durchdrang ihre Rolle, verschmolz mit ihr. So bekam das Publikum seine Ersatzkaiserin, seinen fleischgewordenen Traum, der wirklicher als die Wirklichkeit schien. Wie eine reale Monarchin wurde sie zu einem fernen Leitbild, das in der Realität millionenfach reproduziert werden sollte. Die verunsicherten Kriegsverlierer nahmen in Romy Schneider die Inkarnation der reinen Frau wahr, deren ewige Heimat das eigene Land war. Nicht die Leistung der Schauspielerin wurde bewundert, sondern einzig ihr Sein, ihr vermeintlicher Wesenskern. Als weiblicher Star hatte sie diesen unberührt zu behüten. Weiterentwicklung war – anders als beim männlichen Pendant – unerwünscht und konnte nur zu Degeneration führen. Schon als Fünfzehnjährige wurde Romy Schneider zur Gefangenen des eigenen Mythos.

Freiheit?

Romy Schneiders Befreiungsschlag traf die deutschsprachige Öffentlichkeit mitten ins Herz. Ausgerechnet mit Alain Delon, diesem Inbegriff des zwielichtigen Franzosen, stürzte sie sich in eine Liebesaffäre, die alle Konventionen durchbrach. Wie hatte es soweit kommen können?

Magda Schneider sollte sich noch über Jahre mit dieser Frage öffentlich das Hirn zermartern, dabei fiel die Antwort nicht schwer. Die Mutter konnte eine Tochter, um die sie sich fünfzehn Jahre lang nicht gekümmert hatte, nicht annähernd so rigide kontrollieren, wie sie sich das vorstellte. Die mütterliche Vorgabe, derzufolge ein Flirt mit dem Filmpartner gut fürs Geschäft war, eine Affäre jedoch das sorgsam gepflegte Image zerstörte, stieß auf zunehmenden Widerspruch der Tochter. Romy Schneider war nicht annähernd so keusch und naiv wie die Mädchen, die sie verkörpern sollte. Wie verlogen der schöne Schein der süßlichen Nachkriegsidylle war, offenbarte sich für die junge Frau in der Figur ihres Stiefvaters. Nach außen geradezu ängstlich um ihren guten Ruf bedacht, ließ er hinter verschlossenen Türen nichts unversucht, um die junge Frau in sein Bett zu bekommen.

Der ehemalige Soldat und Fleischerlehrling Delon, dessen ausgeprägte Kontakte in die Pariser Unterwelt ebenso Stadtgespräch waren wie seine bisexuellen Neigungen, stand demgegenüber für eine faszinierende Gegenwelt. Amoralisch, aber ehrlich, unkonventionell und kreativ nahm er ihre Begabung und atemberaubende Sinnlichkeit gleichermaßen wahr. Für Romy Schneider war die Liaison, die auf Druck der Mutter in das unpassende Gewand einer Verlobung gekleidet wurde, befreiend und kräftezehrend zugleich.

Ein künstlerischer Neuanfang fiel schwer, und der Rückweg schien verbaut zu sein. Der deutschsprachige Raum hatte auf die wilde Ehe mit dem Erbfeind mit Liebesentzug reagiert. Versuche Schneiders, in Filmen wie „Katja, die ungekrönte Kaiserin" das alte Rollenmodell noch einmal zu bedienen, schlugen fehl. So blieb nur der Weg eines kompletten Wandels: Romy Schneider lernte Französisch, ließ sich von Coco Chanel modisch beraten und begann sich verstärkt für die künstlerische Arbeit ihres Lebenspartners zu interessieren. Delon machte sie mit einem Regisseur bekannt, der den künftigen Berufsweg der Kulturemigrantin prägen sollte. Don Luchino Visconti, Herzog von Modrone, stand zu Beginn der 1960-er Jahre auf dem Gipfel seines Ruhms. Er wurde als

Romy Schneider, 1957.

Schöpfer eines neuen Filmstils, als Chronist des Niedergangs der Aristokratie und genialer Spötter über die bürgerliche Moral gefeiert. Nun bot er dem ehemaligen Symbol weiblicher Unschuld die Hauptrolle in einem Inzestdrama an. Die Proben gerieten zur Tortur. Romy Schneider hatte noch nie auf einer Theaterbühne gestanden und wurde von Visconti erbarmungslos nach seinen Vorstellungen geformt. Dem Zusammenbruch nahe gab sie ihr Äußerstes und feierte einen grandiosen Erfolg.

Der Durchbruch war gelungen. Schneider spielte in den nächsten Jahren in hochkarätigen, künstlerisch anspruchsvollen Produktionen amerikanischer, italienischer und französischer Provenienz. Sie arbeitete mit Visconti, Welles, Preminger und faszinierte ihr internationales Publikum durch Schönheit, Frivolität und eine leichte Dosis Melancholie.

Letztere sollte nach ihrer Rückkehr aus Hollywood reichlich Nahrung erhalten. Alain Delon, mittlerweile ein gefeierter Star mit sicherem künstlerischem und finanziellem Geschick, war seiner österreichischen Dauerverlobten müde geworden. Mit einem lieblosen Zettel auf dem gemeinsamen Esstisch verabschiedete er sich und zog zu seiner neuen Geliebten.

Romy Schneider unternahm einen Selbstmordversuch und sollte Wochen brauchen, um sich von diesem Tiefschlag zu erholen. Ihr, die ihre Rollen mit der ganzen Tiefe ihres Wesens auslotete und in ihnen verloren zu gehen drohte, war die emotionale Basis entzogen worden. Der unentbehrliche Rückzugs- und Erholungsraum, jenes Reservat der Normalität, das ihrer Großmutter Kraft gegeben hatte, fehlte Romy Schneider. Es war ein Defizit, das sie in den nächsten Jahren verzweifelt auszugleichen versuchte. Doch wie sollte sie eine Familie gründen, wenn sie keine eigene Erfahrung, keine authentischen Leitbilder besaß, an denen sie sich (im negativen wie im positiven Sinne) orientieren konnte? Als Lösung bot sich ein Neuarrangement kindlicher Träume, beruflicher Erfahrungen und gesellschaftlicher Stereotypen an. Gesucht wurde ein fester Halt, ein zuverlässiger Partner mit klaren Vorstellungen über die familiären Rollenverteilungen. Schneider fand ihre Idealbesetzung bei einem Kurzbesuch in Berlin. Er hieß Harry Meyen und war erfolgreicher Theaterregisseur. Sein Weltbild war konservativ, als Verfolgter des Dritten Reiches jedoch frei von jenen braunen Flecken, die Schneider so verhasst waren. Persönliche Freunde der beiden sprachen später von der berühmten Liebe auf den ersten Blick. Die Schauspielerin hatte, was sie wollte, und war nicht gewillt, den noch verheirateten Meyen wieder ziehen zu lassen. Sie finanzierte seine Scheidung, heiratete ihn und wurde schwanger. Der gemeinsame Sohn David kam 1966 zur Welt. Jeder, der es wissen wollte, wurde von ihr nun über die Freuden des Mutterglückes und der patriarchalischen Weltordnung aufgeklärt. Harry erklärte ihr die Welt, und Romy hörte beglückt zu. Er, die Berliner Lokalgröße, ließ sie, den mehrsprachigen Weltstar, deren angebliche Unterlegenheit spüren. Trotz aller ehrlich gewachsenen Zuneigung trug diese Rollenverteilung rasch den Charakter einer Tragikomödie. Das Privatleben schien abzulaufen wie so viele von Schneiders Filmen: Eine brillante Hauptdarstellerin versuchte, die Schwächen eines miserablen Drehbuches und eines überforderten Regisseurs auszugleichen, ohne dass dies recht gelingen wollte.

Immer häufiger kam es zum Streit. Sie reaktivierte ihre französischen Kontakte, begann wieder zu drehen und feierte in Frankreich größere Erfolge denn je. Schon 1973 war die Ehe zu einer Farce geworden und die Scheidung kaum noch abzuwenden. Das Bedürfnis, der Mutterrolle gerecht zu werden, die Sehnsucht nach Wärme und Halt blieb, und so kam es in den nächsten Jahren zu immer neuen Beziehungsexperimenten mit zum Teil desaströsem Ausgang. Folgenschwer war vor allem die Liebe zu ihrem zweiten Mann Daniel Biasini, dem Vater ihres zweiten Kindes Sarah. Wieder einmal war es ein asymmetrisches Verhältnis, in dem diesmal sie die dominierende Position innehatte. Auch diese Ehe scheiterte. Das turbulente Privatleben, das verzweifelte Ringen um einen festen Grund, hatte Spuren hinterlassen. Tabletten und Alkohol spielten eine immer größere Rolle in ihrem Leben.

Wechselnde Liebesbeziehungen, emotionale Ausbrüche, Abhängigkeiten, Verzweiflung, all dies bildet auch den Grundtenor jener Rollen, die sie im französischen Film verkörperte, wobei der düstere Aspekt ihrer Charaktere im Laufe der Jahre an Intensität zunahm.

Wiederum war sie auf eine bestimmte, kaum variierende Frauenrolle festgelegt, die das Publikum zu Beifallsstürmen hinriss. Ihre Orientierungslosigkeit, ihr verzweifeltes, intensives Streben nach Glück, fokussierten ein modernes Lebensgefühl. Zugleich konterkarierte sie jedoch das Bild dieser Suchenden, indem sie ihren Figuren die Züge des vermeintlich Ewigweiblichen verlieh. So blieben ihre Frauengestalten emotionsgesteuerte, irrationale Wesen, die sich in der modernen Umwelt nicht zurechtfanden – die Frau als Modernisierungsverliererin. Die Suche nach Orientierung war in diesen Filmen daher stets die

Suche nach dem „richtigen" Mann. Dies wurde, wie Alice Schwarzer scharfsinnig bemerkte, mit einer hintergründigen Schwermut gewürzt, die die Schauspielerin für das französische Publikum zur Verkörperung der deutschen Seele machte.

Romy Schneider, die Deutschland verlassen hatte, um dem Sissi-Image zu entfliehen, sah sich in Frankreich einer ähnlichen Situation ausgeliefert. Auch hier war sie zu einem Symbol der Weiblichkeit, einem Instrument der Selbstvergewisserung geworden. Dem Schicksal des Stars hatte sie nicht entfliehen können. Privatleben und Filmrollen verschmolzen immer stärker miteinander – angesichts der tragischen Charaktere, die sie ab Ende der 1970-er Jahre spielte, war dies kein gutes Omen.

Der Tod kam schließlich in Raten. Er kündigte sich mit Schicksalsschlägen an, die ihre Lebenskraft erlahmen ließen: der Tod des noch immer geliebten Ex-Mannes Harry Meyen 1979, der grauenhafte, tödliche Unfall ihres Sohnes David 1981. Am 29. Mai 1982 starb sie schließlich selbst – körperlich ausgezehrt und seelisch entkräftet.

Das Erbe

Sie sang in der Oper, gehörte zu den besten Fechtern ihrer Zeit und pflegte Beziehungen zu Partnern beiderlei Geschlechts. Julie de Maupin war eine Femme forte – eine Amazone und als solche in den Augen der deutschen Nachbarn Ende des 17. Jahrhunderts ein Inbegriff der widernatürlichen Ordnung im französischen Nachbarland. Heutigentags ist ihre Lebensgeschichte der Stoff, aus dem man Drehbücher macht. In kaum einem Historiendrama darf die bogenschießende und fechtende Frau mehr fehlen. Vorbei die Zeiten, in denen Lady Marian nach ihrem Robin schmachtete und auf Rettung hoffte. Heute macht Marian dem Sheriff von Nottingham eigenhändig den Garaus und gibt den Räubern vom Sherwood Forest Reitunterricht.

Julie ruft keinen Hass mehr hervor, sondern Sympathie, Neugierde und Spannung. Ähnliches gilt für die Hauptdarstellerin, die sich die Gemeinschaftsproduktion aus dem Jahre 2004 aussuchte – Sarah Biasini, die Tochter Romy Schneiders. Wie die berühmte Mutter, so hatte auch sie ein Historiendrama für ihren Karrierebeginn gewählt. Dessen Charakter jedoch hätte unterschiedlicher nicht sein können. An die Stelle der naiven Passivität einer Sissi tritt eine aktive, selbstbestimmte Frauengestalt. Es ist eine Rolle, die ihre Entsprechung durchaus im Auftreten der Schauspielerin findet. Wohlbehütet aufgewachsen, geht sie überraschend souverän mit dem mütterlichen Erbe um, das sie in den höchsten Tönen preist. Romy Schneider sei eine selbstbewusste Frau gewesen, die durch ihr freizügiges Leben und ihre darstellerische Kraft die Frauenbewegung weit nach vorne gebracht habe.

Ihr Auftritt zur besten Sendezeit um die Jahreswende 2004/2005 scheint einen geradezu schwindelerregenden Mentalitätenwandel in den letzten fünfzig Jahren zu dokumentieren. Nicht natürliche Naivität und Heimattümelei, sondern Emanzipation und Internationalität sind die Zeichen der Zeit.

Ein genauerer Blick erregt allerdings das Misstrauen des Betrachters, hebt sich doch die junge, selbstbewusste Frau noch in anderer Hinsicht erheblich von ihren illustren Vorfahren, der 1980 verstorbenen Urgroßmutter Rosa Albach-Retty, der 1996 verstorbenen Großmutter Magda Schneider und vor allem ihrer Mutter Romy Schneider, ab. Sie alle waren feste Größen ihrer Zeit, die durch dauerhafte Präsenz auf der Bühne, im Film und in den Medien ein fest umrissenes Profil entwickelten. Die Entwicklung der Schauspielerfamilie vollzog dabei getreulich die sich wandelnde Bedeutung ihres Berufsstandes: aus dem Abseits in die Ehrbarkeit, vom Virtuosen zum Star.

Sarah Biasini fällt aus diesem Kontinuum heraus. Sie ist kein Star im engeren Sinne – ihre Bekanntheit ist (trotz unbestreitbarer darstellerischer Fähigkeiten) eine geliehene. Hysterische Verehrer, mediale Omnipräsenz und andere Aspekte des Starkults löst ihr Auftreten keineswegs aus. Dies ist keineswegs ungewöhnlich. Tatsächlich entspricht die Ausstrahlungskraft und Bindewirkung der großen Stars, auch der internationalen Stars, kaum noch jener der 1950-er und 1960-er Jahre. Mit dem Zerbrechen der großen sozialen Milieus werden die angebotenen Leitbilder immer kurzlebiger und ihre Ausstrahlungswirkung immer begrenzter. Die Filmindustrie macht sich kaum noch die Mühe, neue Startypen zu kreieren. Sie zitiert die alten Filmlegenden, reichert sie mit einigen zeitgemäßen Zutaten an und lässt die neu geschaffenen Kreaturen zu gegebener Zeit wieder fallen. Der Trend geht zu Kurzzeitstars wie Sarah Biasini, an die sich ein Jahr nach ihrem Erscheinen kaum noch jemand erinnern mag.

Literatur

Albach-Retty, Rosa: So kurz sind hundert Jahre. Erinnerungen. Aufgezeichnet von Gertrud Svoboda-Srncik, Berlin 1978. Möhrmann, Renate: Die Schauspielerin. Zur Kulturgeschichte der weiblichen Bühnenkunst. Frankfurt a. M. 1989. Patalas, Enno: Sozialgeschichte der Stars, Hamburg 1963. Schwarzer, Alice: Romy Schneider. Mythos und Leben, Köln 1998. Steenfatt, Margret: Die gemachte Frau, Hamburg 1986. Seydel, Renate: Ich, Romy. Tagebuch eines Lebens, München 1988. Schneider, Magda: Wenn ich zurückschau …, Erinnerungen. Frankfurt a. M. 1992.

Johannes Brahms zu Gast bei Johann Strauß in Bad Ischl, 1894.

Die Familie Strauß

Mythos, Gegenmythos, Fragezeichen

Der Tizian erwies sich als unecht. Die Orgelpfeifen im Arbeitszimmer: eine Attrappe. Die edlen Pferde im Stall waren zwar aus Fleisch und Blut, doch zu tun hatten sie nichts, vor allem keine Kutsche zu ziehen. Ihr Besitzer, Johann Strauß Sohn, litt unter Geschwindigkeits-Angst, so wie ihn die Angst vor der Höhe, vor Viren, Indianern und tausend anderen Unberechenbarkeiten umtrieb. Und tanzen konnte dieser König des Walzers schon gar nicht. Was den angeblich viel umschwärmten Liebling aller Frauen angeht, so sprechen die obszönen Briefnotizen an die Schwägerin – im und auf dem Kuvert – eine eigentümliche Sprache: Wird hier lebenslange Impotenz, ob vom übermächtigen Vater oder durch eine nicht ausgeheilte Geschlechtskrankheit verursacht, verbal abreagiert bzw. kompensiert? Dass der viel beschworene Ablauscher und Huldiger der Wiener Volksseele kaum je im Prater gewesen sein dürfte, vermag vor diesem Hintergrund kaum noch zu überraschen, ebenso wenig, dass dieser serielle Erzeuger scheinbar überschäumend lebensfroher Musik einen großen Teil seiner Lebenszeit depressiv im Bett verbrachte. Ungläubiges Staunen vermag eher noch zu erregen, dass dieser scheinbar unerschöpfliche Erfinder rauschender Walzer, Polkas und Operetten das Handwerk der Komposition, wenn überhaupt, erst sehr spät zu beherrschen gelernt hat – und dass deshalb diskrete Arrangeure und Bearbeitungs-Gehilfen permanent am Werke waren, um den unablässig ausgestoßenen Melodien zur rechten Einkleidung zu verhelfen. Da bietet selbst das Grab noch eine hübsche Pointe: Der mit dem Kontrapunkt und der Harmonielehre auf Kriegsfuß gestanden haben soll, er liegt neben dem Großmeister der ernsten Musik, dem unerreichten Virtuosen der Variation, Johannes Brahms, seinem Freund.

Das Genie der Melodie und seine Musikfirma: Hier kommt die Familie ins Spiel. Dass auch hier nichts so war, wie es lange schien, liegt in der Logik dieser Enthüllungsperspektive. Die Rivalität mit dem Vater ist nur allzu bekannt

– und längst zur Idylle verkitscht. Wie hart und mit welchen Mitteln der Propaganda sie ausgetragen wurde – da bleibt Demaskierungsarbeit zu leisten. Keine 19 Jahre alt, besticht der Sohn willfährige Journalisten, auf dass sie ihn in den Gazetten größer schreiben als den Vater. Bei dessen Tod fünf Jahre später ist der Hass so groß, dass bei der Leichenfeier geheuchelt werden muss, was das Zeug hält. Und der Filius übernimmt zwar – ganz und gar Ödipus – das Orchester des früh verstorbenen Erzeugers, selber zeugen aber kann bzw. will er nicht: Vaterrollenverweigerung, was gäben manche nicht dafür, diesen permanenten Verhüller seiner selbst, diesen lebenslangen Flüchtling vor sich selbst auf der Couch seines jüngeren Wiener Zeitgenossen Freud zu sehen: seelisch seziert, versteht sich.

Hinter dem ewig kreativen Dreivierteltakter den von Selbstzweifeln heimgesuchten, durch und durch nervösen, ja von den Nerven, dem Grundübel der Zeit, geplagten Künstler, und zwar Künstler im Sinne Paul Bourgets und Thomas Manns, zu „entdecken", „freizulegen", ist deshalb so einfach (und banal), weil derjenige, dessen Mythos da demontiert wird, gar keine Anstrengungen unternahm, Legende und Wirklichkeit deckungsgleich werden zu lassen. In einer Zeit ohne allgegenwärtige (Video-)Kameras, ohne daueraufgeregte „Brennpunkt"-Berichte, ohne die Pseudo-Augenzeugenschaft von Millionen Internetvoyeuren war das auch gar nicht nötig. Der Mythos des unablässig fidelen „Küss die Hand"-Charmeurs mit der Goldgeige in der Hand und dem permanent fließenden Walzerstrom im Kopf – er richtete sich an ein Massenpublikum dies- und jenseits des Atlantiks, das gar nicht hinter die Kulissen, sondern diese statt dessen immer prächtiger arrangiert sehen wollte. Mehr noch: Die virtuelle Gestalt des professionellen Lebensglücksspenders ist in den Gemütern so tief verwurzelt, dass man sie sich nicht mehr nehmen lassen will, ja, dass man ihr alles verzeiht. Entschuldigt werden so Anstößigkeiten wie die dem Walzer „An der schönen blauen Donau" ursprünglich unterlegten bitterbösen Spottverse über den verunglückten Monarchen, der alles, wirklich alles falsch macht, in jede von fremden Herrschern gestellte Falle taumelt, Gebiet auf Gebiet verliert und trotzdem permanent applaudiert werden möchte. Und nicht minder verziehen wird der Austritt aus dem habsburgischen Staatsverband und manches mehr. Der komplexe, gebrochene Charakter des lebenden Individuums kommt gegen dieses mediengezeugte Über-Ich längst nicht mehr an. Er ist vereinnahmt, nicht zum Geringsten durch Lob. Keine Biographie ohne die ehrfurchtsvolle Aufzählung der großen, d. h. ernst(haft)en Komponisten, die dieses angebliche Glückskind der Musen so reichlich mit ihrer Begeisterung bedacht haben. Doch gerade hier täusche man sich nicht: Wer lobt, beherrscht, ordnet ein und unter, stellt sich letztlich über den Gelobten, den er überblickt, überragt. Herzerfrischend in diesem Zusammenhang die Kritik, die Brahms, der große Unbestechliche, auch, zusammen mit Lob, äußert, das erst so zur wahren Anerkennung wird.

Das Faszinosum des Walzerkönigs ist nicht die Doppelgängerschaft von Mythos und Realität, sondern zum einen die schöpferische Leistung, so vielen Widrigkeiten entgegen unablässig eine Musik zu produzieren, die beispiellos populär wird und zugleich die strengen Kritiker von der anderen, der Fugen-Seite sanft zu stimmen vermag. Und zum anderen ist es, der historischen Untersuchung sehr viel zugänglicher, die Kunst der Inszenierung, das Geschick, mit welchem alle Saiten der Medienlandschaft zum Klingen, alle Register der Propaganda gezogen werden und eine private Existenz öffentlich zelebriert, etwas auf den ersten Blick so Unspektakuläres wie ein Komponist und Dirigent von Tanzmusik zu einer zentralen Figur der Zeitgeschichte erhoben wird und die Phantasie breiter Kreise zu erregen vermag. Als Hauptgestalt der öffentlichen Seele in der Donaumonarchie des unglückseligen Kaisers Franz Joseph gewinnt Johann Strauß Sohn eine historische Dimension, wie sie kein Künstler vor- und nachher hatte. Mag es übertrieben sein zu behaupten, dass der vorletzte Habsburger-Kaiser, der 68 Jahre lang regierte, nur so lange herrschte, wie Strauß komponierte und dirigierte, und mag die Karikatur von 1881, in der Strauß als Ministerpräsident zu allgemeiner Walzerharmonie in der Politik anführt, eben eine Karikatur sein – eine öffentliche Funktion steht dennoch außer Frage.

Zum ersten Mal in der europäischen Kulturgeschichte identifiziert sich ein breites Publikum mit einem Künstler, sieht die Masse zumindest der breiteren Mittelschichten eigene Sehnsüchte in ihm verwirklicht und das Menschlich-Allzumenschliche der Kleinen in diesem Großen widergespiegelt und damit gerechtfertigt bzw. erträglich gemacht. Insofern hat die ansonsten gewagte Bezeichnung des „ersten Popstars" einen harten historischen Kern: der Musiker als Figur der öffentlichen Phantasie, als Projektionsfläche seiner Verehrer. Zu der sich, aus guten Gründen, auch Große dieser Welt bekennen. Wie sehr Strauß Sohn zum Politikum geworden ist, zeigt der Streit um den Glückwunschbrief von Erzherzog Johann Salvator. Dieser zornige junge Mann des Kaiserhauses drückt dem Komponisten als Beglücker der Millionen seine Reverenz aus – und wird von einem älteren Verwandten rüde zurückgepfiffen. Ein begnadeter Vermarkter seines Talents verdient das nicht – und schon gar nicht ein Lebemann von vier Frauen (man sieht, der selbst gezeugte Mythos verursacht atmosphärische Störungen ganz oben). Worauf der Gerügte mit einem Bekenntnis zur Eudämoniefunktion von Künstler und Herrscher antwortet: Beide müssen die Menschen glücklich machen, wie liberal gedacht und gesagt, fürwahr.

Und zum Dritten schließlich steht die Geschichte der Familie Strauß für den Aufstieg durch Musik, genauer: durch günstige Platzierung auf einem unaufhaltsam wachsenden Markt, für Musikkapitalismus pur somit, auch wenn dauerhafte Tonträger in größerem Ausmaß vorerst nur als Notenblätter und Partituren existieren; ja am Ende steht sie auch für den Wiederabstieg ohne innovative Musik. Der soziale Aufstieg freilich ist begrenzt, hier sind keine Illusionen am Platz. Auf dem Höhepunkt seines Ruhmes empfängt der Komponist seine Gäste im Stadtpalais, das in seinen nachgemachten Renaissanceformen wahrlich „es ist erreicht" markiert, wie dies im Übrigen auch die Villen tun. Doch was die Zugänglichkeit der gesellschaftlichen Kreise betrifft, so ist der Musiker, nicht als Ausübender seines Berufs, sondern als privatisierende Persönlichkeit, auf eine Sekundärelite aus mehr oder weniger kunstsinnigen höheren Beamten, Medizinern, Juristen und Intellektuellen verwiesen.

Ökonomisch sieht es schon seit Haydns Zeiten anders aus, der sich nach langen Jahrzehnten aus der Abhängigkeit von den Esterházy zu einer Berühmtheit der europäischen Elitenkultur emporschwingt und nicht zufälligerweise durch seine Konzertreisen in die Metropolen des Weltmusikmarkts London und Paris reich wird. Bei seinem Tode 1899 hinterlässt Strauß Sohn sieben Häuser in Wien und ein Gesamtvermögen im Wert von 835.000 Gulden, in Euro eine zweistellige Millionensumme. Doch sein eigentlicher Wert beruht auf seiner Weltberühmtheit, d. h. seiner virtuellen Existenz. Sie wirft noch lange reichlich Tantiemen ab. Und sie wird bis heute in Dienst gestellt, vom österreichischen Fremdenverkehrsamt, natürlich, ja von der Republik selbst: Österreich, Walzerland, Straußland. Diese Vermarktung hat kein Ende und kommt ohne Strauß nicht aus. Genauer: ohne die Strauß.

Familie als Schicksal und Moritat

Dass hier ein ganz besonders Großer am Noten- und Dirigierpult tätig und zugleich Teil eines spannungsreichen Ganzen war, das sich Familie nennt: Erst dadurch komplettiert sich der Mythos, rundet sich das Image. Welche psychischen bzw. psychologischen Konstellationen auch immer dahinter gestanden sein mögen (und das wird sich historisch seriös nie mehr ermitteln lassen), was ins Auge sticht, ist die alles überstrahlende Inszenierung der uneinigen Familie, der Rivalität innerhalb der Familie. Dieser Funken springt – Zeitungsmeldungen und die allgegenwärtigen Karikaturen sprechen hier eine unmissverständliche Sprache – von Anfang an über, er erzeugt überwältigende Öffentlichkeitswirkung. Und er steigert die Marktchancen, den Ertrag. Warum? Vater-Sohn-Konflikte sind eine der wenigen anthropologischen Konstanten, Konkurrenz zwischen den Generationen, zwischen Alt und Jung ist der eigentliche Klassenkampf der Frühen Neuzeit. Mit anderen Worten: Wenn anno 1844 ein 19-Jähriger seinen vierzigjährigen Vater zum Musizier- und Dirigierwettbewerb herausforderte, war emotionales Andocken angesagt, waren Erfahrungen vorgegeben, die sich in allen Ständen gewinnen ließen.

 Das alles ist natürlich. Künstlich, konstruiert aber ist die Art und Weise, wie daraus ein Fest für die Öffentlichkeit, ein Ereignis für die Medien gemacht wird. Gewiss, im späten Vormärz waren Attraktionen für die Masse begrenzt; das große Spektakel der Demokratien, die freien Wahlen und die Selbstinszenierungen der Politiker, gab es noch nicht. Wenn nicht gerade Kongresse zur Neuordnung Europas und der Welt an der Donau tagten, war Politik nichts zum Hingucken, sondern spielte sich in geschlossenen Kabinetten ab. Für Sensationen sorgte dann eben die Musik – ein scharf blickender Intellektueller wie Heinrich Heine hat diese Ersatzfunktion an der Massenhysterie um Webers „Freischütz" profunde analysiert. In Wien kam zusätzlich ein stadtgeschichtliches Motiv hinzu, das man als sublimierte Freude am raufenden Kräftemessen, als veredelte Wirtshauskeilerei mit gehobenem Schmäh ansprechen kann. Nur so ist die öffentliche Aufmerksamkeit zu verstehen, mit der dieser Walzerkrieg zwischen Vater und Sohn strategisch vorbereitet und schließlich ausgetragen wurde: beide an der Spitze von Bürgerregimentsorchestern, die keine Citoyens in Uniform mit Freiheits-, sondern Folkloresoldaten mit Freizeitwert waren.

Durch sein untrügliches Gespür für diese neue Nische war Strauß Vater beträchtlich emporgestiegen: wirtschaftlich und was sein Sozialprestige betraf. Geboren worden war er 1804 als Sohn eines Bierwirts, in der Schicht des genügsam begüterten Kleinbürgertums; aus demselben Milieu stammte die Mutter. Schon damit ist ein gewisses Fortkommen markiert. Denn der Großteil der näheren und ferneren Verwandtschaft rangiert sozial eher noch tiefer, schlägt sich als Tagelöhner oder Kutscher durch. So firmierte der Großvater Johann Michael Strauß bei der Trauung noch als Domestik eines vornehmen Herrn. Später bringt er es immerhin zum Tapezierer in einer der Wiener Vorstädte; in die Zukunft weisen die Taufpaten seiner Söhne: der eine Hofmusikus, der andere Orgelmacher.

Im Übrigen ist Johann Michael Strauß, wie die Heiratsurkunde festhält, vom jüdischen zum katholischen Glauben konvertiert. Ob und in welcher Form sich die Nachkommen dieser Tradition bewusst sind, ist offen. Immerhin wird Strauß Sohn Mitglied im Bund gegen Antisemitismus und hat viele jüdische Freunde. Eindreiviertel Jahrhunderte später, im Zeichen des nationalsozialistischen Rassenwahns, wird diese Abstammung eine ebenso abstoßende wie absurde Groteske hervorbringen. Die wenigen Strauß-Forscher, denen das Faktum bekannt war, werden ins Reichssippenamt zitiert und zum Stillschweigen verdonnert – anderenfalls droht ihnen ein KZ. Die Kompositionen von Vater und Sohn sind zu populär, um sie verbieten zu lassen – und zu bekannt, um sie zu „anonymisieren". Dessen ungeachtet wird in KZs zu „An der schönen blauen Donau" gefoltert und gemordet – eine ganz spezielle Rache an einem Musiker, dem man offiziell nichts anhaben konnte. Im selben Stil wird Alice Strauß, die Stieftochter des Walzerkönigs, vom Hetzblatt *Der Stürmer* in obszönster Weise verunglimpft.

Johanns, des Vaters, Aufstieg zum erfolgreichen Kapellmeister und Starkomponisten ist langwierig und mühsam genug, ihm gehen Jahre des Hungers und der dauernden Angst vor dem Gerichtsvollzieher voraus. Zugleich sticht der geradezu fiebrige Lebenshunger des Bierwirt-Sohns hervor. Emsige Genealogen haben vierzehn leibliche Nachkommen aufgelistet; neben dem „offiziellen" Haushalt hält sich der Musiker eine Nebenfamilie mit gleichfalls zahlreichen Sprösslingen. Welche psychischen Prägungen der Söhne auch immer daraus hervorgegangen sein mögen, die Familienverhältnisse sind zweifellos eigentümlich und, aus der Perspektive von Gattin und Kindern betrachtet, bedrückend genug. Selbst als es der Erzeuger geschafft hat und stetig wachsende Honorare scheffelt, leben sie am Rande des Existenzminimums; zudem sehen sie ihn allenfalls bei der Aufwartung zu Neujahr, so die später niedergelegten Erinnerungen. Die freilich mit Vorsicht aufzunehmen sind, so vergiftet sind die Beziehungen. Unbezweifelbar hingegen der Erfolg des Familienoberhaupts, und zwar immer weiter über das damals noch enge Wien hinaus. Ab 1833 unternimmt Strauß Vater mit seinem eigenen, 26 Musiker zählenden Orchester immer weiter ausgreifende Konzertreisen ins Ausland, eine triumphaler als die andere. Paris, London, selbst das damals exotische Dublin liegen an seinem Wege.

Exportschlager ist vor allem der Wiener Walzer, den der Chef zusammen mit seinem früh verstorbenen Kompagnon Josef Langer zum Entzücken eines internationalen Publikums komponiert und dirigiert. Nachweisbar ist dieser Tanz ab der zweiten Hälfte des 18. Jahrhunderts, und zwar zuerst, mit den Augen der Obrigkeit betrachtet, übel beleumdet genug. Seine zugleich bacchantische und egalitäre Note macht ihn im Revolutionszeitalter verdächtig, die dabei ausgeführte Bewegungsfolge gilt als allzu erotisch, ja berauschend. Von dieser Wildheit ist auch im Walzer des Vormärz noch einiges zu spüren, obwohl zwischenzeitlich vieles biedermeierlich geglättet und harmonisiert worden ist. Im Rufe des Aufrührers aber steht der Vater nicht, im Gegenteil. Bei seinem Gastspiel in England 1849 versäumt er es nicht, dem dort im Exil

Johann Strauß Vater

Johann Strauß Sohn

Josef Strauß

weilenden Fürsten Metternich seine Aufwartung zu machen; das zeugt von feinem Gespür für die Stimmung in Gegenwart und nächster Zukunft. Denn schon bald wird der bei Liberalen, Demokraten und Nationalen verhasste Ex-Plenipotentiar des Vormärz wieder an der Donau residieren. Strauß Vater wird es nicht mehr erleben. Er stirbt im selben Jahr 1849, in der Blüte seiner Jahre, an Scharlach. Mit dem tödlichen Keim, so die Familienlegende, soll er sich bei einem seiner unehelichen Kinder angesteckt haben – es gibt, so die erbauliche Moritat, eine göttliche Nemesis in Walzerkomponistenkreisen.

Diva und Firma

Im vorangehenden Revolutionsjahr standen Vater und Sohn konsequenterweise an gegensätzlichen Fronten. Johann Filius hielt sich bei Ausbruch der Unruhen in Bukarest auf: Zufall und bezeichnend zugleich. Politisch und musikalisch oder genauer: musikpolitisch sympathisiert er nämlich mit den Intellektuellen verschiedener Ethnien, welche die Habsburger-Monarchie zunehmend als Völkergefängnis zu betrachten und nationale Selbstbestimmung einzufordern beginnen. Dahinter steht nicht minder eine soziale Differenz, das Publikum der Kompositionen von Vater und Sohn betreffend. Während der Ältere für die gesetzteren Kreise schreibt und ihnen mit dem Marsch auf den gegen die „abtrünnigen" Italiener siegreichen Feldherrn Radetzky eine Art zweite Nationalhymne liefert, bedient der Sohn die jüngeren, unruhigeren, unsaturierten Schichten. So ist es kein Wunder, dass die ab Herbst 1848 zunehmend fester im Sattel sitzenden Behörden seine Darbietungen mit Missfallen und gesteigertem Misstrauen hören. Für die Aufführung aufmüpfiger Stücke aus fremder und eigener Produktion wird er schließlich zum Verhör zitiert. Seine Rechtfertigung zeigt von Geschick und Selbstbewusstsein, doch auch von nicht wenig Opportunismus: Man habe ihm diese rebellische Musik regelrecht abgefordert, so dass er bei künftigen Konzerten um Polizeischutz ersuche.

Wie tief die republikanischen Überzeugungen reichen bzw. verwurzelt sind, ist schwer zu eruieren. Wie so viele Künstler und Intellektuelle hängt auch Strauß Sohn bald nach dem Scheitern der Revolution sein Mäntelchen nach dem Wind, d. h. er komponiert für Staats- und Hausangelegenheiten, was das

Zeug hält. Gleichwohl bleibt die Monarchie abwartend, wenn nicht skeptisch: einmal Aufrührer, immer Unruhestifter. Den seinem Vater verliehenen Titel eines kaiserlichen Hofballmusikdirektors erhält der Sohn erst vierzehn Jahre später, 1863 – um nicht allzu lange danach dankend darauf zu verzichten und dieses Amt dem jüngsten Bruder Eduard zu überlassen. Denn diese unbezahlte Würde verpflichtete nicht nur zu mancherlei musikalischen Hofdiensten, sondern legte ihrem Inhaber auch nicht wenige Zurückhaltungen hinsichtlich „vulgärerer" Aktivitäten, sprich: Konzerten für großes Publikum und anderer Vermarktungen von Musik auf. Der Verzicht hielt den Strauß-Sohn jedoch nicht davon ab, mit fadenscheinigen Begründungen um ein Adelsprädikat nachzusuchen – was ihm, nicht einmal notwendigerweise aus bösem Willen, angesichts mehr als ungenügender Belege naturgemäß verweigert wurde. Demgemäß fiel der obligatorische Orden beim Ausscheiden aus dem Hofdienst kärglich genug aus. Zeitlebens blieb die wechselseitige Zuneigung zwischen dem Kaiser und seinem berühmtesten Untertan gering. Dazu trug fraglos die ungeheure Popularität des Komponisten das Ihre bei. Angehörige der Herrscherfamilie mussten erleben, dass sie zu einem öffentlichen Konzert, das Strauß nominell zu ihren Ehren gab, gar nicht gelangen konnten, zu dicht die Menschenmenge, die da verzückt neuer Kompositionen des Meisters harrte. So vermag es nicht zu verwundern, dass Franz Joseph bei keiner seiner 250.000 Audienzen den Mann empfing, der den Namen Österreich in alle Welt trug – intensiver und vor allem ruhmesträchtiger als der Souverän selbst.

Auch wirtschaftlich war im Ausland, wo der Name Strauß geradezu zum Markenzeichen für ebenso innovative wie eingängige Unterhaltungsmusik auf höchstem Divertissement-Niveau stand, längst mehr zu holen. Nach 1849 grünten die fettesten Wiesen in Russland, für dessen (erzreaktionären) Zaren der unerschöpflich einfallsreiche Komponist natürlich längst ein obligates Namenswidmungsstück kreiert hatte. In nicht weniger als elf Konzertsommern ergötzte sich die Hautevolee des Riesenreichs an seiner Musik und an seinen Aufführungen, die ihm ein Vermögen einbrachten. Besonders prestigeträchtig war der Name Strauß darüber hinaus in Preußen, wo der bejahrte König und spätere deutsche Kaiser Wilhelm I. zu den erklärten Bewunderern zählte. Ihres aufständischen Ruchs längst entledigt, verschmolz Strauß' Musik soziale Klassen wie keine andere und bot auch so bildungs- und kulturfernen Kreisen wie dem preußischen Herrscherhaus die Gelegenheit, „Mäzenatentum" und

Die Familie Strauß

„Kunstsinnigkeit" zu zelebrieren, und zwar mit vermutlich sehr viel höherem Lustgewinn als in Bayreuth, wohin sich Wilhelm I. bekanntlich auch bequemen musste.

Bei all diesen stetig glanzvolleren Aktivitäten ist die „Firma" Strauß nie aus den Augen zu verlieren. Auch wenn Johann Filius nach außen als der Musenliebling schlechthin firmierte, stand hinter ihm und neben ihm die Familie. In geschäftlicher Hinsicht ist anfangs der Einfluss der Mutter Anna Strauß wichtig, wenn auch wohl nicht zu überschätzen. In mancher Hinsicht tritt ab 1862 an ihre Stelle Johanns erste Ehefrau, die sieben Jahre ältere Sängerin – und, wie sich bald erweisen sollte, überaus talentierte Geschäftsfrau bzw. Managerin – Henriette Chalupetzky, genannt Jenny Treffz. Und dann ist da noch der 1827 geborene Bruder Josef Strauß. Intellektueller, schulisch besser ausgebildet, taugt er als Musiker sehr wohl zum Konkurrenten, auch wenn seine Debüts als Dirigent von der Presse als allzu temperamentlos kritisiert werden. Als ernstzunehmender Komponist kann er Hilfestellung leisten, genauso wie eine Reihe von mehr oder weniger mit der Familie vernetzten bzw. befreundeten Mitarbeitern, unter denen Richard Genée, seit 1868 Kapellmeister im Theater an der Wien und mit allen Bühnenwassern gewaschen, hervorragt – der Name wird in Karikaturen zu mancherlei Scherzen, Typ: das Genie und der Genée an seiner Seite, Anlass bieten.

Als Leiter der Strauß-Kapelle tritt Josef erstmals 1853 auf. Anlass für den Stabwechsel ist eine der vielen Krankheiten Johanns, doch spielt sich, von diesen gelegentlichen Umständen abgesehen, schon bald eine feste Arbeitsteilung ein. Während der unangefochten führende ältere Bruder ab 1856 mit seiner Kapelle in Russland gastiert, leitet Josef das zweite, in Wien stationierte Orchester – auch der heimatliche Musikmarkt will von den Strauß bedient sein. Chancenreich im Ringen um annähernde Ebenbürtigkeit ist Josef nicht zuletzt deswegen, weil er so manches „Geheimnis" kennt, das nicht an die breitere Öffentlichkeit dringen soll. Eingeweiht in diese arcana familiae ist naturgemäß auch der 1835 geborene jüngste Bruder Eduard Strauß, der als Musiker erstmals 1855, und zwar als Harfenspieler in Johanns Orchester, in Erscheinung tritt. Im Gegensatz zu Josef wird er aufgrund bescheideneren Talents die professionelle Achtung des Familienoberhaupts nie gewinnen. Im Gegenteil, das Verhältnis bleibt kühl bis frostig. Immerhin beschäftigt diese Drei-Brüder-Konstellation die Öffentlichkeit so intensiv, dass Porträt-Triptychen in Fotografiegestalt bzw. in Postkartenform auf Absatz rechnen dürfen. Dabei ist Johann, der Große, selbstverständlich erhöht und dominant im Mittelteil dieses Kunstaltarbildes abgebildet, von den beiden entsprechend zurückgesetzten Brüdern devot flankiert. Offenbar traf eine solche Gruppierung den Nerv der Zeit. Diskussionen über Genie und Wahnsinn, Vererblichkeit von erhabenen und kranken Anlagen beschäftigten nicht nur Naturwissenschaftler, sondern auch Literaten, siehe die Erfolgsstücke Ibsens. Drei Musiker-Brüder, zudem Söhne eines charismatischen Komponisten-Dirigenten, doch alle drei im Charakter ungleich und vor allem unterschiedlich begabt bzw. ausstrahlungsmächtig: das lag in der Luft, denn das schien Theorien vom Faktum der Abstammung, aber auch von der naturgegebenen Ungleichheit und vor allem der Selektion der Besten, ja des Kampfes um Vorrang zu bestätigen. Hier ist die Projektionsfläche breit ausgespannt, denn mit diesem Trio konnten sich Sieger wie Verlierer gleichermaßen identifizieren. Zumindest bis Josef 1870, gerade einmal 43-jährig, stirbt.

Verlierer der Brüder war ohne Frage Eduard Strauß, und zwar gleich mehrfach. Zum einen steht er bis zu Johanns Tod 1899 in dessen Schatten. Danach fällt ihm zwar die Kapelle als Erbteil zu, doch ist deren ganz große Zeit vorbei. Im fortgeschrittenen Alter zieht er zwar nochmals auf Tournee durch Europa und vermag seine zwischenzeitlich zerrütteten Finanzverhältnisse sogar zu sanieren, doch zehrt das ganze Unternehmen inzwischen eindeutig vom Kapital. Genauer: vom Renommee des Bruders. Dessen Finanzkapital nämlich bleibt Eduard vorenthalten. Testamentarisch schließt der „Walzerkönig" den ungeliebten Bruder von seinem reichen Nachlass aus. Vorwand dafür ist die Verschwendungssucht von dessen Söhnen, die ihren Vater zu den letzten Konzertreisen zwang. Doch zumindest in einer Hinsicht ist Eduard im Vorteil: Er stirbt als letzter und lebt mit Abstand am längsten, 81 Jahre lang. Damit sitzt er, familien- und musikgeschichtlich, am längeren Hebel. Und so kommt es zum berüchtigten Notenautodafé des Jahres 1907. Eduard lässt Papier tonnenweise aus dem Strauß-Archiv verbringen – und zwar zu einem Ofenfabrikanten. Dieser möge alles verbrennen. Von Zweifeln übermannt, als Hilfs-Herostrat missbraucht zu werden, dringt dieser vehement in Eduard, von diesem Schadensfeuer Abstand zu nehmen – vergeblich. So finden Hunderte ungedruckter Notenblätter – ungedruckte Arrangements, Bearbeitungen, Melodieskizzen – ein jähes Ende in den Flammen: Trauma der Strauß-Forschung bis heute. Über die Motive dieser Vernichtungsaktion kann nur spekuliert werden: Rache des Zukurzgekommenen – oder gar, am unwahrscheinlichsten, posthume Rufrettung für Johann, den Hilfsbedürftigen?

Welterfolge

Jenny, die geschäftstüchtige Gattin, macht bald nach der Heirat ihren Einfluss auch künstlerisch geltend. Polkas, Märsche, Walzer: schön und gut, die Honorare waren ansehnlich und die Erträge aus den selbst dirigierten Aufführungen desgleichen. Doch war hier ein Sättigungspunkt erreicht. Und eine attraktive Alternative geboten. Sie hieß Operette. Diese „kleine Oper" überforderte im Gegensatz zum großen Genre ihre Konsumenten nicht, ließ sich gefällig zwischen eine Soirée und eine Einladung einschieben, versprach spritzige und witzige Unterhaltung auch für Nichtinitiierte, die nicht der Schwere der Gedanken und Leidenschaften, sondern der Unterhaltung wegen ins Theater gingen. Ja, in ihren glücklichsten Momenten vermochte die neue Gattung viel vom Lebensgefühl, von der Beschwingtheit, der Bewegtheit und nicht zuletzt der Frivolität des Zeitgeistes zu vermitteln – vorausgesetzt, sie kam so geistreich und auf dezente Weise unmoralisch daher wie die Schöpfungen Jacques Offenbachs in Paris, wo die neue leichte Kunstform geboren wurde. Und nicht zuletzt versprach die Operette bei geschickter kommerzieller Ausnutzung reichen finanziellen Ertrag. Man musste sich nur die Tantiemen sichern, dann konnte man bei anhaltendem Erfolg regelrecht reich werden. Für die günstigen Verträge sorgte Jenny, für den Erfolg Johann. In der Regel am – modern ausgedrückt – Merchandising seiner Bühnenwerke (Klavierbearbeitungen, Stimmenauszüge etc.) beteiligt, bezog er zudem Anteile aus deren Aufführungserlös, die er mit den Librettisten zu teilen hatte – sofern er diese nicht, wie im Falle seines größten Bühnenerfolgs, mit einem Pauschalbetrag abgefunden hatte.

Schon das Erstlingswerk namens „Indigo und die vierzig Räuber" wird 1871 in Wien, wie fast alles von Strauß, ein Erfolg. Über das dümmliche Textbuch, bei dem zu viele Köche den Brei verdorben haben sollen, sieht man großzügig hinweg. Höher schätzen seriöse Kritiker den musikalischen Gehalt von „Carneval in Rom" ein, der zwei Jahre später zur Aufführung gelangt. Erstaunlich kühl wird zu Ostern 1874 „Die Fledermaus" aufgenommen. An ihr wird bezeichnenderweise auch und vor allem moralisch gekrittelt: Mit Ehebruch und Gefängnis, beides akute Gefährdungen bürgerlicher Ehrbarkeit, spielt man nicht, so anfangs der Tenor. Zum Welterfolg wird die neue Operette dennoch, zuerst von Berlin aus. Dort wohnt Kaiser Wilhelm I. 1876 höchstselbst schon bald der zweihundertsten Aufführung bei. Als eine von wenigen Operetten findet das einigermaßen frivole Singspiel, seiner musikalischen Qualitäten und seines unwiderstehlichen Witzes wegen, nach und nach sogar Eingang in das Repertoire der großen Opernhäuser – Gustav Mahlers Inszenierung von 1894 wirkt hier bahnbrechend. Danach folgt mit „Cagliostro in Wien", „Prinz Methusalem" und „Blindekuh" eine Reihe von Werken, die sich weit weniger halten konnten; das letztgenannte Opus ist sogar einer der ganz wenigen regelrechten Misserfolge des Meisters in Wien.

Auf Dauer Erfolg beschieden war statt dessen „Eine Nacht in Venedig", auch wenn die Uraufführung eine Katastrophe ohnegleichen wurde. Sie spiegelt ein persönliches Desaster. Zum einen war Jenny, die mütterliche Gattin, im April 1878, sechzigjährig, gestorben. Gerade einmal 51 Tage danach heiratet der Komponist die 25 Jahre jüngere Schauspielerin Angelika Dittrich, genannt Lily. Stimmen die Theorien von des Gatten Impotenz, dann ist das nachfolgende Drama schnell erklärt. Lily nämlich setzt dem „Walzerkönig" unverzüglich Hörner auf; der genüsslich zelebrierte Skandal ist perfekt, als sie 1882 aus dem drei Jahre zuvor bezogenen Renaissancepalais aus- und bei Franz Steiner, seines Zeichens Direktor des Theaters an der Wien, einzieht. Dass Strauß unter diesen Umständen wenig Neigung verspürt, sein neuestes Werk auf dessen Bühne uraufführen zu lassen, ist nur allzu verständlich. Gedankt haben ihm die Berliner diese Ehre bei der Premiere am 3. Oktober 1883 jedoch nicht, ganz im Gegenteil. Schon beim Weg zum Dirigentenpult wurde Strauß kühl empfangen, der berühmte Lagunenwalzer mit seinen singenden Katzen durch Miau-Gegröle gestört, so dass die Aufführung abgebrochen werden musste. Sechs Tage später war der Erfolg in Wien umso triumphaler: Wiedergutmachung an einem Idol. Zwei Jahre später erregt „Der Zigeunerbaron" mit seinen ausgeprägt ungarischen Elementen nochmals eine Begeisterung, welche die Spätwerke, darunter solche der großen Schwestergattung Oper, nicht mehr zu wecken vermögen.

Um dieselbe Zeit, als die ersten Operetten reüssieren, fasst die „Großfamilie" Strauß – Johann und Jetty, Josef und seine Frau Karoline (die Empfängerin der eindeutigen Aufforderungen) sowie ihre gleichnamige Tochter, Eduard und dessen Gattin sowie ihre Söhne Johann und Josef, dazu die Mutter der Komponisten Anna) – weitere, ergiebige Einnahmequellen ins Auge. Sie lagen jenseits des Ozeans, im Land der damals sprichwörtlichen unbegrenzten Möglichkeiten. Und sie sollten sich tatsächlich als solche erweisen, was die Honorare, aber auch was die Dimensionen der Orchester und der von ihnen erzeugten Musik betraf. In einer fortschrittsgläubigen Zeit, die Weltausstellungen und die dabei vorgezeigten immer größeren, immer stärkeren, immer kühneren Industrieprodukte über alles liebte, war auch die Kolossalität und gewissermaßen industrielle Fertigung von Musik en vogue. Strauß, der Ängstliche, zögert zuerst. Doch schließlich erweisen sich die in Aussicht gestellten Konditionen als allzu verführerisch: ein Orchester von 2000 Mann, mit hundert Sub-Dirigenten, die seine Anweisungen an diesen Riesenklangapparat weiterzugeben haben, dazu last, but not least das fabulöse Honorar von 100.000 Dollar bei freier Verpflegung und Reisekostenersatz sind am Ende unwiderstehlich. Nach Abfassung seines Testaments schifft sich Strauß nebst Gattin, Kammerjungfer und Diener am 1. Juni 1872 ein und landet fünfzehn Tage später wohlbehalten in der Neuen Welt, in New York.

Was sich im folgenden Monat dort genau abspielt, ist im Einzelnen nicht leicht zu eruieren – die von geschäftstüchtigen amerikanischen Agenten, doch auch vom Starmusiker selbst in Umlauf gebrachten Legenden vernebeln den Aufenthalt beträchtlich. Strauß beherrschte die Kunst des Aufsehen erregenden, ja Sensationen schürenden Interviews meisterhaft, sie war unverzichtbarer Teil der Imagebildung und damit der Positionierung auf dem Musikmarkt. Diesen beherrscht in den USA Patrick Sarsfield Gilmore, Spezialist für Riesenkonzerte und Organisator von Strauß' Amerikatour. Seinen spezial guest aus Wien ließ er auf Riesenplakaten darstellen: auf einer Weltkugel thronend, seinen Taktstock wie ein Szepter über dem Erdball schwingend. Äußerer Anlass der Spektakel war ein von Gilmore veranstaltetes „Weltfriedensfest". Die aufwändigsten der insgesamt vierzehn von Strauß dirigierten Konzerte fanden in Boston statt. 100.000 Zuschauer, wie Strauß in einem ebenso enthusiastischen wie auf komische Wirkungen abzielenden Bericht schildert, werden ihm kaum gelauscht haben, und auch das Orchester dürfte weniger als die Hälfte der in Aussicht gestellten Musiker gezählt haben; diese gigantischen Dimensionen hatte Gilmore für sich selbst reserviert. Der durchschlagende Erfolg der Strauß-

Konzerte stand dennoch außer Frage; der „Kulturbotschafter der K. u. K.-Monarchie" war definitiv eine Weltberühmtheit geworden. Das zeigte sich endlich auch in Europa. Fünf Jahre nach dem amerikanischen Abenteuer gibt der Meister in Paris eine Reihe von Konzerten und wird nicht weniger gefeiert als jenseits des Ozeans. Zudem bringt ihm dieses Gastspiel, nachdem Wien und auch Berlin nur dürftige Orden zu bieten hatten, mit der Ritterwürde der Ehrenlegion eine respektable Dekoration ein. Alle Versuche nationalistischer Oppositionsbildung scheitern im Übrigen; zu einer solchen Vereinnahmung als Feindbild ist Strauß offenbar durchgehend ungeeignet. Umso intensiver werden in diesen Jahren Gerüchte über Abwanderungsgelüste kolportiert; wenn schon nicht für die Habsburger, so ist der „Walzerkönig" doch für die Wiener Presse und wahrscheinlich auch für nicht wenige Wiener eine Verkörperung des „Wir" und des in Anspruch genommenen kulturellen Vorrangs.

Nach der skandalträchtigen Lily-Episode kommen am Ende auch die persönlichen Verhältnisse zur Ruhe. Doch nicht ohne vorher beträchtliche Unruhe und wiederum Aufsehen erregt zu haben. In der katholischen Habsburger-Monarchie nämlich gab es keine Trennung von Kirche und Staat, und das hieß im Falle Strauß: keine Zivilehe und damit auch keine reguläre Ehescheidung. Um die schreckliche Liaison aufzulösen und eine neue Union einzugehen, die Erlösung von solchen Übeln versprach, waren daher umständliche Umorientierungsoperationen nötig. Strauß verabschiedete sich, wie erwähnt, aus dem K. u. K.-Untertanenverband, wechselte zum Protestantismus über und wurde Bürger des Herzogtums Sachsen-Coburg-Gotha. Dessen Herrscher Ernst II. hatte selbst als Opernkomponist dilettiert und erleichterte die komplizierte „Umbürgerung" aus seiner souveränen Machtvollkommenheit heraus. Zudem hatte der weltberühmte Musiker in seinem Antrag verkündet, das „kunstsinnige" Städtchen Coburg zum künftigen Lebensmittelpunkt auserkoren zu haben (das mochte glauben, wer wollte). Nachdem auch die Braut, geborene Adele Deutsch (1856–1930) und ursprünglich jüdischen Glaubens, konvertiert und in Sachsen-Coburg-Gotha naturalisiert war, konnte die komplizierte Operation Eheschließung am 15. August 1887 endlich erfolgreich beendet werden. Mit seiner dritten, eine volle Generation jüngeren Ehefrau steuerte der alternde Komponist in einen ruhigen, pietätvollen Hafen. Adele stellte keine Forderungen wie Lily, sondern sah ihre – geschickt genug gespielte – Rolle darin, Werk und Ruhm des Gatten sowie diesen selbst zu pflegen.

In diesem letzten Jahrzehnt ist der Ruf gemacht, das Image unerschütterlich. So kann sich Strauß in dieser Hinsicht ein Loslassen erlauben. Er wird immer schweigsamer und, falls möglich, häuslicher. Kartenpartien im kleinsten Kreis der wahren Freunde sind jetzt das Hauptvergnügen, im pompösen Stadtpalast oder während der Sommerfrische in der Villa von Bad Ischl. Bei seinem Tod im Juni 1899 hat sich der Name, die virtuelle Existenz, auch ohne weiteres Zutun längst verselbstständigt.

Nachleben, Nachruhm?

Kaum ein Mensch des 19. Jahrhunderts ist so oft Gegenstand von Karikaturen, ja allgemein: Gegenstand der öffentlichen Bildphantasie geworden wie Strauß. Und zwar gewiss nicht ohne sein Zutun; Beziehungen zu gefälligen Journalisten ziehen sich wie ein roter Faden durch diese beispiellose Medienkarriere. Doch diese gezielte Einflussnahme erklärt nicht alles, nicht einmal das Wesentliche. Die Phantasie des Publikums arbeitet sich an den Strauß, Vater und Sohn wie Brüdern, ab, einmal, wie gesagt, an der rivalisierenden, auch uneinigen Familie. Doch die überwältigende Mehrheit der Zeichnungen ist nicht böse, nicht einmal maliziös. Ihre Atmosphäre, ihre Botschaft ist allenfalls die eines „Wir sind halt alle kleine Sünderlein", überwiegend liebevoll, menschlich, ja menschelnd. Ob angebliche Frauengeschichten oder Eheskandale: Der gemütvolle Ton des „Kann allen passieren" herrscht vor. Das Leben des populären Genius erzählt so, dass man Genie und Teil des Volks sein kann, dass Genialität nicht schwer verständlich und auch nicht schwer zu leben sein muss, Größe also auch im Lebensstil der Kleinen zu finden sein kann. Und das alles wird – so ein emblematischer Karikaturentitel – als das „Unsere", ergo: das Eigene ausgegeben. Strauß stiftet – man schaudert ob des so schrecklich abgenutzten Wortes – Identität. Dazu trägt nicht zuletzt die plakative Modernität so vieler Walzer und Polkas bei. Ihre Titel ergeben ein regelrechtes Mosaik der Zeitgeschichte, etwa wenn der Bau der Ringstraße nebst Eingemeindungen mit einem „Groß Wien"-Walzer gefeiert oder gar ein Erzherzog-Wilhelm-Genesungs-Marsch komponiert wird. Das Signal an Konzertbesucher bzw. Notenkäufer ist unüberhörbar: hier wird Hochaktuelles feilgeboten, ist erregende Zeitzeugenschaft garantiert, hier sollte niemand abseits stehen.

Zumindest zu Lebzeiten ist diese Werbung erfolgreich. Von den Widrigkeiten des „schönen Edi", dem nicht nur bösartige Zungen ein morbides Interesse an Tod, Knochen und Verwesung nachsagen, war schon die Rede. Dass er beim Begräbnis des großen Bruders fehlt – so wie dieser legendäre „Tod-Vertreiber" bei den Leichenbegängnissen seiner Verwandten durch Abwesenheit glänzt –, ist Familien-Ehrensache. Bei einer späten Amerikatournee – auch sie dient der Wiederauffüllung des von den Söhnen geplünderten Kontos – wird Eduard bei einem Zugunglück so schwer verletzt, dass er nicht mehr dirigieren kann. Dass auch er am Ende Söhne und Gattin enterbt, ist fast schon Familientradition.

Von seinen hoffnungsvoll Johann und Josef getauften Söhnen schlägt sich der letztere als Straßenmusikant durch. Johann (1865–1939), der sich pietätvoll und hochtrabend zugleich eine römische Drei hinter den Namen klemmt, beginnt seine berufliche Laufbahn als Rechnungsbeamter im österreichischen Erziehungsministerium, um dann allerdings einen letzten, bereits hochgradig unzeitgemäßen Versuch zu unternehmen, den großen Namen nochmals auszuschlachten. Er lässt die Akten Akten sein, geht nach Berlin, wo sein Onkel reüssierte und komponiert eine Operette mit dem Titel „Katz und Maus". Viel mehr ist nicht bekannt. Danach verschwindet der Name Strauß aus der Fortschreibung der Musikgeschichte.

Aber auch die Bewahrung der Erinnerung gestaltete sich als schwierig. Natürliche Sachwalterin der memoria war naturgemäß die Witwe, die denn auch ihr Bestes tat, den Rang des Gatten im Bewusstsein der Lebenden zu erhalten. Ihre Bemühungen, sein Werk auch urheberrechtlich zu schützen, erlitten allerdings einen Rückschlag. Ihr Antrag, die Sperrfrist von dreißig auf fünfzig Jahre zu verlängern, wurde von der preußischen Regierung so hinhaltend bearbeitet, bis es zu spät war. Ab 1931, unmittelbar nach ihrem Tod, setzte die tantiemenlose Vermarktung der Strauß'schen Welterfolge ein. Schon vier Jahre zuvor war Strauß' enger Vertrauter, sein Schwager Josef Simon, gestorben; für seinen einzigartigen Nachlass mit vielen unersetzlichen Originalstücken interessierte sich niemand, er gilt als in alle Winde zerstreut.

Ein erstes Denkmal des Walzerkönigs im Wiener Stadtpark musste bis 1921 warten; und auch dann kam es nur durch Privatinitiative zustande; eine weitere, 1929 im oberösterreichischen Wels errichtete Marmorstatue ist seit langem aus unbekannten Gründen verschollen, die Villa in Bad Ischl wurde

1970 abgerissen. Wie sich die perverse Wut der Nationalsozialisten an den Nachkommen und auch am Komponisten selbst austobte, ist bekannt.

Warum diese Nachlässigkeiten, diese gewollte Vernachlässigung? Zum einen steht Strauß fraglos die urdeutsche Kunstideologie entgegen, dass Großes schwer zu sein hat, dass das Leichte, gar Leichtfüßige verdächtig ist, wie ohnehin alles Elegante, ob Text oder Musik. Dass das schnelle Lob in diese kaum verhüllte Verachtung umschlagen musste, war vorhersehbar. Und im Zeitalter von bestialischem Nationalismus und Rassenwahn nahm sich in entsprechend benebelten Augen die Figur des Walzerkönigs zu wenig heimisch, zu fremd, zu befremdend aus. Umgekehrt lässt sich vielleicht der Rückschluss ziehen, dass die Werbung mit dem „national" schwer zu inkorporierenden Künstler eine Überwindung derartig wahnhafter Schranken, ja fast schon ein nostalgisches Zurück zu einem supra-ethnischen Österreich anzeigen könnte.

Literatur

N. Rubey, Des Verfassers beste Laune. Johann Strauß (Vater) und das Musik-Business im Biedermeier, Wien 2004; W. Obermaier (Hg.), Wiener Strauß-Karikaturen im 19. Jahrhundert, Wien 1999; Straussiana 1999. Studien zu Leben, Werk und Wirkung von Johann Strauß (Sohn), 2 Bde. Tutzing 2001/2002; C. Crittenden, Johann Strauss and Vienna. Operetta and the Politics of Popular Culture, Cambridge 2000; Johann Strauß. Unter Donner und Blitz. Begleitbuch und Katalog zur 251. Sonderausstellung im Historischen Museum der Stadt Wien 6. Mai–26. September 1999; R. Dachs, Johann Strauss: „Was geh' ich mich an?". Glanz und Dunkelheit im Leben des Walzerkönigs, Graz/Wien/Köln 1999; N. Linke, Johann Strauß (Sohn), Reinbek 1982.

Bildnachweis

Archiv Thurn und Taxis: S. 138/139

Bildarchiv Preussischer Kulturbesitz: S. 56, 69

Corbis, Düsseldorf: S. 98

Peter Esterházy, Budapest: S. 38, 40

Niall Ferguson, The World's Banker. The History of the House of Rothschild, London 1998:
	S. 180, 189

Historische Fotosammlung Arnold Linke, Celle: S. 229

Thomas Kramer/Martin Prucha, Film im Lauf der Zeit. 100 Jahre Kino in Deutschland,
	Österreich und der Schweiz, Wien 1994: S. 126, 131

Isolde Ohlbaum, München: S. 41

Österreichische Nationalbibliothek, Bildarchiv: S. 78, 96, 118, 133, 153, 197, 199, 202, 216,
	222

Privatarchiv Familie Porsche/Piëch: S. 156, 168, 170, 173, 178

Renate Seydel, Romy Schneider. Bilder ihres Lebens, Berlin 1987: S. 210

Ullstein Bild, Berlin: S. 116, 164

Verein zur Geschichte der Arbeiterbewegung, Wien: S. 18, 37

Lisa Fischer,
Regina Köpl
Sigmund Freud
Wiener Schauplätze
der Psychoanalyse

2005. 140 x 235 mm.
221 S. 101 s/w-Abb. Br.
Euro 19,90
ISBN 3-205-77388-8

In Rückbindung an die Geschichte der Psychoanalyse werden Schauplätze aufgesucht, Räume von Arbeitsfeldern, Irrtümern, Morden oder Missbräuchen, bei denen Tränen, in manchen Fällen auch Blut, geflossen sind. Sie können über Geschichten ergangen werden, die von Gastlogis über Wohnungen, Denk- und Irrenanstalten bis hin zum Traum-Ort der Psychoanalyse und den Sommerfrischen im Wienerwald führen.

Träume sind die ersten Schritte in die Wirklichkeit. Freud und seine Kollegen haben sie gedeutet, geträumt wurden sie in erster Linie von Frauen. Im Wien der Gründerzeit war das Leben dynamisch geworden. Vor allem Frauen phantasierten die Freiheit und wünschten den Aufbruch, drohten jedoch im Getriebe der unmodernen Moderne zu zerbrechen. Ohne die klugen, traurigen aber finanzkräftigen Patientinnen hätte der „Vater der Psychoanalyse" seine Entdeckungen nicht machen können. Sie lieferten ihm Stoff, dienten als Studienobjekte und halfen aktiv die neue Technik zu kreieren. Andere begleiteten den Meister theoretisch im Dialog, förderten ihn wie Marie Bonaparte als Mäzenin und Übersetzerin oder führten wie Anna Freud als Kronprinzessin das Erbe erfolgreich in die Zukunft. Nur durch das Potential zahlreicher Frauen war die Karriere Sigmund Freuds und die Entstehung der Psychoanalyse möglich geworden.

WIESINGERSTRASSE 1, A-1010 WIEN, TELEFON (+43 1) 3302427, FAX 3302432

Jean-Paul Bled
Kronprinz Rudolf
Aus dem Französischen
von Marie-Therese Pitner
und Daniela Homan
2006. 170 x 240 mm.
260 S. und 32 S. s/w-Abb. Gb.
Euro 24.90
ISBN 3-205-05238-2

Der Historiker und Erfolgsautor Jean-Paul Bled hat hier eine fesselnde und einfühlsame Biographie des Kronprinzen geschrieben. Rudolfs schillernde Persönlichkeit, sein tragisches Schicksal und sein Tod haben den ausgefallensten Gerüchten und Legendbildungen Nahrung gegeben und bis heute nichts an Faszinationskraft verloren.

Für Liberalismus und Demokratie, für die Rechte der Minderheiten in der Donaumonarchie und gegen Nationalismus und Antisemitismus: Mit diesen Überzeugungen stand Rudolf im Gegensatz zu den herrschenden Strömungen seiner Zeit, zu seiner unmittelbaren Umwelt und in gewissem Sinn auch zu sich selbst als Erbe des Reiches. Die Versuche des Hofes, auf ihn Einfluss auszuüben, trieben ihn weiter in innere und äußere Isolation, der er auch durch ein ausschweifendes Leben nur vorübergehend entrinnen konnte. Seine Sensibilität, seine hohe Bildung und Intelligenz erzeugten in ihm das Bewusstsein eines persönlichen Scheiterns, und das Drama von Mayerling war das letzte Kapitel eines physischen und psychischen Zusammenbruchs, dessen Wurzeln bis in die traumatische Kindheit Rudolfs zurückreichten. Stationen waren dabei das Scheitern seiner Ehe, Krankheit und eine lange Reihe politischer Misserfolge gewesen.

WIESINGERSTRASSE 1, A-1010 WIEN, TELEFON (+43 1) 3302427, FAX 3302432

Brigitte Sokop
Jene Gräfin Larisch
Marie Louise
Gräfin Larisch-Wallersee.
Vertraute der Kaiserin –
Verfemte nach Mayerling
4. Auflage

2006. 17 x 24 cm.
592 S. 88 s/w-Abb. u. zahlreiche
Faks. Geb.
EUR 24,90
ISBN 3-205-77484-1

Marie Louise Elisabeth, Freiin von Wallersee, verehelichte Gräfin Larisch, die Nichte der Kaiserin Elisabeth von Österreich, führte ein an dramatischen Ereignissen reiches Leben. Sie wurde als uneheliches Kind einer kleinen Schauspielerin geboren. Ihr Vater, ein Herzog, hat sie erst eineinhalb Jahre später legitimiert und – abgesondert vom Hof – streng bürgerlich erzogen. Der „wilde Spross" am Stammbaum der Wittelsbacher fand liebevolle Aufnahme bei der kaiserlichen Tante, die sich aus dem bayrischen Landmädel eine Vertraute, Reisebegleiterin, eine ihr an Schönheit und in der Reitkunst ebenbürtige Freundin formte. Von den Wittelsbachern beiseite geschoben, wurde Marie Louise auch im österreichischen Adel nur ihrer Beziehung zum Kaiser wegen wohl oder übel akzeptiert; über ihre Herkunft rümpfte man auch die Nase, als sie den Grafen Georg Larisch-Moennich ehelichte und damit „zur Gesellschaft" gehörte. Im Bestreben, es allen recht zu machen, gab sie sowohl den Wünschen des Kronprinzen Rudolf als auch denen der Baronesse Mary Vetsera nach, arrangierte einige Treffen und deckte beider Aktivitäten. Die ungeplanten – und ungewollten – Folgen gingen als die „Affäre von Mayerling" in die Geschichte ein.

WIESINGERSTRASSE 1, 1010 WIEN, TELEFON (01)330 24 27-0, FAX 330 24 27 320

William M. Johnston
Österreichische Kultur- und Geistesgeschichte
Gesellschaft und Ideen im Donauraum
1848–1938

2006. 170 x 240 mm.

4. erg. Aufl. XXXV, 506 Seiten

Gb. EUR 29,90

ISBN 3-205-77498-1

Wer erinnert sich heute noch daran, dass etwa die moderne Sprachphilosophie, die Psychoanalyse, die Soziologie des Wissens, der Feuilletonismus, der Ästhetizismus Hofmannsthalscher Prägung, die Reine Rechtslehre, die Zwölftonmusik von Österreich aus ihren Weg angetreten haben? Viele der Persönlichkeiten, die dieses Buch behandelt, sind weltbekannt geworden und geblieben, andere wieder sind so gut wie vergessen, aber ihr Beitrag zu einem neuen Weltbild verdient es sehr wohl, sich mit ihnen auseinander zu setzen. In derselben Stadt, in der Johann Strauß die „schöne blaue Donau" glorifizierte, rang Schönberg um einen neuen musikalischen Kosmos, und in einer dem Ästhetizismus überschwänglich huldigenden Gesellschaft, die von verlogenen Tabus gezeichnet war, haben Freud und Karl Kraus das Dickicht der Zweideutigkeiten und Doppelzüngigkeiten kompromisslos durchbrochen. Kontraste wie Lebenslust und Todestrieb, therapeutischer Nihilismus und Ignaz Semmelweis, Makart und Schiele, Brentano und Wittgenstein, Otto Weininger und Rosa Mayreder zeigen, wie vielfältig traditionelle und moderne Strömungen einander befruchten.

Felicitas Kunth
Die Rothschild'schen Gemäldesammlungen in Wien
2006. 17 x 24 cm. 328 S., 26 s/w- u. 12 S. farb. Abb.
Gb. EUR 39,00
ISBN 3-205-77306-3

Der in der Donaumonarchie ansässige Zweig der aus dem Frankfurter Ghetto stammenden jüdischen Familie Rothschild, bekannt vor allem durch ihre hervorragende Stellung in der Wirtschafts- und Sozialgeschichte des 19. Jahrhunderts, hatte in der Zeit zwischen 1840 und 1938 umfassende Kunstsammlungen zusammengetragen, die Kunsthandwerksobjekte, wertvolle Porzellane, Tapisserien, Waffen, astronomische Geräte, Münzen, Plastiken, Zeichnungen, Aquarelle und Gemälde mit einschlossen. Der vorliegende Band stellt die Gemäldesammlungen der Bankiersfamilie vor, arbeitet ihre Schwerpunkte heraus, untersucht die Verschiebungen im Sammlungsgefüge, benennt Inspirationsquellen und klärt die Frage, ob das Sammeln von Kunst aus wahrer Leidenschaft erfolgte oder vorrangig der prunkvollen Darstellung ihres Reichtums dienen sollte. Die Autorin zeigt, wie sehr sich die Familie einerseits an den Kunstkammern der Habsburger orientierte, andererseits in ihren Sammlungen eigene, familientypische Vorlieben pflegte, die sich besonders auf die französische Dekorationsmalerei und die holländische Schule des 17. Jahrhunderts erstreckten. Einen zweiten Schwerpunkt bildet das Schicksal der Familie Rothschild und ihrer Sammlungen, das detailgenau bis zur letzten Restitution 1998 beschrieben wird. Erstmalig erscheint auch eine Inventarliste der Gemäldesammlungen.

WIESINGERSTRASSE 1, A-1010 WIEN, TELEFON (+43 1) 3302427, FAX 3302432

Marie-Theres Arnbom
Friedmann, Gutmann, Lieben, Mandl und Strakosch

Fünf Familienporträts aus Wien vor 1938

2003. 135 x 210 mm. 2. unv. Aufl.

248 Seiten, 84 s/w.-Abb. Gb.

Euro 29,90

ISBN 3-205-99373-X

Der rasante Aufstieg der Familien Friedmann, Gutmann, Lieben, Mandl und Strakosch steht im Mittelpunkt dieses Buches. Die Urväter stammen aus den jüdischen Gemeinden in Böhmen, Mähren und Ungarn. Aus eigener Kraft, begünstigt durch die wirtschaftlichen und politischen Entwicklungen werden diese Familien zu bestimmenden Faktoren des österreichischen Großbürgertums im 19. und 20. Jahrhundert.

Bankiers, Kohlen- und Zuckerindustrielle, Politiker, aber auch Erfinder, Ärzte und Künstler gehen aus diesen Familien hervor, deren großes humanitäres und künstlerisches Engagement vieles erst ins Leben ruft, das uns heute wichtig und vertraut ist – der Wiener Musikverein, das Künstlerhaus, aber auch die Poliklinik, das Rudolfinerhaus und viele Institutionen in ganz Österreich, deren Ursprünge vergessen sind.

Über die Autorin:
Dr. phil. Marie-Theres Arnbom, geboren in Wien, Studium der Geschichte und Musikwissenschaft, langjährige Tätigkeit im kulturellen Management; zahlreiche Publikationen.

WIESINGERSTRASSE 1, 1010 WIEN, TELEFON (01)330 24 27-0, FAX 330 24 27 320